LES ORIGINES RELIGIEUSES

DE LA FRANCE

LES PAROISSES RURALES

DU IVᵉ AU XIᵉ SIÈCLE

MACON, PROTAT FRÈRES, IMPRIMEURS

LES ORIGINES RELIGIEUSES
DE LA FRANCE

LES
PAROISSES RURALES
DU IVᵉ AU XIᵉ SIÈCLE

PAR

IMBART DE LA TOUR

Professeur à l'Université de Bordeaux

PARIS

ALPHONSE PICARD ET FILS, ÉDITEURS

Libraires des Archives nationales et de la Société de l'École des Chartes

82, RUE BONAPARTE, 82

1900

Ce volume renferme les articles parus dans la Revue historique, de 1896 à 1898. L'accueil bienveillant des érudits qui, en France et à l'Étranger, ont bien voulu les signaler, m'a fait penser qu'une édition nouvelle ne serait pas inopportune.

Je la publie, après une révision qui m'a permis de faire quelques additions ou retouches, et dans la troisième partie surtout, de vérifier et de maintenir mes conclusions.

Bordeaux, novembre 1899.

LES ORIGINES RELIGIEUSES

DE LA FRANCE

LES PAROISSES RURALES

DU IVe AU XIe SIÈCLE

Nous nous proposons dans cette étude d'examiner les origines et les transformations des paroisses rurales de l'ancienne France jusqu'à l'avènement définitif du régime féodal. Nous aurons ainsi à répondre à une triple question. — Quand et comment la paroisse s'est-elle établie? Quelle a été son organisation première? Comment est-elle entrée dans la seigneurie et a-t-elle contribué à la constituer?

Assurément, de cette analyse, qui porte sur des époques très diverses, du ive au xie siècle, et doit atteindre aux infiniment petits de l'organisme religieux, nous ne pouvons espérer des conclusions définitives. Le petit nombre des documents et parfois leur obscurité rendent cette recherche très délicate. Nous la croyons utile pourtant, car sans elle nous ne pouvons avoir.

qu'une connaissance incomplète des origines religieuses et même politiques de la France. La paroisse, circonscription ecclésiastique, s'est maintenue jusqu'à nos jours. Presque partout elle a donné naissance à une division civile, la commune. Elle a été pendant bien des siècles le seul centre de l'activité locale. C'est autour de leur église que des générations d'hommes se sont groupées : c'est près de leur autel, sous le regard de leur Dieu ou de leur saint, qu'elles ont vécu, travaillé, espéré, souffert. L'histoire des paroisses est étroitement unie à l'histoire des institutions, des croyances et des mœurs.

Plus spécialement, elle nous permet de mieux comprendre la genèse du régime féodal. Ce régime ne s'explique pas seulement par les changements survenus dans l'état social et politique. L'Église a eu sa part au lent travail qui le préparait ; et, quand il a triomphé, elle y a eu sa place. La paroisse est devenue parfois le cadre de la seigneurie ou elle est entrée elle-même dans la seigneurie. Elle a cessé d'être une communauté libre pour devenir la *chose* d'un homme. L'église rurale a été possédée comme un domaine, vendue, léguée, inféodée : elle a eu à la fois un clerc et un maître. Or, cet état de choses, si contraire à nos idées, n'a été lui-même que le résultat de certaines transformations. Nous essayerons d'en montrer la marche, et peut-être aurons-nous contribué à faire mieux connaître les origines religieuses de la France et quelques-unes des causes de la féodalité.

PREMIÈRE PARTIE

LES ORIGINES

CHAPITRE Ier

L'ÉGLISE RURALE

Le premier document qui nous permette de constater l'existence d'églises rurales est une constitution du concile d'Arles (314) ainsi conçue : « Que les ministres du culte ordonnés dans une localité restent attachés à cette localité. » — Deux siècles plus tard, vers 500, le régime paroissial semble partout établi. Les synodes réunis en Gaule règlent avec détails le mode d'organisation de la paroisse, les pouvoirs de ses prêtres, la condition de ses biens. Les évêques du temps, comme Césaire et Avitus, parlent des églises qu'ils consacrent et qu'ils visitent. La paroisse est constituée. Le christianisme a pris possession des campagnes comme des villes. C'est là *cité* tout entière qui est chrétienne. La communauté primitive s'est ramifiée en un grand nombre de petites communautés. A cette transformation, depuis la paix de l'Église jusqu'à la mort de Clovis, deux cents ans ont suffi (313-511).

Quelles en sont les origines historiques ? Quand et où les premières églises rurales ont-elles été fondées ?

Il faut d'abord écarter cette idée que la création des paroisses se rattache à un décret de la papauté ou d'un concile. Si nous parcourons les lettres des papes ou les canons des synodes, au iv⁰ et au v⁰ siècle, nous n'y trouvons aucun texte relatif à leur institution. Il serait très faux de s'imaginer qu'à la suite d'une décision venue de Rome ou d'une entente entre les évêques, le sol de la Gaule ait été régulièrement découpé en diocèses et en paroisses. Ces divisions ecclésiastiques se sont établies sans ordre préconçu, sans théorie préméditée. Les paroisses ont été dans chaque cité l'œuvre spontanée, personnelle des évêques. Elles doivent leur origine à une foule de mesures particulières, non à une décision venue de Rome ou émanée d'une assemblée de l'épiscopat.

Cette remarque en entraîne une autre.

Dans chaque diocèse, les paroisses ont-elles été établies en même temps? Le premier évêque ou l'un de ses successeurs a-t-il d'un seul coup divisé son territoire en districts religieux? Mais l'examen des textes ne permet pas une pareille hypothèse. Nulle part, nous ne voyons l'évêque de la cité démembrer son église en petites églises locales, d'importance égale ou de même circonscription. L'organisation paroissiale s'est répandue peu à peu, progressivement, pendant des siècles, dans les campagnes. Les temples s'élèvent dans une contrée, suivant les besoins du culte, le nombre et les ressources du clergé ou des fidèles. Dans le diocèse de Tours, Grégoire nous fait l'histoire de ces fondations. Six églises ont été bâties par saint Martin, cinq par Briccius,

quatre par Eustochius, cinq par Perpetuus, et l'œuvre de
ces évêques est continuée au vi^e siècle par leurs successeurs, par Grégoire lui-même. Nous pensons bien qu'il
dut en être ainsi dans toute la Gaule, que les paroisses,
comme les diocèses, ont été créées à des époques
diverses. C'est là un fait historique que les documents
nous permettront de confirmer.

La paroisse s'est constituée autour d'une église. Il
importe donc, avant tout, d'étudier la création de l'église
rurale pour savoir comment a été créée la paroisse.

A quelle époque les premières églises rurales furent-
elles fondées ? Les origines sont obscures, assurément
peu anciennes. Au ixe siècle, dans un temps où les traditions s'étaient beaucoup altérées, on s'imaginait volontiers qu'un certain nombre d'évêchés avaient été créés
par les disciples immédiats du Christ, que ces premiers
évêques avaient également établi la plupart des paroisses.
Nous avons ainsi des listes pour les églises du Mans et
de Clermont. Mais ces légendes ont peu de valeur. On
sait que l'organisation épiscopale de la Gaule, si nous
exceptons quelques cités, ne remonte pas au delà du
ive siècle : à plus forte raison ne peut-on chercher plus
haut l'origine des paroisses. Il est possible qu'avant la
paix de l'Église, dans quelques cités comme Lyon,
Arles, Vienne, Marseille, Autun, Reims, Paris, Tou-
louse, où dès le iiie siècle l'épiscopat est établi, de petits
groupes religieux se soient formés hors du chef-lieu de
la cité, mais ce fait ne nous est attesté par aucun témoignage. Un texte ancien, la *Passio sancti Saturnini*,
nous dit au contraire qu'à l'époque de Dèce, le nouveau

culte n'était encore célébré que dans un petit nombre de villes. Telle était, au VI⁰ siècle, la tradition. En tout cas, s'il y eut dans les *vici* des conversions individuelles [1], le petit nombre des croyants isolés, comme perdus dans une population païenne, la menace perpétuelle d'une persécution, l'obligation de se dissimuler rendaient impossible l'organisation de toute autre église que l'église urbaine. Celle-ci fut l'unique communauté. Il n'y eut assurément pas ailleurs de chrétienté autonome : des assemblées dans la maison d'un frère, sous la présidence de l'évêque, d'un de ses prêtres ou de ses diacres, voilà à quoi dut se réduire le culte. Aucun document, aucun fait ne révèle alors l'existence d'un clergé distinct du *presbyterium* épiscopal.

C'est aux débuts du IV⁰ siècle, dans l'ancienne Narbonnaise, province où l'organisation épiscopale était avancée, que se manifeste la première apparition des églises rurales. Peut-être de petites chrétientés se sont-elles fondées, un peu avant 300, dans les *vici* des cités d'Arles, de Marseille, de Vienne, et sont-elles déjà administrées par un prêtre ou un diacre. En 314, à l'époque du concile d'Arles, cet usage est établi. Le canon 18 qui nous parle des *diacones urbici* nous permet de croire qu'il y avait des diacres ruraux. Le canon 19 fait également allusion aux prêtres établis dans les localités autres que la ville épiscopale [2]. A tous, il

1. Voir les traditions relatives à Saint-Symphorien, à Saint-Andoche de Saulieu, à Saint-Valérien de Tournus (Boll., septembre, t. VI). Grégoire de Tours, *Gloria Martyrum*, 51, 53.

2. Arles, 314, c. 18 : « De diaconibus urbicis ut non sibi tan-

impose la résidence. Les termes de ce canon montrent clairement qu'il ne s'agit plus de délégués temporaires, mais de ministres attachés à un *titulus* qu'ils ne peuvent quitter sous peine de déposition.

Si, dès 314, l'existence de ces petits centres religieux peut être constatée dans la Narbonnaise, dans les provinces de la Gaule proprement dite les fondations d'églises rurales paraissent plus récentes. Beaucoup de cités n'ont d'abord pas d'évêques : dans celles où l'épiscopat est établi, l'église urbaine reste pendant quelque temps encore la seule organisée. A Trèves, en 336, pendant le séjour de saint Athanase, la petite église ne suffit plus à contenir les fidèles : la communauté chrétienne se développe, mais nous n'avons aucun indice de sanctuaires établis dans les environs [1]. A Tours, il n'y a même pas de cathédrale avant l'évêque Litorius, qui transforma en basilique la maison d'un sénateur. Les premières églises rurales du diocèse sont édifiées par saint Martin. Quand le célèbre apôtre commença ses missions, tout le centre et l'ouest de la Gaule étaient païens [2]. En 567, les évêques francs réunis à Tours

tum praesumant, sed honorem presbyteris reservent; » c. 21 : « De presbyteris aut diaconibus qui solent dimittere loca sua in quibus ordinati sunt... placuit ut eis locis ministrent, quibus praefixi sunt. » Labbe, *Concilia*, t. I.

1. Athanase, *Apologia ad Constantium imperatorem*, 15. Patr. gr., t. XXV. — A Cologne, en 355, la communauté chrétienne est désignée par Ammien Marcellin sous le nom de *conventiculum*, XV, 5, 31.

2. Sulpice Sévère, *Vita Martini*, 13 (Migne, t. XX) : « Vere ante Martinum pauci admodum, immo paene nulli in illis regionibus Christi nomen receperant. »

déclarent formellement qu'avant lui les campagnes ne
connaissaient pas le Christ. Si dans quelques localités,
aux environs des villes, dans un *vicus* important par sa
population ou son commerce, certains évêques ont déjà
construit des oratoires, ces oratoires sont peu nombreux. Pour les écrivains chrétiens de l'époque, c'est
dans les villes seules qu'on adore le vrai Dieu [1].

A ce fait, il y a plusieurs raisons. Après la paix de
l'Église, la première œuvre de la hiérarchie fut d'ache-
ver l'organisation épiscopale de la Gaule. On peut dire
qu'un grand nombre d'évêchés furent établis de 314 à
361. Ainsi, dans beaucoup de cités, l'absence d'épiscopat dut retarder évidemment la création des paroisses.
Et cette Église des Gaules, à peine naissante, avait de
plus été profondément troublée par la crise arienne. La
Narbonnaise, dont l'épiscopat groupé autour de l'évêque
d'Arles, Saturninus, avait adhéré aux formules de
Rimini, ne fut pas inquiétée : mais ailleurs, les persécutions du pouvoir, de 353 à 360, l'exil des chefs,
Hilaire de Poitiers, Agrœcius de Trèves, Rodanius de
Toulouse, entravèrent la conversion. Les évêques son-
gèrent moins à répandre qu'à défendre le dogme. On
comprend ainsi comment, dans la première moitié du
ive siècle, la religion nouvelle avait à peine entamé les
campagnes. Le paganisme rural avec ses temples, ses

1. Sévère, *de Mortibus boum* (*Poetae latini minores*, éd.
Lemaire), t. I, p. 584 :

« Signum quod perhibent esse crucis Dei
Magnis qui colitur solus in urbibus. »

sacerdoces, ses rites locaux, était encore trop puissamment organisé pour être si promptement détruit.

Sauf quelques exceptions, la fondation des premières églises rurales n'est donc pas antérieure au dernier tiers du ive siècle. Avec Valentinien, l'empire devenait catholique (365) ; sous Gratien, Théodose, Honorius, Valentinien III, il se fit persécuteur.. Le paganisme fut attaqué à son tour par le pouvoir : la conquête religieuse commença, pacifique et violente à la fois, œuvre de la persuasion et de la contrainte, de la prédication et de la loi. Les temples furent détruits ou abandonnés, des églises ou des chapelles vinrent prendre leur place. Dès cette époque, on voit dans toutes les localités un peu importantes, *castra* ou *vici*, dans quelques *villæ* même, se fonder une église, s'établir un clergé. Cette transformation religieuse de la Gaule fut lente mais régulière. Elle se poursuit dans une période troublée par l'anarchie et les invasions. Cependant l'ébranlement était donné. C'est à la fin du ive et pendant le ve siècle que le régime paroissial s'est établi.

On peut suivre dans quelques diocèses les progrès de cette institution. Deux d'entre eux, Tours et Le Mans, nous ont conservé la liste des églises fondées par leurs premiers évêques. Dans d'autres, nous sommes renseignés, incomplètement, il est vrai, par Grégoire de Tours, les histoires locales ou les textes hagiographiques. Étudions ces documents, province par province : nous pouvons y relever quelques détails intéressants.

*Narbonnensis I*ᵃ, *II*ᵃ. *Alpes Maritimae:*

Cette région de la Gaule était la plus peuplée et la plus riche. Dès 314, nous avons pu y constater l'existence de petites chrétientés locales. La création d'églises dut y être plus facile et plus rapide que partout ailleurs. A l'époque de Constantin, la plupart des *civitates* avaient leur évêque ; or, ces cités étaient nombreuses et leur territoire restreint. Cette circonstance, en multipliant les évêchés, accrut beaucoup les centres de propagande. La facilité des communications, la paix religieuse dont jouirent les cités pendant la crise arienne, l'heureuse fortune qu'elles eurent d'échapper aux invasions qui ruinaient le nord et le centre de la Gaule furent autant de causes qui permirent au christianisme de s'établir promptement dans les campagnes. Cette région est la première où l'ancien culte disparut. A la fin du ıvᵉ siècle, il n'est plus question des résistances qu'il oppose. En revanche, les plus anciennes constitutions relatives aux paroisses nous sont données par les conciles ou les recueils de la Narbonnaise. Les synodes de Riez (439), d'Orange (441), de Vaison (442)[1], les *Statuta ecclesiae antiqua*, rédigés dans l'église d'Arles, renferment un certain nombre de canons relatifs au clergé rural. Les dispositions rigoureuses prises par l'assemblée d'Orange contre les ordinations précipitées

1. Riez, c. 4 ; Orange, c. 10 ; Vaison, c. 3. Labbe, *Concilia,* t. III.

prouvent même que, vers le milieu du vᵉ siècle, ce clergé devenait insuffisant.

Sur les églises établies dans la Narbonnaise Iʳᵉ, nous n'avons, au vᵉ siècle, aucun détail. Il est probable cependant que leur nombre fut assez grand pour que les diocèses primitifs dussent être démembrés. On sait qu'à cette époque deux des *castra* de Nîmes, Uzès d'abord, puis Agde, furent érigés en évêchés. Au vⁱᵉ siècle, tout un pagus de Nîmes, *Arisitum* (Alais ?), compte quinze paroisses [1]. Ces limitations successives de l'église de Nîmes nous prouvent que son évêque ne parvenait plus alors à remplir le ministère épiscopal dans un diocèse trop étendu. Il en fut de même à Narbonne. La création des évêchés de Carcassonne et d'Elne s'explique sans doute par des raisons analogues. Ces démembrements des cités épiscopales permettent de croire que, pendant le vᵉ siècle, le nombre des églises rurales s'était beaucoup accru.

L'église d'Arles et les diocèses de la Narbonnaise IIᵉ nous offrent quelques détails plus précis. Nous connaissons, en 417, par une lettre de Zozime, deux des paroisses de la première, Ceyreste et Garguier, *Ceyresta et Gargarius* [2]. Une autre lettre de ce pape (3 octobre 417) nous apprend qu'un diocèse voisin, peut-être celui

---

1. Grégoire, V, 5 : « Monderic... apud Arisitensim vicum episcopus instituetur, habens sub se plus minus dioceses quindecim quas primum quidem Gothi tenuerant. »

2. *M. G. H.*, *Epistolarum*, t. III (1892), p. 6 : « Arelatensis ecclesia quae sibi Cytharista et Gargarium parrocias in territorio suo sitas incorporari jure desiderat. »

d'Antibes, était également divisé en paroisses. Que l'organisation ecclésiastique ait été complète alors dans les petits diocèses situés entre la Durance et la mer, on le comprend aisément, mais, vers la même époque, elle est également établie dans la haute vallée de la Durance. Vers 362, Eusèbe de Verceil avait sacré le premier évêque de la *Civitas Ebredunensium*, Embrun. En 439, une constitution du concile de Riez nous signale l'existence de prêtres et de clercs dans les *castella* et les *vici* de cette cité [1].

Si on rapproche ces renseignements des constitutions du premier concile d'Arles (314), il est permis d'attribuer au ive siècle l'établissement d'un grand nombre d'églises rurales dans cette région. Peut-être dès Constantin et ses fils, en tout cas vers 400, dans la plupart des cités du littoral, l'organisation paroissiale est constituée.

Viennensis.

Elle semble moins ancienne dans les cités qui gravitent autour de Vienne : Die, Valence, Grenoble, Genève, Aps. Dans ces trois dernières villes, l'épiscopat n'apparaît pas avant 400, et un canon du concile de Valence, de 374, nous laisse penser qu'à la fin du ive siècle le paganisme était encore puissant dans les campagnes. A Vienne même, au temps de saint Mamert, la vie religieuse semble concentrée autour de la métropole, dans les basiliques et les couvents ; mais le paga-

---

1. Riez, c. 4.

nisme rural résiste aux efforts des évêques [1]. Si quelques
localités échelonnées sur la route de Vienne à Lyon, ou
près du Rhône, ont une église, partout ailleurs l'ancien
culte s'est maintenu. La légende de saint Sévère [2]
raconte que le saint visita un certain nombre de *vici*, les
convertit et y bâtit des églises (v. 480). Cette tradition
place ainsi à une époque assez tardive la conversion des
pagi de la cité. Au ve siècle, les invasions durent entraver dans toute la province les efforts de l'épiscopat.
Valence notamment avait été prise en 412 par les
Goths et convertie par eux à l'arianisme : les ravages
d'une colonie d'Alains en 440, les progrès de la conquête
burgonde, de 442 à 480, dépeuplèrent les campagnes ou
arrêtèrent leur conversion [3]. Partout où le paganisme
disparut, s'élevèrent surtout des églises ariennes. La
Viennensis semble avoir été précisément la région où
l'hérésie s'est le plus fortement organisée.

Il ne semble donc pas, qu'au ve siècle, le catholicisme
ait recruté beaucoup d'adhérents hors des villes. Dans
la haute vallée du Rhône, Agaunum devient assez tôt
un centre religieux, probablement après la découverte

---

1. Cf. Le Blant, *Inscriptions chrétiennes de la Gaule*, n° 460.
Une inscription chrétienne trouvée à Sainte-Colombe révèle dans
ce village l'existence d'un culte déjà peut-être ancien.

2. *Vita Severi* (Boll., août, t. II, p. 350). La vie citée par Adon
est aujourd'hui perdue. Le texte publié par les Bollandistes n'est
qu'une récension postérieure insérée dans un bréviaire du
xvie siècle (1522).

3. Chronique de Prosper Tiro, ad ann. 412 (éd. Mommsen). Avitus, *M. G. H.*, *Auct. antiquissimorum*, t. VI, pars ii^a, p. 134 :
«Implet hic porro gentilium vices vicinantium Arrianorum tabi-
dus livor. »

des corps saints par l'évêque Théodore (fin du IV° siècle),
mais c'est là une exception. Les inscriptions recueillies
dans quelques localités comme Crécy-sur-Ain ou Aoste,
Augusta, ne prouvent pas dans ces *loci* l'existence
d'églises ou de paroisses [1]. Le nombre des églises était
si restreint au commencement du VI° siècle, qu'après la
conversion des Burgondes, les catholiques durent affecter
à leur culte, malgré les répugnances d'Avitus, la plupart des églises ariennes. Mais, dès ce moment, l'organisation ecclésiastique fut rapidement achevée.

Nous voyons en effet par les discours d'Avitus combien d'églises nouvelles furent alors construites. L'initiative, les libéralités de Sigismond ne furent pas étran-
gères à ce résultat [2]. Des temples orthodoxes furent
érigés un peu partout. Au milieu du VI° siècle, tout le
lac de Genève était entouré de sanctuaires. C'est également après 500 que les documents nous mentionnent,
dans la vallée du Rhône, les premières paroisses. Nous
connaissons celle du *vicus Epaonensis*, où se tint le concile de 517. Dans le diocèse de Viviers, Aps n'était plus
qu'une paroisse avant 484 : sous l'épiscopat de Venan-
tius (vers 517-535) furent construites et dotées les
églises de Lussac et de Bessiac, *ecclesia Luciatensis* et
Bessiacum [3]. Vers le même temps, il y avait une église
à Mitrois, *Meteratis*, dédiée à saint André : les évêques

1. Le Blanc, *Inscr. chrétiennes de la Gaule*, n°s 388, 389, 391.
2. Avitus, *M. G. H., Auct. antiquissimorum*, t. VI, p. 125, 130,
133 : « Principis studio, sacerdotis adnisu crescunt animae Deo,
orationibus loca, praemia construentibus, templa martyribus. »
3. Cf. *Histoire de Languedoc*, t. II ; Preuves, n° 208.

Eumachius et Longinus continuèrent l'œuvre de leurs prédécesseurs. En résumé, tous ces documents ne permettent guère d'assigner à la plupart des églises rurales de la *Viennensis* une antiquité très reculée.

Aquitania *I*ᵃ, *II*ᵃ. Novempopulania.

Trois diocèses de cette région nous offrent quelques détails précis : Clermont et Limoges dans l'Aquitaine première, Bordeaux dans la seconde.

Dans ces contrées, au commencement du vᵉ siècle, un certain nombre d'églises rurales avaient été fondées. Les plus anciennes du diocèse de Clermont ne paraissent pas cependant antérieures aux règnes de Gratien et de Théodose. La *Passio Austremonii* [1], qui attribue à cet évêque la création des églises de *Plausiacus* (Plausat), de *Maroiolus* (Marogeol), du *locus Compendiacensis* (Compains), est un texte sans valeur. Mais il y avait déjà des *cellae* rurales à l'époque du second évêque, Urbicus. Quand saint Martin traverse la *civitas Arvernorum*, il est reçu par une aristocratie chrétienne : peut-être les *vici* d'Artonne et de Riom où il s'arrête avaient-ils déjà leurs églises. Celle de Riom fut au moins organisée en paroisse à la fin du ivᵉ siècle et saint Amable en fut probablement le premier pasteur [2]. C'est aussi à cette époque que remontent les origines de l'église de

---

1. *Passio Austremonii* (Boll., nov., t. I, p. 70).
2. *Gloria Confessorum*, 32 : « Amabilis quidam vici Ricomagensis presbyter. »

Brioude. Un petit oratoire avait été construit sur le tombeau de saint Julien, dès 384 [1]. Ce fut là le noyau de la communauté chrétienne. Le *vicus* était encore païen : la destruction fortuite du temple provoqua la conversion. Les habitants se firent baptiser et la paroisse fut sans doute constituée. Son importance religieuse s'accrut au ve siècle. En 431, au moment du passage de saint Germain, les clercs ignoraient à quelle date devait être célébrée la fête de leur saint [2]. Mais à la mort d'Avitus (456) l'église est devenue un sanctuaire célèbre et un asile respecté.

Nous n'avons pas de renseignements sur les églises de Thiers, *castrum Thigernum*, et d'Issoire, Grégoire parle de cette dernière comme ancienne : nous ignorons à quelle époque elle fut fondée. D'ailleurs, ce n'était pas seulement dans les *vici* libres que s'élevaient les églises. Beaucoup de domaines eurent leurs sanctuaires. Sidoine Apollinaire nous indique [3] ceux du *Cantillensis locus* et de l'*ager Octavianus*. D'autres localités furent ainsi dotées par leurs propriétaires d'une église ou d'un *oratorium*. En tout cas, Sidoine nous parle à plusieurs reprises des visites qu'il fait dans les paroisses, des églises qu'il bénit. Au moment de la conquête wisigothique (475), le diocèse de Clermont était un des plus florissants [4].

1. *Liber de virtutibus Sancti Juliani*, 4.
2. Boll., juillet, t. VII, p. 226.
3. Sidoine Apollinaire, *Lettres*, IV, 13 : « Nuper rogatu Germanici spectabilis viri Cantillensem ecclesiam inspexi... » (*id.*, VIII, 4).
4. Sidoine Apollinaire, *Lettres*, VII, 6. On peut juger de la

C'est par les lettres de Ruricius que nous connaissons quelques églises rurales édifiées au ve siècle dans le diocèse de Limoges [1]. Uzerche en avait une : Jumillac formait également une paroisse qui fut revendiquée par l'évêque de Périgueux, Gronopius, et il n'est pas douteux que Brive, où d'anciennes traditions placent le martyre d'un saint Martin, disciple de l'évêque de Tours, n'ait eu, dès Valentinien III, son culte local [2]. Ces documents prouvent que, vers le milieu du ve siècle, un certain nombre de *vici* avaient déjà donné naissance à des paroisses [3]. Peut-être en fut-il de même dans le diocèse de Rodez. L'évêque Elaphius s'y était signalé par son zèle pour les constructions, alors que ses collègues osaient à peine réparer les édifices anciens. Ainsi, au moment même de la persécution d'Euric (475), beaucoup de localités rurales du centre de la Gaule avaient leur sanctuaire. Sidoine nous dit, il est vrai, que ces églises furent détruites ou abandonnées, que dans les campagnes le culte fut interrompu. Mais ces détails mêmes nous prouvent que partout la croyance nouvelle était alors établie.

A l'exception du diocèse de Bordeaux, aucun texte précis ne nous renseigne sur les églises rurales fondées,

prospérité de ces églises par les désastres causés à la suite de l'invasion.

1. Migne, t. LVIII, p. 101 : « Ecclesiam Usercae ; » p. 86 : « Presbyterum meum pro dioecesi Gemiliacensi. »

2. Grégoire, VII, 10. Cf. Boll., août, t. II, p. 412.

3. Pas tous cependant. L'auteur de la *Vita Aredii* nous parle au vi^e siècle du *vicus Argentomagus* (Argenton) qui est encore païen. *Vita Aredii* (Boll., août, t. V, p. 189).

vers la même époque, dans la seconde Aquitaine. Un
texte postérieur, il est vrai, la *Vita Bibiani* [1], nous parle
des paroisses de la cité de Saintes visitées par cet
évêque. Dans le diocèse de Bordeaux, l'établissement
d'églises chrétiennes sur la grande route fluviale de la
Garonne paraît antérieur à 400. Il y a déjà une communauté de fidèles à Blaye, organisée sans doute par le
prêtre Romain qui meurt vers 385. A l'autre extrémité
de la cité, Langon, *vicus Alingonensis* [2], possède une
église et un baptistère au temps de saint Paulin de
Nole. L'église était même insuffisante puisque l'évêque
Delfinus (381-389) en fit construire une autre. Rions,
une simple villa, a une église desservie par un prêtre [3] :
l'édifice est affecté par les Wisigoths au culte arien (419).
Grâce sans doute à l'appui de l'aristocratie sénatoriale,
le christianisme avait donc rapidement conquis les bourgs
et les domaines de la vallée inférieure de la Garonne.
S'est-il répandu aussitôt dans les *pagi* de la Novempo-
pulania? Nous l'ignorons. Eauze avait déjà un évêque
en 314, et une des plus anciennes inscriptions chrétiennes de la Gaule, celle du prêtre Patroclus (347), a été
trouvée à Valcabrère, petite localité du diocèse des
Convenac [4]. D'autre part, nous voyons par l'exemple de
Sulpice Sévère que les *possessores* commençaient à

---

1. Boll., août, t. VI, p. 466 : « Quadam ergo die cum sanctus
antistes ecclesias circuiret. »

2. Jullian, *Inscriptions romaines de Bordeaux*, t. II, p. 162. —
Paulin de Nole, *Lettres*, 20 (Migne, t. LXI, p. 248).

3. Grégoire, *Gloria Confessorum*, 47.

4. Le Blant, *Inscr. chrétiennes de la Gaule*, n° 596.

construire des basiliques et des baptistères sur leurs domaines. Mais la conversion définitive du pays doit être attribuée à l'évêque d'Auch, Orientius, qui détruisit les derniers temples [1].

Ainsi, en Aquitaine, au commencement du v⁰ siècle, la foi nouvelle s'est propagée dans les *pagi*. Les Goths trouvèrent le régime paroissial établi, mais il est aisé de croire que leurs incursions et leurs pillages entravèrent beaucoup son développement.

Lugdunensis Iᵃ, IIᵃ, IIIᵃ, IVᵃ.

Les plus anciennes églises qui nous soient connues sont groupées autour des villes de Lyon, Autun, Auxerre, Rouen et Tours.

Que, dès le iv⁰ siècle, quelques communautés rurales se soient fondées autour de Lyon, la métropole, un tel fait paraît probable : mais nous ne pouvons le démontrer. Au v⁰ siècle, au contraire, les documents nous font connaître un certain nombre d'églises ; les unes groupées dans la région du Jura, comme celles du *vicus Ysarnodori* [2], du *vicus Tramaliacensis*, où est porté saint Lupicin après sa mort, du *locus Secundiacensis* et du *locus Pontianensis*, traversés par saint Eugendus ; les autres, dans la vallée de la Saône, où de grosses localités s'étaient établies sur

---

1. *Vita Orientii* (Boll., mai, t. I, p. 61).

2. *Vita Eugendi* (Boll., janv., t. I, p. 50, c. 1, 7, 10). Le texte est postérieur au v⁰ siècle, mais paraît bien antérieur à l'époque carolingienne.

la route de Lyon à Autun. Deux de ces *castra*, Mâcon et Chalon, formaient alors des communautés assez importantes pour recevoir des évêques. Tournus eut également son sanctuaire élevé, nous ne savons à quelle date, sur le tombeau de saint Valerianus [1]. Autour d'Autun même, Saulieu et Luzy, situés, l'un sur la route d'Auxerre, l'autre sur celle de Nevers, possédaient sûrement une église avant le vi⁰ siècle. La première, due au culte des saints Andoche, Tyrse et Félix, paraît ancienne : elle existait déjà à l'époque de l'évêque d'Auxerre, Amator († 418) [2] ; la seconde nous est connue par la *Vita Germani Parisiensis*, qui nous apprend que le saint allait y prier dans son enfance. En tout cas, l'origine des églises rurales de la cité d'Autun peut être reculée à l'époque des missions de saint Martin. Quand le saint vint prêcher dans ce pays, la campagne était encore couverte de temples. Mais un grand nombre d'*oratoria* furent construits à la suite de ses prédications : quelques-unes de ces églises ont conservé son nom, en souvenir peut-être de leur origine.

C'est également à la première moitié du vᶜ siècle que l'on peut attribuer la création des plus anciennes églises du diocèse d'Auxerre. A Auxerre même, pendant l'épiscopat de saint Amator, il n'y a qu'un petit nombre de fidèles et une modeste église. Avant saint Germain, les paroisses rurales s'organisent lentement. Quelques églises s'élèvent dans des *pagi*, comme celle

1. Grégoire, *Liber in gloria Martyrum*, 53.
2. *Vita Amatoris* (Boll., mai, t. I, p. 59).

du *locus Alisiacus*, ou dans les domaines tels que le *fundus Epponiacus*[1]. Saint Germain le premier construit un grand nombre d'églises rurales, mais l'auteur de sa vie ne nous dit pas le nom de celles qu'il a fondées. Son œuvre fut continuée après sa mort ; son culte même donna naissance à un certain nombre d'oratoires ou de basiliques. Au VIe siècle, des évêques comme Aunaire et Tetricus augmentèrent beaucoup le nombre de ces édifices sacrés[2].

Dans la troisième Lugdunaise, nous connaissons bien l'histoire ecclésiastique du diocèse de Tours. Avant même l'épiscopat de saint Martin, quelques oratoires avaient été consacrés en souvenir de saints locaux. Mais c'est au grand évêque qu'il faut attribuer la création des premières églises. Elles furent établies à Amboise, à Langeais, Sonnay, Chisseau et Saint-Martin de Tournon, à Candes. Briccius, successeur immédiat de saint Martin, bâtit les églises de Clion, Brèche, Ruan, Bridore, Chinon ; Eustochius, celles de Loches, Brisay, Yseure, Dolus[3]. Grégoire rapporte ici, il est vrai, une tradition, mais cette tradition est trop précise pour être faussé et nous n'avons aucune raison de la rejeter. L'évêque Per-

---

1. *Vita Germani* (Boll., juillet, t. VII, p. 226) : « In Alisiensi loco... erat illic presbyter. » Cf. *Miracula Germani*, id., p. 270. Le *Fundus Epponiacus* a formé une paroisse au VIe siècle.

2. Nous n'avons aucun renseignement sur la *Maxima Sequanorum*. L'établissement des Burgondes, puis des Alamans, dans les pays situés entre le Rhin et le Jura, au Ve siècle, dut entraver l'essor du christianisme. Au VIIe siècle, toute la région orientale est païenne.

3. Grégoire, X, 30.

petuus et ses successeurs continuèrent l'œuvre commencée. On doit au premier les églises de Mosne, Avoine,
Barrou, Ballan, Vernon ; à Volusianus, celle de Manthe-
lan ; à Injuriosus, celles de Noaillé et de Luc. Le nombre
de ces églises fut encore accru, au VIe siècle, par les
fondations de Baudin à *Noviliacus*, d'Eufronius à Thuré,
Céré et Orbigny, de Grégoire lui-même dans différentes
localités. Nous avons là un tableau assez exact des
églises rurales de la *civitas Turonensium*. Ces églises
étaient-elles les seules? Grégoire ne le dit pas. La liste
qu'il nous donne n'est peut-être pas une énumération
complète des églises rurales de son temps.

Les détails nous manquent sur le diocèse d'Angers ;
ceux que nous donne le diocèse du Mans sont légen-
daires. Mais dans ces évêchés et dans quelques cités de
l'Armorique, comme Nantes, Rennes, Vannes, l'organisation paroissiale paraît établie au Ve siècle. La syno-
dique des évêques réunis à Angers (453) est envoyée
aux prêtres des églises rurales [1]. En 461, dans le concile
de Tours, il est fait mention des paroisses, et quelques
vies de saints nomment des églises établies dans des
vici ou des domaines. Toutefois on peut faire aisément
une exception pour les cités situées au nord de l'Armorique. Une partie de la *civitas Redonum* était encore
païenne au temps de saint Mélaine [2]. Les cités des

1. *Synodica* des évêques (Mansi, t. VII, p. 906) : « Episcopis,
presbyteris omnium ecclesiarum quae sunt intra provinciam tertiam constitutae. »
2. Cf. *Vita Melanii* (Boll., janv., t. I, p. 331). Nous ne pouvons
tirer malheureusement de cette Vie aucun détail précis. Elle est

Ossismes et des Corisopites furent envahies, dès le milieu du v⁰ siècle, par l'émigration bretonne. Or, l'établissement des Bretons modifia profondément l'organisation religieuse du pays. Sous l'influence des moines bretons et irlandais, la conversion des populations païennes se poursuivit au VI⁰ siècle. Mais ce n'est pas la paroisse, c'est le couvent qui groupe les habitants. Il faut attendre l'époque carolingienne pour voir dans l'Armorique bretonne la paroisse se substituer au monastère primitif.

Belgica I^a; II^a.

L'évangélisation des pays de la Moselle n'avait guère commencé qu'à la fin du IV⁰ siècle. Jusqu'à la mort de Constance, les luttes de l'arianisme, l'exil de Paulin de Trèves, furent autant de causes qui la retardèrent. Dès l'époque de saint Maximin, un certain nombre d'autels s'établirent autour de Trèves. Saint Maximin confia, dit-on, à un disciple de saint Martin, Lupentius, l'église du *vicus Cubrunus*[1]. Mais au v⁰ siècle, la grande invasion, la ruine de la province, l'établissement des Ripuaires, les ravages des Huns durent arrêter à nouveau dans les campagnes les progrès de la foi nouvelle. Si quelque église fut établie alors dans les *vici* ou les *castra* des diocèses de Trèves, Metz, Toul, Verdun, aucun document ne nous l'apprend. Nous savons au contraire que sous les

---

rédigée à une époque très postérieure et pleine d'invraisemblances.

1. *Vita Maximini* (Boll., mai, t. VII, p. 24).

rois francs, au vi^e siècle, les environs de Trèves, étaient païens. A Yvois, un des gros *castra* de la cité, on gardait encore les traditions de l'ancien culte, et les Vosges ne furent converties que par les missionnaires de saint Colomban. C'est au viie siècle que la plupart des églises rurales ont dû être fondées.

Il en fut de même dans la partie nord de la seconde Belgique, à Térouanne, à Cambrai, à Tournai. Les missions de saint Victricius avaient, dès 400, propagé le christianisme dans ces régions. Des oratoires y furent construits et Paulin de Nole célèbre en vers enthousiastes la conversion de ces cités éloignées : « Maintenant, dans les terres des *Morini*, les âmes pénétrées du Christ se sont attendries. Là où se trouvaient « des déserts, maintenant les chœurs des saints font « retentir les villes, les bourgs, les forêts des louanges « du Christ [1]. » Mais les progrès des Francs et les invasions hunniques ruinèrent ces espérances. A Arras, à Tournai, l'épiscopat disparut. Quand saint Waast, à la fin du ve siècle, vint prêcher dans le pays, il trouva les églises détruites et une population païenne. Seules, quelques villes avaient gardé leur culte et leur clergé. Comme dans le pays rhénan, la conversion fut l'œuvre surtout des grandes abbayes du viie siècle, qui reprirent et achevèrent l'œuvre des premiers évêques gallo-romains.

Dans cette région, c'est autour de Reims, la métropole, que se répand l'organisation ecclésiastique. Nous n'avons sur ce diocèse aucun détail avant l'époque de

1. Paulin de Nole, *Lettres*, 18 (Migne, t. LXI, p. 239).

saint Remi ; mais si on remarque que l'épiscopat s'est
établi à Reims dès le iiie siècle, qu'à Châlons, Noyon,
Soissons, il paraît remonter à l'époque constantinienne,
on peut croire, qu'avant même 400, un certain nombre
de grandes églises rurales avaient été fondées. A la fin
du ve siècle, nous pensons que la cité de Reims était
divisée en paroisses. Saint Remi en nomme quelques-
unes, dans son testament : Mouzon, Voncq, le *pagus
Caturcensis*, le Portien. Laon avait également une église
avant d'être dotée par le saint d'un siège épiscopal. Au
commencement du vi^e siècle, de petites localités comme
le *locus Mutiniacus* [1], le *vicus Sindunus* possèdent
même un *oratorium*. Ces autels étaient-ils bien anciens?
Nous ne le savons pas. Comme les cités du Rhin, de la
Meuse et de la Moselle, le *pagus* de Reims avait beaucoup souffert de la grande invasion de 450. Le paganisme s'était relevé sur les sanctuaires détruits. L'œuvre
de restauration du culte fut commencée par saint Remi :
elle se continue sous ses successeurs.

Nous avons passé en revue, à l'aide des documents
les plus anciens, les grandes régions de la Gaule. De ce
rapide examen se dégage une conclusion. Commencée
en Narbonnaise, aux débuts mêmes du ive siècle, arrêtée
bientôt par la crise arienne jusqu'à la mort de Constance (361), la fondation des églises rurales fut reprise
dans toute la Gaule sous Gratien et Théodose (375-395).
Elle se poursuit au ve siècle. Dans un grand nombre de
localités nous constatons alors l'existence de sanctuaires

---

1. *Vita Tresani* (Boll., févr., t. V, p. 54).

(églisés, basiliques, *oratoria*, *cellae*, *martyria*). Et peut-
être devons-nous penser que, sans les invasions, le nouveau culte se fût établi partout plus rapidement et sans
effort. Mais l'anarchie, les désordres sociaux retardèrent
ses progrès. La conversion des campagnes fut entravée
dans les pays soumis aux Burgondes, aux Wisigoths
ariens, aux Francs idolâtres. On ne saurait croire combien la vie morale, l'organisation ecclésiastique furent
profondément troublées par cette instabilité des hommes
et ce conflit des religions.

La conversion des Francs et des Burgondes, la chute
du royaume arien de Toulouse permirent enfin à la
hiérarchie de reprendre son œuvre. Au moment même
où elle est représentée par des apôtres comme Remi,
Avitus, Césaire, elle devait trouver dans le monachisme
un auxiliaire nouveau. Dès les premières années du
VIe siècle, le nombre des églises allait en grandissant [1].
Cinquante ans plus tard, le pape Pélage, écrivant à un
évêque d'Auxerre, témoignait encore d'un progrès. Le
mouvement ne s'arrêta plus : il se continua au VIIe, au
VIIIe, au IXe et même au Xe siècle. Nous aurons plus loin
à l'étudier et à en dire les conséquences. Ne retenons ici
qu'un fait. C'est surtout à la fin du IVe siècle, au commencement du Ve, qu'apparaissent dans toute la Gaule
nos plus anciennes églises rurales. Sans doute est-ce
vers la même époque que nos premières paroisses ont
été établies.

---

1. Arles, c. 2 (524) : « Quia crescente ecclesiarum numero,
necesse est nobis plures clericos ordinare. »

CHAPITRE II

COMMENT LES ÉGLISES RURALES FURENT-ELLES ÉTABLIES?

Il importe beaucoup, si on veut comprendre la formation de notre organisation ecclésiastique, de rechercher par qui et comment nos églises rurales ont été fondées. On peut être surpris, qu'au moyen âge, les paroisses rurales n'aient pas eu la même condition, que leur clergé ait été choisi différemment, ici par l'évêque, là par une communauté, ailleurs par un laïque, que certaines de ces églises aient pu être vendues, léguées, engagées, inféodées comme une maison ou comme un domaine, mais ces divers faits ont leur genèse dans les origines mêmes des paroisses. En étudiant de près la fondation de ces églises, nous arriverons peut-être à comprendre quelques pratiques ou institutions religieuses qui ont aujourd'hui disparu.

Nous pouvons observer un premier fait, c'est que ces églises ont été fondées sur des territoires de condition diverse. Les unes ont été établies dans les *vici* ou les *castra*. Nous en avons constaté l'existence, dès le Ve siècle, dans quelques localités qui portent ce nom : Blaye, Amboise, Brives, Brioude, Saulieu, Dijon, etc. Nous n'avons pas ici à discuter les théories émises sur le *vicus*. Nous pensons seulement que ces agglomérations rurales étaient nombreuses, qu'elles furent des

centres de commerce ou une association de petits propriétaires et d'artisans. Peut-être est-ce dans le *vicus*
que la première église rurale a été fondée. L'importance
commerciale, le nombre d'habitants, la situation même
de ces bourgs sur les grandes voies de la Gaule, durent
y provoquer de bonne heure l'apostolat des évêques.
Mais, dès la fin du IVe siècle, les églises commencent à s'élever dans les domaines. Une loi d'Honorius (398) nous apprend que les grands propriétaires
ont déjà leur chapelle dans leur *villa*. Nous avons signalé
l'église de la *villa Riuntium*, en 419 ; les *oratoria* du
fundus Epponiacus qui appartenait à la famille de saint
Germain ; de la *villa Octaviana*, propriété de Constantius. Nous connaissons bien les deux basiliques que Sulpice Sévère fit construire dans son *ager Primuliacus*.
Paulin de Nole nous en décrit avec complaisance les
reliques, les inscriptions, les peintures murales, les
mosaïques. Entre ces basiliques, Sévère avait fait
construire un *baptisterium*. Lui-même y célébrait le
culte, y prêchait à ses esclaves ou à ses colons. C'était
une véritable colonie religieuse qui s'était fondée [1]. Ces
exemples durent être fréquents. Aussi, dès les origines,
l'église du domaine, l'église privée, s'oppose-t-elle à
l'église du *vicus*, l'église publique.

Dans ces domaines, il faut faire encore une distinction. Dès le Ve siècle, l'église avait commencé à constituer sa fortune territoriale. Par donation, par achat,
chaque évêché avait acquis un certain nombre de biens-
fonds ou de *villae*. Les évêques prirent l'habitude d'y

____

1. Paulin de Nole, *Lettres*, 32 (Migne, t. LXI, p. 325 et suiv.).

construire des oratoires. Il semble bien que le *locus Gargarius* et *Citharista* appartiennent à l'église d'Arles. Un peu plus tard, l'auteur de la Vie de saint Césaire nous parle d'un *agcr* de cette église, où l'on avait élevé plusieurs basiliques [1]. Quelques églises épiscopales possédaient même des terres dans plusieurs cités. Les évêques y bâtirent également des chapelles et cette intervention donna lieu à des conflits assez fréquents pour que le concile d'Orange (441) ait dû régler les droits de l'évêque fondateur et de l'évêque diocésain. Nous reviendrons ailleurs sur ce fait. Notons simplement que les progrès rapides de la propriété ecclésiastique ne furent pas étrangers à l'accroissement des églises rurales. Un certain nombre d'entre elles furent fondées, dès cette époque, sur les terres de l'église-mère de la cité.

Ces différences nous montrent que les églises rurales n'ont pas eu les mêmes fondateurs. Parmi ces fondateurs, la première place assurément doit être assignée aux évêques. La création des églises fut l'œuvre capitale de l'épiscopat, parce que seule l'église, affirmation publique et solennelle de la foi, en assurait la durée. Un évêque se rend dans une localité, y convertit les habitants : il leur laisse un autel et un prêtre. Voilà l'origine la plus ancienne de l'église rurale. Ailleurs, s'il est riche, c'est dans ses propres terres, tout au moins dans celles de son église, qu'il élève l'*oratorium*. Et dès la fin du IVe siècle, l'œuvre se poursuit sur tous les points de la Gaule. Saint Martin, le premier de ces évêques mis-

---

1. *Vita Caesarii* (Migne, t. LXVII, p. 1033).

sionnaires, fut aussi le premier à multiplier ces édifices sacrés. Dans toutes les régions où il a prêché, il n'y a déjà plus un lieu, à l'époque de Sulpice Sévère, qui ne soit couvert de monastères ou d'églises. Nous connaissons celles qu'il fonda dans le diocèse de Tours. Nous voudrions savoir celles qu'il laissa dans ses missions de Trèves (372), du Sénonais (377), du pays éduen, de l'Aquitaine [1]. Mais les renseignements nous manquent, et il n'est pas sûr que les vocables même des églises dédiées au saint aient conservé le souvenir de son passage et de sa prédication.

Cette œuvre fut continuée au ve siècle. Nous avons vu Grégoire attribuer à ses prédécesseurs la fondation des églises de son diocèse. Mais dans les autres régions de la Gaule, les évêques n'agirent pas différemment. L'auteur de la Vie de saint Hilaire d'Arles nous dit « qu'il « était tout brûlant de zèle, ardent à fonder des mona- « stères, à élever des temples [2] ». Elaphius de Rodez « donne un grand exemple en bâtissant des églises « nouvelles, alors qu'on ose à peine restaurer les « anciennes [3] ». Patiens de Lyon « est si zélé qu'on ne « peut savoir si les sanctuaires qu'on rencontre partout « sont des édifices qu'il a construits ou qu'il a réparés ». Saint Waast « fonde des églises et y répartit ses prêtres « et ses diacres [4] ». Voyez encore les évêques du

---

1. Migne, t. XX, p. 168.
2. Migne, t. L, p. 1229.
3. Sidoine Apollinaire, *Lettres*, IV, 15.
4. *Vita Vedasti*, par Alcuin (Boll., févr., t. I, p. 806 : « Ecclesias erexit, presbyteros et diacones sibi in adjutorium per diversa ecclesiarum disposuit loca. »

vi⁰ siècle [1] : Césaire d'Arles, Marachaire d'Angoulême, Sulpitius de Bourges. Ils sont renommés par leurs constructions. Fortunat ne manque jamais dans ses poèmes ou ses épitaphes en l'honneur des évêques de rappeler les églises qu'ils ont fondées. C'était un titre devant Dieu et devant les fidèles. Il n'est pas douteux qu'un grand nombre d'églises rurales, le plus grand peut-être, n'aient dû leur origine à cette initiative de l'épiscopat.

De cette œuvre, l'aristocratie sénatoriale prenait sa part. Nous avons vu de grands propriétaires construire des *oratoria* dans leur domaine. Quelques-uns d'entre eux étaient prêtres et, comme Sulpice Sévère ou Paulin de Nole, trouvaient là un moyen assuré de propagande sur le groupe d'hommes qui vivait autour d'eux. D'autres, par piété, en honneur de reliques, en souvenir d'un bienfait, élevaient une basilique. L'intérêt même n'était pas étranger à ces pieuses fondations. En réunissant les hommes de leur terre autour d'un autel domestique, ils les attachaient au sol par un lien plus fort que le droit. En appelant chez eux le prêtre, ils espéraient le dominer. Leur domaine devenait leur paroisse. Ils n'avaient pas à en sortir pour y trouver les jouissances ou les secours de la religion. Mais remarquons aussi que leur action n'était pas restreinte à leurs terres. Beaucoup de bourgs d'hommes libres s'étaient mis sous leur patronage. Plus d'une fois, les habitants du *vicus* durent ainsi

---

1. Grégoire, V, 36 : « Maracharius... vigilanter ecclesias vel ecclesiae domos et erigens et componens. » — *Vita Sulpitii* (Boll., janv., t. II, p. 537).

s'adresser à leur protecteur et obtenir son concours et ses largesses pour la construction de leur église. Une inscription du ve siècle, celle de l'évêque Rusticus de Narbonne, nous rappelle qu'il fit restaurer sa cathédrale avec les dons du préfet du prétoire.[1] Beaucoup de riches propriétaires durent être aussi généreux pour l'église du bourg qu'ils protégeaient[2]. Par là s'étend et s'affermit leur influence. Dans une société où la religion est le suprême intérêt, ce fait aura ses conséquences que nous aurons à signaler.

N'oublions pas enfin le peuple, ce grand ouvrier anonyme, cette foule immense des croyants dont l'histoire nous parle à peine. Quelle fut son œuvre? Il serait intéressant de savoir quel rôle la population libre d'un *vicus* a joué dans la construction de son église, dans quelle mesure elle y a contribué. A l'époque romaine, ces *vicani*, petits propriétaires, marchands, artisans, jouissaient de certains droits, pouvaient avoir une caisse commune, s'entendre pour certaines affaires. Cette organisation ne paraît pas encore détruite au ve siècle. Ces hommes ont-ils construit, doté leur église? Les textes ne le disent pas. Grégoire de Tours et les Vies de saints nous ont laissé le souvenir des grandes individualités, mais le travail des petits, des humbles, n'a pas trouvé place dans ces récits. Nous le devinons pourtant, à quelques mots, en voyant le rôle que joue le peuple

1. Le Blant, *Inscr. chrétiennes de la Gaule*, n° 617.
2. Grégoire nous parle au vi^e siècle d'une église construite par un *tribunus* dans le *vicus Musciacus* (Moissat) et dédiée à saint Germain.

dans les fêtes, dans les assemblées religieuses, dans le choix même de ses pasteurs. Ici, les simples besoins religieux, la nécessité d'avoir un sanctuaire pour se réunir et pour prier, de créer un symbole vivant de la foi commune et de l'unité des cœurs, ont fait sortir de terre le temple chrétien. Ailleurs, c'est le souvenir d'un miracle, le passage d'un saint qui a frappé l'imagination populaire et provoqué la construction de l'édifice. Toute croyance vivante se traduit par des œuvres. Nous ne pouvons douter que la construction des églises n'ait été une des plus populaires. On peut dire que toutes les classes de la population ont pris part à cette transformation du sol de la Gaule devenue chrétienne.

Dès la deuxième moitié du ve siècle, à cette œuvre commune de l'épiscopat, de l'aristocratie et du peuple, devait s'ajouter celle du monachisme. Nous nous bornons ici à l'indiquer. Elle a eu une influence très spéciale sur l'histoire des paroisses. Elle a contribué surtout à en répandre le nombre en dehors des centres habités, dans ces *loca deserta* que nous signalions. Mais de la double forme que revêt l'action des moines, l'action collective des grandes abbayes, l'action individuelle, la seconde seule se présente à nous à l'époque des invasions. Le monachisme naissant était alors sans règle. Les monastères comme Lérins, Ligugé, Marmoutiers étaient rares. Ce n'était pas la vie en commun que recherchaient surtout les émigrants de la cité. Fuyant la vie civile, trop lourde pour les uns, trop vulgaire pour beaucoup d'autres, chassés peu à peu de leur ville ou de leur bourg par le dégoût des charges publiques, l'abandon de la curie, l'insécurité de l'empire, la secrète angoisse des âmes [1], ils veulent la retraite. Seuls, ou avec quelques compagnons, ils se construisent une cellule en bois ou en feuillage et y prient Dieu en liberté. N'importe ! Ils ont eu, ces solitaires, leur influence dans la formation de nos églises et de nos paroisses. Leur *cella* recouvre un autel, on y célèbre un culte, et autour d'eux se groupent des fidèles, habitants de la *villa* ou du *vicus* voisin, attirés par la renommée des saints. L'*oratorium* grandit, donne naissance à une église, cette église elle-même, à un monastère ou à une paroisse. Ces faits seront fréquents au vi^e siècle, mais nous les constatons déjà avant la chute de l'empire. Plus d'un de nos villages a dû son origine à quelque croix plantée alors dans un désert par ces pieux désespérés.

Ainsi toutes les forces religieuses, sociales, économiques de la cité s'appliquent à la même œuvre. Par là se fait, malgré les invasions, les brigandages des bandes et l'insécurité générale, l'établissement presque continu de nos églises. Cette conquête du sol par les monuments a-t-elle été pacifique ? N'a-t-elle pas rencontré quelque résistance de la part du paganisme vaincu ? Les documents ne le disent pas. Un seul texte nous fait supposer, au moins à l'origine, des luttes locales. Lorsque saint Martin établit une communauté à Amboise, le prêtre qui la dirigeait ne réussit pas à

---

1. *Vita Emani* (Boll., mai, t. III, p. 595). — *Vita Maurilii* (Boll., janvier, t. II, p. 7).

mettre fin aux cérémonies païennes. L'ancien culte se défendait : il fallut une nouvelle intervention du saint pour le détruire [1]. Nous pensons bien que ces conflits se répétèrent dans d'autres localités. Dès le ve siècle, il n'en est plus souvent question. Nous sommes surpris au contraire de la rapidité avec laquelle les temples disparurent. Les édits des empereurs contre l'ancien culte contribuèrent sans doute à ce résultat. Mais le paganisme s'infiltrait encore dans la croyance nouvelle. Beaucoup de ses usages ou de ses superstitions lui survécurent, et l'Église, qui avait eu si promptement raison des dieux, ne put triompher si aisément des mœurs.

Cette création des églises s'est-elle faite dans un certain ordre ? Les premières furent-elles fondées dans les *vici* les plus proches de l'église épiscopale ? Nous ne le savons pas. Il semble au contraire que la conduite des évêques ait été un peu différente, qu'ils aient songé à s'assurer certaines localités, dans les divers *pagi* de leur diocèse, les plus importantes peut-être par leur situation ou leur commerce, et à en faire comme autant de centres de propagande pour toute une région. Voyez ce qui se passe à Tours. Les églises les plus anciennes, Amboise, Langeais, Candes, Dolus, se trouvent aux extrémités de la *civitas*, sur les trois routes d'Orléans, d'Angers, de Poitiers. Une des églises les plus anciennes de la cité de Poitiers est celle du *vicus Vultaconnus*

---

1. Sulpice Sévère, parlant encore des destructions de temples ordonnées par le saint, nous laisse entendre qu'elles faillirent plus d'une fois lui coûter la vie. *Vita Martini*, 6, 14, 15 (Migne, t. XX).

(Voultegon) sur la route de Tours. Dans le diocèse
de Bordeaux, Blaye et Langon, l'une sur la route de
Saintes, l'autre sur celle de Toulouse, sont les plus
anciennes églises. On peut croire que la hiérarchie a
cherché à créer comme autant de colonies, autour des-
quelles les bourgades et les domaines sont venus peu à
peu se grouper.

Une autre remarque qu'il convient de faire, c'est que
ces églises furent échelonnées d'abord le long des voies
romaines. Furent-elles nombreuses ? Nous ne le savons
pas. Il faudrait connaître le nombre et surtout la répartition des localités. Le sol de la Gaule n'était pas
découpé en villages comme aujourd'hui. La vie locale se
centralisait sur ces grandes artères qui portaient partout la pensée et la richesse. En dehors des routes, le
sol était presque toujours inhabité [1]. Dans ces déserts,
l'établissement du culte se fit progressivement, dès le
VIIe siècle, et surtout à l'époque carolingienne. Il fut
l'œuvre du monachisme. Deux siècles plus tôt, il ne
paraît pas que la religion nouvelle ait créé de nouveaux
centres d'habitation.

On ne peut donc établir un ordre régulier dans l'institution de nos églises rurales, par suite, de nos
paroisses. Mais ce qui importe surtout, c'est de retenir
la diversité de leur origine. En résumé, nous trouvons,
au ve siècle, des églises établies :

[1]. Dès le VIe siècle, il y a pourtant dans le diocèse de Clermont
des églises bâties à l'intérieur des terres. Cf. Grégoire, VIII, 30,
parlant de l'expédition de Gontran : « Arvernae regionis ecclesiae,
quae viae publicae propinquae fuerunt, a ministeriis denudatae. »

1° Dans un *vicus* ou un *castrum*, par l'évêque et les habitants ;

2° Dans l'*ager ecclesiae*, par un évêque ;

3° Dans un domaine, *vicus* ou *villa*, par un grand propriétaire, clerc ou laïque ;

4° Dans des *loca deserta*, par un reclus ou des moines.

C'est dans ces églises que nous devons chercher, soit directement, soit par transformation, les différentes origines de nos paroisses. Nous devons noter ces distinctions. Elles sont d'une importance capitale pour le développement juridique des institutions religieuses. Il faut se rappeler que de bonne heure la législation canonique avait reconnu à celui qui bâtissait ou dotait une église certains droits sur cette église. On voit ainsi comment l'origine peut influer sur la condition. Suivant qu'elle est fondée par un évêque, des moines, des *possessores* ou une population, bâtie dans un bourg ou dans un domaine, l'église rurale sera soumise à des juridictions, à des services différents. La vie religieuse pourra être partout la même ; mais l'organisation extérieure, la discipline seront, selon les cas, profondément changées. Et déjà apparaît la distinction fondamentale des églises libres et des églises domestiques, des églises publiques et des églises privées, les unes possédées par la communauté, les autres par un « patron », qui sera bientôt un maître. Avec le temps, ces différences s'accuseront. Elles auront leur plein effet à l'époque carolingienne et féodale par la transformation du patronage.

II

Poussons plus loin notre analyse. Nous avons en quelque sorte décrit par le dehors l'apparition de ce grand fait religieux, la création d'églises séparées de l'église mère de la cité. Or, les institutions ont elles-mêmes leur genèse dans les croyances : c'est dans l'âme des hommes, dans leur façon de sentir et de penser, qu'on en trouve la clef. Pour bien comprendre comment s'est formé notre régime paroissial, nous devons donc chercher quelles idées, dans cette société chrétienne, ont favorisé l'établissement des églises, et quelle influence ces idées devaient avoir sur leur condition.

Il est possible qu'aux débuts mêmes de la conquête religieuse des campagnes, l'épiscopat n'ait eu d'autre pensée en créant les églises que de grouper les fidèles et leur assurer un culte public. Mais des idées nouvelles se firent jour dans la conscience chrétienne et par leur action sur l'esprit du peuple contribuèrent puissamment à l'œuvre de la hiérarchie.

Il faut remarquer d'abord qu'un grand nombre d'églises furent fondées sur l'emplacement de sanctuaires, d'autels, de lieux consacrés par le paganisme. Pendant longtemps, la nouvelle religion ne chercha pas à transformer à son usage les anciens temples : elle les renversa. Dès l'époque constantinienne, le zèle des chrétiens se traduisait en attentats contre les vieux édifices. Les empereurs, il est vrai, prirent des mesures pour les défendre. Honorius lui-même, en 399, qui laissait détruire les autels ruraux et les édicules privés, avait cherché à sauver les temples en les protégeant comme monuments publics [1]. Mais ces mesures furent inefficaces et les empereurs impuissants. Ce fut une rage de destruction. Évêques et peuples brisaient les statues, brûlaient ou renversaient les temples. Un savant autunois, M. Bulliot [2], a relevé tous les débris antiques provenant des autels ou des sanctuaires païens de la région éduenne. La plupart portent des traces de mutilation ou d'incendie qui prouvent une destruction violente, inspirée sans doute par saint Martin. Des faits semblables se retrouvent dans toute la Gaule [3]. Avant même que Valentinien III n'ordonnât, en 435, la destruction générale des temples, le zèle des évêques ou le fanatisme populaire avait commencé. Et dans les guerres civiles, les invasions, l'anarchie générale, les païens n'eussent trouvé aucun pouvoir pour les défendre.

Ce n'était point pourtant pour le plaisir de détruire que les chrétiens abattaient les temples. Une raison religieuse les y conviait, la même qui les poussait à construire sur ces ruines une église, quelquefois même une simple croix. Cette idée, c'est que la demeure nouvelle est d'abord une prise de possession du sol, un témoin visible et durable de la victoire du Christ. Mais

1. *Cod. Theodos.*, XVI, 10 ; 15, 16, 18 (399).
2. *La Mission et le culte de saint Martin dans le pays éduen.* Paris, Picard, 1892.
3. *Vita Vigoris* (Boll., nov., t. I, p. 302). Les habitants renversant un temple situé sur le « Mons Phanus... Emendato loco omnis plebs Baiocasina... aedificaverunt ecclesiam ».

aussi, c'est qu'elle est une purification. Il fallait que dans ces lieux jadis consacrés aux démons, souillés par leur présence, habitât réellement le Christ : là où l'humanité avait failli, elle devait être rachetée par le sacrifice. Sous ses formes extérieures, l'église, substituée au temple, est le témoin de la lutte invisible engagée entre les puissances mauvaises et Dieu.

Ces idées s'entrevoient dans les écrivains de cette époque. Elles pénètrent la législation impériale elle-même. « Nous voulons, dit Valentinien III, que les « sanctuaires, les temples, s'il en reste encore, soient « détruits par l'ordre des magistrats; que sur leur « emplacement même on élève le signe de la religion « chrétienne comme une expiation [1]. » Remarquons ces mots. Pour les hommes de ce temps, la destruction des temples n'était pas tant œuvre de haine que de croyance, et il semblait que la prière dût être plus agréable si elle montait vers le ciel des endroits mêmes où il avait été si longtemps offensé.

Ainsi, dans un grand nombre de localités, sur cette foule de monuments détruits, temples, *sacella*, laraires compitaux, s'éleva l'église chrétienne. Dans les villes ou les bourgs, auprès des fontaines, des sources, des bois sacrés, le culte nouveau recouvre, fait disparaître jusqu'aux traces de l'ancien. « Partout où passait saint « Martin, nous dit son biographe, il détruisait les temples

---

1. *Cod. Theodos.*, XVI, 10 : 25 : « Fana, templa, delubra si qua etiam restant integra, praecepto magistratuum destrui collocationeque venerandae Christianae religionis signi expiari praecipimus. »

«. et les idoles et les remplaçait par des monastères et
« des églises. » Mais cet exemple n'est pas isolé. Au
ve siècle, un solitaire de l'Anjou, Maurile, bâtit une
église sur l'emplacement d'un temple : cette église sera
plus tard le centre d'une paroisse. Saint Orientius, évêque
d'Auch, saint Vigor, évêque d'Évreux, élèvent des *oratoria* sur des sanctuaires païens qu'ils ont renversés [1].
Un peu plus tard, saint Rigomer, saint Amand, détruisent
les derniers vestiges du paganisme et sur leurs ruines
élèvent des temples au vrai Dieu. Comme les Vies de
saints, l'archéologie nous renseigne sur ce fait. Dans la
région éduenne, par exemple, un grand nombre d'églises
ou de chapelles ont été élevées sur d'anciens édifices
païens : Chalon, Avallon, Lantilly, Marsingy, Onlay,
Mesvres. C'est sur un ancien temple que sera fondée
l'abbaye de Saint-Martin d'Autun [2], celle de Saint-
Seine. Les découvertes faites ailleurs nous donnent les
mêmes conclusions. Encore au vm{e} siècle, on choi-
sissait l'emplacement d'un temple païen pour la construction de l'abbaye de Flavigny [3].

On comprend l'influence que ces idées ont pu avoir

---

1. *Vita Maurilii* (Boll., sept., t. IV, p. 73). Cette Vie attribuée
à Magnobod, avec vraisemblance, a dû être rédigée sur des documents plus anciens. — *Vita Orientii* (Boll., mai, t. I, p. 62). —
Vita Vigoris (Boll., nov., t. I, p. 299). — *Vita Amandi* (Boll., févr.,
t. I, p. 861) : « Ubi fana destruebantur... Amandus statim monasteria aut ecclesias construebat. » Cf. également une homélie
d'Avitus pour la consécration d'une église construite sur un *dés-
tructum fanum* (22 sept. 515). *M. G. H., Auct. antiq.*, t. VI, p. 134.

2. Bulliot, *ouvr. cité*, p. 64, 67, 151, 396, 401.

3. Il y a assurément des exceptions ; à Bordeaux, l'ancien
temple de Tutelle resta debout jusqu'au xvie siècle.

pour la fondation des églises rurales. Elles en ont déterminé souvent la place, mais là n'est pas leur seul résultat. Il n'a pas été indifférent pour le triomphe du christianisme que le temple nouveau ait été construit au même endroit que l'ancien. Les populations changent moins aisément peut-être leurs habitudes que leurs croyances. On allait à l'autel des dieux porter ses offrandes, son encens, ses prières ; on n'eut pas à prendre une autre route pour porter au dieu nouveau les mêmes hommages. Ce fut toujours dans le lieu sacré où les ancêtres avaient prié que se prosternèrent les générations nouvelles. Le christianisme maintenait ces traditions, ces souvenirs, qui sont un lien si puissant pour grouper les hommes. La religion pouvait être changée : la vie locale ne l'était pas. Et quand on voit avec quel soin l'Église a transformé ces usages sans les détruire, on comprend tout l'intérêt qu'elle avait à les respecter.

Un autre fait a eu son influence sur la marche des institutions religieuses : le culte des saints.

De toute antiquité, l'Église avait honoré d'un hommage spécial les restes de ses martyrs. Mais, dans la tourmente des persécutions, un grand nombre de ces reliques avaient été dispersées. Après le triomphe du christianisme, les fidèles les recherchèrent avec un pieux empressement. Dans toute la Gaule notamment, on s'empressa de retrouver les corps de ceux qui avaient souffert pour le Christ. Leur tombeau devint aussitôt l'objet d'un culte : les fidèles se réunirent autour de lui et un monument s'éleva sur le sol sacré qui le contenait. Une tradition rapporte que, dès le règne de Constance, une femme, Eusebia, découvre le corps de saint Quentin et construit, pour le recevoir, un *oratorium* [1]. Dans la cité de Tours, avant même la construction de toute église locale, il y avait non loin de Marmoutiers un autel élevé sur un *locus* sanctifié, disait-on, par la sépulture de martyrs [2]. Saint Martin, traversant le *vicus* d'Artonne, va prier devant le tombeau d'une sainte, Vitaline, honorée d'un culte public [3]. Ces habitudes se répandirent beaucoup. Chaque cité tenait à honneur d'avoir parmi ses saints quelque martyr. Ce désir fit naître bien des légendes et de pieuses supercheries. Saint Martin se plaignait déjà de la crédulité populaire qui multipliait sans examen ces découvertes. Mais ces scrupules n'étaient guère partagés. On mit une sorte de passion à déterrer des sarcophages, à ouvrir les *tumuli* où on pensait trouver des restes sacrés. Il semblait même que les saints privés des honneurs qui leur étaient dus eussent à cœur de diriger les recherches des fidèles. Il faut lire dans Grégoire les moyens dont ils se servent. Un songe, un miracle, une apparition, tout leur était bon pour se révéler aux hommes. A Thiers, saint Genès apparaît à un paysan et lui indique lui-même le petit tertre où il repose. Près d'Albi, saint

1. *Revue archéologique*, t. XIV, p. 270.

2. Sulpice Sévère, *Vita Martini* (Migne, t. XX, p. 166) : « Locus quem falsa hominum opinio velut consepultis ibi martyribus sacraverat : nam et altare ibi a superioribus episcopis constitutum habebatur. »

3. Une paroisse s'établit à Artonne, et plus tard nous voyons un archiprêtre à la tête de cette paroisse, Grégoire de Tours, *Gloria Confessorum*, 5.

Amarand est resté longtemps inconnu des fidèles,
« mais, sur l'ordre de Dieu, il fut relevé, et la crypte
dans laquelle il reposait, étant ouverte, s'illumina ».
C'est par un songe qu'un évêque de Bourges connaît la
sépulture de son prédécesseur, saint Ursin. A Clermont,
le martyr Antolianus se plaint de voir ses ossements
confondus avec beaucoup d'autres : il réclame une place
à part dans une basilique que l'on construit en son
honneur [1].

Le plus grand hommage que l'on pût rendre à un
saint était en effet d'élever l'autel sur sa tombe [2]. Et ici,
le culte précède l'église : c'est le tombeau qui crée
l'*oratorium*, *oratorium* qui deviendra plus tard, très
souvent, la basilique du monastère ou de la paroisse.
Un culte funéraire, voilà dans bien des cas le premier
noyau de la communauté rurale. Si maintenant aux
martyrs s'ajoutent les saints, évêques, clercs, fidèles,
dont on garde les reliques, on comprend combien le
nombre de ces petits centres religieux dut se multiplier.
Nous connaissons bien ceux qui se sont formés autour
d'un saint illustre : à Dijon, saint Bénigne, à Tournus,
saint Valérien, à Brives, saint Martin, à Blaye, saint
Romain ; mais combien d'autres moins connus, saints
locaux, d'un *pagus* ou d'une cité, ont eu leurs croyants,
leur culte, leur édifice !

Bientôt même, c'est sous une autre forme plus générale encore que se manifeste le culte des saints. Il ne
suffit pas de recueillir leurs restes sacrés, on note avec

1. Grégoire de Tours, *Gloria martyrum*, 56, 64, 66.
2. Voyez les exemples très nombreux dans Grégoire de Tours.

soin tous les actes de leur vie, toutes les traces de leur passage. Et c'est encore par la construction d'un temple, basilique, cancel, *oratorium*, qu'on en fixe le souvenir. Voyez dans Grégoire le nombre incalculable d'édicules élevés en l'honneur de saint Martin. A Amiens, là même où il a partagé son manteau avec un pauvre, à Artonne, où il s'est arrêté, à Trèves, dans la maison de Tetradius dont il guérit l'esclave, à Candes dans la cellule où il a expiré, partout où il a prié, prêché, guéri, un autel est construit et le culte commence. On dit de saint Germain d'Auxerre que, là où il a passé et parlé, « les populations érigent des croix ou construisent des oratoires [1] ». Beaucoup d'autres saints évêques devaient mériter le même honneur. Et les fondations sont d'autant plus nombreuses qu'on attribue au saint, après sa mort, les mêmes vertus que pendant sa vie. La faveur d'un miracle, l'accomplissement d'un vœu, l'expiation d'un outrage au souvenir du saint, se traduisent par une fondation d'église. Il n'y eut bientôt plus d'acte un peu extraordinaire de la vie qui ne donnât lieu à ces pieuses manifestations.

On voit comment cette religion populaire du saint a donné naissance aux églises rurales. Au viᵉ siècle surtout, à l'époque de Grégoire, la plupart des oratoires ou des basiliques alors fondées s'élèvent en l'honneur ou en souvenir d'un saint. Il fallait tenir compte de ce fait dans les origines du régime paroissial. Ce n'est pas que tous ces cultes aient donné naissance à une paroisse. Ici,

____

1. Boll., juillet, t. VII; p. 228.

l'*oratorium* primitif n'a pas changé, simple édicule desservi par un clerc, sans groupement de fidèles et sans juridiction sur les fidèles. Là, il s'est transformé en basilique, réunit des moines et peu à peu c'est dans une *cella* ou un monastère que le souvenir du saint est perpétué. Ailleurs, c'est bien l'église, puis la paroisse, qui sortent de l'*oratorium*. A Brives, à Blaye, à Brioude notamment, il semble bien que la communauté chrétienne se soit formée autour de ce noyau primitif. Nous avons montré ce fait à Brioude en étudiant le culte de saint Julien. Mais il dut en être de même dans un certain nombre de localités où l'église contint de bonne heure des sarcophages de saints et servit en quelque sorte d'asile à leurs dépouilles. C'est ce culte local qui a souvent uni les hommes de la *villa* ou du *vicus* dans une même adoration.

Ce ne fut pas le seul résultat. Bientôt s'insinue partout ce culte concret et matériel. On en vient à penser que chaque édifice sacré doit être dédié à un saint, porter son nom, garder quelque parcelle de son corps. Il faut voir dans les écrivains de ce temps avec quel soin les hommes d'un bourg où d'un domaine cherchent les reliques, avec quelle âpreté les peuples se disputent, de cité en cité, celles qui sont en renom. Jusque là l'église n'était qu'un lieu de réunion pour les fidèles, le cénacle où était accompli le mystère du sacrifice. Il ne semblait pas que la présence de corps saints fût nécessaire pour que ce grand acte fût célébré [1]. Mais peu à peu change

1. Grégoire signale encore des églises au vi⁰ siècle où il n'y avait pas de reliques: *Gloria martyrum*, 30, l'*ecclesia Novivicensis vici; et Vitae patrum*, VIII, 11, celle du *vicus Prisciniacensis*.

la tradition. On construit des temples pour y enfermer les restes précieux. On dépose des reliques dans ceux qui sont déjà construits. Encore à la fin du vi[e] siècle, on voit des habitants aller au loin chercher quelques ossements pour en doter leur église [1]. L'usage s'établit alors qu'aucun autel, aucun *oratorium* ne peut être consacré s'il ne contient quelques reliques. Chaque église devient ainsi une grandiose demeure où repose le saint.

Et là même où est une parcelle de son corps, le saint est toujours présent. Ce n'est pas une présence idéale, spiritualisée, celle des morts, dont notre cœur semble retrouver l'image dans les lieux mêmes où ils ont vécu, mais l'existence réelle d'un être, visible parfois aux yeux du corps et s'affirmant par les signes extérieurs de la vie. Le bienheureux veut, pense, sent, agit. Il se mêle aux affaires des hommes : il leur parle, leur écrit, leur paraît en songe. Il guérit les maladies ou écarte les maux, la famine, la peste, la guerre [2]. Il s'unit aux chœurs des prêtres ou des fidèles. Veillant lui-même sur son tombeau, il préserve sa demeure des outrages du temps ou des hommes. Il punit et récompense, conseille et protège ; de son église, il est vraiment le patron de la communauté.

Sans doute, ce sont des idées semblables qui ont poussé les peuples à rechercher le patronage d'un grand et le patronage d'un saint. Le besoin de protection qui est au fond des âmes est toujours le même. Ici, c'est au

1. Grégoire, *Liber de virtutibus Sancti Juliani*, 32, 47, 50.
2. Voir les exemples dans Grégoire de Tours : *Gloria Confessorum*, 43, 72, 78, 80, 93, 94 et suiv.

riche, au puissant que l'on confie sa terre ou sa vie
menacée : là, c'est au favori de Dieu que l'on demande
secours pour son corps ou pour son âme. Ici, la protection est d'accord avec l'intérêt, là, avec l'intérêt et la
croyance ; mais dans la vie sociale, comme dans la vie
religieuse, l'homme s'adresse à plus puissant que lui qui
le fait vivre et qui le sauve. Or, de même que sur la
société, ces idées ont eu leur influence sur la religion.
C'est encore plus cette croyance populaire que la foi
métaphysique qui a retenu les hommes autour de l'autel.
Mesurez maintenant les conséquences. Le saint est ; par
cela seul qu'il est, il exige un culte, il aura son église,
ses prêtres, ses clercs, l'assemblée de ses fidèles. Être
vivant, il sera aussi un être juridique ; il devient
capable d'acquérir et de posséder ; on lui donne, on lui
lègue [1] ; il peut être, il est vraiment propriétaire, et,
comme lui-même est sacré, sa propriété est inviolable,
comme il ne meurt pas, elle est perpétuelle. Dans une
société grossière qui tend à se représenter tout sous une
forme sensible, État, Église, surnaturel, il devient le
médiateur entre les fidèles et Dieu. C'est autour de
lui que se groupe la communauté dont il est le chef invisible et présent. Mais église, clergé, propriété,
qu'est-ce autre chose dans la paroisse que les éléments
divers qui ont formé la paroisse et lui ont assuré l'existence, en lui donnant l'autonomie ?

Ainsi, les idées de protection, de patronage, ont

1. Conc. Arvernense (535, c. 14). *M. G. H.*, p. 69 : « Si quis
cujuscumque minuscula qualibet sanctis scriptura conlata... frau-
daverit. »

produit dans l'Église les mêmes effets que dans la société. Le patronage des grands a été, dès le ve siècle, la cause de cette décentralisation politique qui a enlevé les hommes au pouvoir de l'État et les a peu à peu soumis au pouvoir de l'aristocratie. Le patronage du saint a provoqué la décentralisation religieuse qui a brisé la communauté primitive et détaché de l'église de la cité les églises des *vici* ou des domaines. C'est par lui que la petite église locale, créée d'abord pour les besoins du culte, érigée en souvenir d'un confesseur ou d'un martyr, est devenue un centre religieux, un organe doué de sa vie propre et de ses fonctions. C'est par lui qu'elle s'est affranchie de la tutelle étroite et exclusive de l'évêque et de son *presbyterium*. C'est par lui qu'elle a pu avoir son clergé et son patrimoine. On peut dire que c'est surtout par le culte du saint que la paroisse rurale s'est constituée.

CHAPITRE III

Nous avons jusqu'ici étudié les causes qui ont provoqué
la fondation des églises rurales. Ces églises furent-elles,
dès l'origine, le centre d'une paroisse? *Villa*, *vicus*, où elles
sont construites, forment-ils, dès la fin du IVe siècle, une
communauté distincte, autonome, séparée de l'église-mère
de la cité? Au contraire, cette organisation fut-elle lente
et progressive? Nous voudrions, à l'aide des documents,
rechercher comment le régime paroissial s'est établi.

La plupart des historiens lui ont attribué une existence assez tardive. Bouix, après Thomassin, lui assigne
comme origine la fin du Ve et la première moitié du
VIe siècle. Lœning a la même opinion [1]. « Autant, dit-il,
« que les documents très incomplets que nous avons sur
« les origines des paroisses rurales nous permettent d'en
« juger, on ne trouve pas, en Occident, une organisation
« arrêtée des paroisses jusqu'à la fin du Ve siècle. Il n'est
« encore question ni d'une division du pays en districts
« paroissiaux, ni d'une autonomie juridique du clergé
« établi dans les églises rurales. » Ces opinions sont-elles
fondées? Mais elles ne tiennent pas compte d'une hypo-

1. Lœning, *Geschichte des deutschen Kirchenrechts*, t. I, p. 166.

thèse. La paroisse s'est peut-être constituée peu à peu, comme par degrés, et il est utile de démêler les éléments divers qui l'ont formée : une circonscription, un presbytérat, un patrimoine. Cherchons donc comment ces éléments ont pris place dans son histoire.

Le plus ancien paraît bien être la circonscription territoriale. Le premier mot qui la désigne est celui de *dioecesis*. Au commencement du ve siècle, le terme *parochia* [1] s'applique surtout au diocèse. Encore à l'époque de Sidoine, puis du concile d'Agde, les *dioeceses* sont les paroisses. C'est au vi^e siècle seulement que, par une interversion assez curieuse des mots, le district d'un diocèse, celui d'une église rurale ont reçu les noms qu'ils portent aujourd'hui.

Quelle fut l'origine de cette division? Nous ne le savons pas exactement. Lœning l'attribue seulement à la fin du ve siècle, mais les documents qui la signalent sont bien antérieurs. A Tours, dès l'époque de saint Martin, Sulpice Sévère nous parle de la *dioecesis* de Candes [2], et elle n'était pas la seule. Les églises créées dans les campagnes semblent avoir déjà reçu une circonscription déterminée [3]. En 417, les églises de Ceyreste et de Garguier dans le diocèse d'Arles sont des

1. Le mot *parochia* se trouve déjà dans les lettres pontificales de Zozime (417) et d'Hilaire (462); *M. G. H.*, *Epistolarum*, t. III, p. 6 et 27; dans le concile de Riez, c. 4. Mais il ne paraît pas usité en Gaule, hors de la Narbonnaise, pour désigner les paroisses; c'est le terme *dioecesis* qui est employé.

2. Migne, t. XX, p. 181 : « Causa extitit qua Condatensim dioecesim visitaret. »

3. *Id.*, *ibid.*, p. 177 : « Cum ad dioecesim quamdam pro solenni consuetudine... Martinus venisset. »

« paroisses ». A l'époque de saint Hilaire, le diocèse
d'Arles est bien divisé en districts ruraux. Voyez encore
les lettres de Sidoine : il nous parle des *dioceses* de
Clermont qu'il traverse. D'autres documents nous signalent les visites pastorales faites par les évêques dans
leurs paroisses [1]. Il n'est pas douteux que la *dioecesis*
rurale ne soit très ancienne. Elle remonte assurément à
l'origine même des églises, puisque, dès le ive siècle,
nous la trouvons établie.

Quelles étaient la nature, l'étendue de cette circonscription? Nous ne le savons pas exactement. Lamprecht a
opposé au district paroissial, *Pfarreigrenzbeschreibung*,
ce qu'il appelle une démarcation d'autel, *altar-terminatio.* Mais il ne donne aucune preuve à l'appui de cette
distinction et, au ve siècle, les textes ne la signalent
pas. Une décision du concile de Tours (461) nous fait
seulement supposer que ces limites étaient anciennes,
que sur les frontières mêmes de leur cité, les évêques
s'étaient préoccupés de les fixer d'un commun accord [2].
Malgré tout, ces divisions territoriales donnèrent fréquemment naissance à des conflits. Nous avons rappelé
ceux de l'évêque d'Arles et de l'évêque de Marseille en
417 : en 450, le pape est encore obligé d'intervenir. La
dioecesis de Jumillac placée sur les confins de la cité de

1. Sidoine Apollinaire, *Lettres*, IX, 16 : « Nam peragratis dioe-
cesibus cum domum veni. »
2. Tours, 461, c. 9.: « Placuit observari ut si quis episcopus in
jus fratris sui suam conatus fuerit inserere potestatem ut aut
dioeceses alienas transgrediendo terminos a patribus constitutos
pervadat. » Nous pensons que par *dioecesis*, conformément à
l'usage du temps, il faut entendre les paroisses.

Limoges et de la cité de Périgueux est disputée par les deux évêques, Ruricius et Gronopius. Le concile de Tours avait dû s'opposer à de tels empiétements. Au vi^e siècle, les conciles de Lyon (516-523), de Clermont (535) règlent des différends entre évêques sur les limites de leurs diocèses, tant les circonscriptions religieuses sont encore mal assurées.[1].

Il ne paraît donc pas que l'établissement des paroisses ait eu lieu sans hésitation et ce fait en suppose un autre. C'est que les évêques, en établissant les paroisses, n'ont pas dû trouver dans l'organisation civile de cadres bien déterminés. On a cherché à identifier ces anciennes paroisses avec les divisions territoriales de la cité, la *centena*, le *pagus*. Nous devons voir si ces opinions ont quelque fondement.

La première est celle de M. Lamprecht [2]. Étudiant l'organisation des paroisses dans les pays du Rhin, il a prétendu que « dans quelques localités, la paroisse, à « l'origine, paraissait bien avoir été identique à la cente- « nie ». On sait combien cette théorie de la *centena* terri- toriale est chère à certains écrivains allemands. Nous pensons pourtant les raisons de Lamprecht insuffisantes; car le seul document qu'il allègue n'est pas concluant. Il cite en effet un texte bien connu de Walafrid Strabon qui rapproche la *centena* de la paroisse. Mais il faut lire tout ce passage pour en bien peser la valeur [3]. Voulant

---

1. Lyon, c. 2 (*M. G. H.*, *Concilia*, p. 33). Clermont, c. 10 (*Id.*, *ibid.*, p. 67).

2. *Deutsches Wirthschaftsleben im Mittelalter*, t. I, p. 238-253.

3. *De rebus ecclesiasticis*, Migne, t. CXIV, p. 964 : « Centenarii

faire un parallèle entre la hiérarchie religieuse et la hiérarchie politique, Walafrid Strabon compare le pape à
César, les patriarches aux patrices, les archevêques aux
rois. Il continue : « Les centeniers, qui sont établis
« dans les *pagi*, peuvent être comparés aux prêtres titu
« laires des églises baptismales et qui ont juridiction sur
« les églises d'ordre inférieur. » Remarquez ces mots.
Walafrid ne dit pas que la *centena* et la paroisse soient
identiques, il dit seulement qu'il y a analogie entre le
centenier et le chef de la paroisse. Ce n'est même là
qu'une théorie et il faut se défier des ressemblances qui
existent plus souvent dans l'esprit que dans les faits.

D'ailleurs, un texte carolingien nous renseigne mal
sur une institution du ve ou du vi^e siècle. Qu'était alors
la *centena*? Existait-elle? Quels exemples peut-on donner d'une division territoriale qui apparaît seulement
sous les Pépins? Or, à cette époque, les paroisses
étaient fondées depuis longtemps. S'il y a eu un rapport,
ce que nous ne croyons pas, entre ces deux circonscriptions, ce n'est pas la paroisse qui sort de la centenie,
c'est la centenie qui a été calquée sur la paroisse.

Trouverons-nous plus sûrement une identité entre la
dioccesis et le *pagus*? M. Longnon a cru la reconnaître
dans la cité de Reims [1]. Relevant dans le testament de
saint Remi la mention de quatre églises qui portent le

qui et centenariones vel vicarii, qui per pagos statuti sunt, presbyteris plebium qui baptismales ecclesias tenent, et minoribus
presbyteris praesunt conferri queunt. »

[1]. *Étude sur les « pagi » de la Gaule*, 2e partie. *Les « pagi » du
diocèse de Reims*, t. II, p. 6, 7.

nom des *pagi* où elles se trouvent, *Mosomagensis, Vongensis, Catarigensis, Porcensis*, il conclut ainsi : « Voilà « donc, en dehors du Rémois, quatre *pagi* du diocèse « donnant chacun à l'époque franque leur nom à une « église dont le pouvoir s'étendait naturellement sur le « ressort de chacun de ces *pagi*. » Mais ce document ne renferme pas une telle conclusion [1]. En tenant même pour authentiques les renseignements qu'il nous donne, il ne prouve pas que le *pagus* ait formé une paroisse ; nous savons au contraire qu'il y avait, dès l'époque de saint Remi, d'autres paroisses que les paroisses dotées par cet évêque. Flodoard nous parle de l'église du *vicus Calmiciacus*. L'explication du texte montre bien qu'il s'agit là d'une paroisse. Peut-être le *vicus Sindrenus*, mentionné au ve siècle, est-il aussi, à cette époque, le centre d'un district religieux [2]. M. Longnon voit, il est vrai, dans le *pagus*, la paroisse primitive, dont toutes les autres se sont peu à peu détachées, et qui a formé le doyenné. Mais au vi^e siècle, les doyennés ruraux n'existaient pas : ceux même qui se sont formés plus tard dans le diocèse de Reims sont très loin de répondre aux anciens *pagi* de cette cité.

Nous ne pouvons donc, sur le seul témoignage invoqué par M. Longnon, établir de relation entre le *pagus*

---

1. Il faut remarquer que saint Remi, parlant dans une de ses lettres de l'église de Mouzon, ne l'appelle pas l'*ecclesia Mosomagensis pagi*, mais bien *loci Mosomagensis*. *M. G. H., Epistolarum*, t. III, p. 115.

2. Flodoard, I, 8 ; *M. G. H., Scriptores*, t. XIII. Il est question un peu plus loin du *presbyter loci*.

et la paroisse [1]. En revanche, nous avons, au vi[e] siècle, deux listes assez complètes de paroisses rurales : celle de Tours, qui nous est donnée en partie par Grégoire; celle d'Auxerre, qui nous a été conservée par l'*Historia Episcoporum*. Nous n'y trouvons aucun rapport entre les *pagi* et les paroisses. Celles-ci sont établies dans un *vicus*, plus rarement dans une *villa*, mais leur territoire ne répond jamais aux grandes divisions régionales de la cité. Il est probable que le chef-lieu du *pagus* a dû avoir de bonne heure son église, que cette église eut une certaine influence en raison même de sa situation et de son origine: Nulle part on ne voit qu'elle ait été la seule, encore moins qu'elle ait eu une juridiction sur les paroisses qui furent alors établies.

Comme pour l'église rurale, c'est bien dans le *vicus* qu'il nous faut chercher le centre le plus ancien, le plus fréquent de la paroisse [2]. Nous connaissons un grand nombre de ces *vici* qui semblent bien former des *parochiae*. On peut même remarquer que Grégoire de Tours et les Vies des saints ne signalent guère les églises paroissiales que dans les *vici*. C'est sous le titre de *presbyteri vicani* que le concile de Tours (567) désigne les prêtres ruraux [3]. Aussi, M. Fustel de Coulanges a-

---

1. Un autre rapprochement peut être tiré de la *Vita Siviardi* (Boll., mars, t. I, p. 66) : « Natus est in pago Cenomannico, in parochia Deablintica. » Mais, ici, rien ne prouve que la *parochia Diablintica* ait été uniquement formée par le *pagus* de ce nom, et le texte en question parait très postérieur à l'époque mérovingienne.

2. Grégoire nous en signale une quarantaine.

3. Tours, 567, c. 20. *M. G. H.*, *Concilia*, p. 127.

" t-il prétendu que, dans la langue du vi[e] siècle, le mot *vicus* signifiait, non pas un village, mais une paroisse. Nous lui trouvons, en effet, ce sens quelquefois [1]. Mais cette appellation, loin de contredire notre thèse, nous montre combien, pour les écrivains du temps, l'identité était fréquente entre le *vicus* et la paroisse. Toutefois, elle n'est pas absolue. D'une part, il y a des *vici*, au vi[e] siècle, qui n'ont pas d'églises. Nous en avons signalé quelques-uns, le *vicus Argentomagus*, le *vicus Berberensis*, etc. De l'autre, la hiérarchie n'hésitait pas à transformer en circonscriptions ecclésiastiques des domaines privés.

Si le *vicus*, en effet, à l'époque romaine ou mérovingienne, fut ordinairement le siège de la paroisse, parfois la *dioecesis* rurale s'établit dans la *villa*. C'est là un fait que nous démontrent les documents et qu'explique la très grande étendue des domaines. Nous avons vu, au début même du ve siècle, l'existence d'églises dans les propriétés. Quelques-unes au moins comme la *villa Riontium*, comme plus tard l'*ager Succentrionis*, appartenant à l'église d'Arles, ont donné naissance à des paroisses [2]. La *parochia Arronnaco*, mentionnée dans

---

1. Notamment dans Grégoire, X, 31. Cf. également la *Vita Maurilii* (Boll., sept., t. IV, p. 73). Ce saint bâtit une église, « ipsamque postmodum fore vicum instituit ». Mais ailleurs Grégoire distingue l'*ecclesia* du *vicus*.

2. Grégoire : *Gloria Confessorum*, 47. L'existence d'un *baptisterium* dans cette église prouve bien qu'il s'agit là d'une paroisse. *Vita Caesarii*. — Migne, t. LXVII, p. 1033 : « Agrum ubi et dioeceses sunt quod Succentriones vocatur. » *M. G. H., Epistolarum*, t. III, p. 205.

une lettre de Sulpitius de Bourges à Verus de Rodez, semble bien établie dans une *villa* de l'église de Cahors [1]. Le *fundus Epponiacus*, où saint Germain bâtit un oratoire, est, au viie siècle, une des paroisses du diocèse d'Auxerre. Mais la législation conciliaire témoigne elle-même de cette institution. Un canon du IVe concile d'Orléans nous parle des paroisses établies dans les terres des grands. Un autre canon reconnaît à tout propriétaire le droit d'avoir une paroisse dans son domaine ; il pose seulement comme condition le don d'un patrimoine pour l'entretien de l'église et du clergé. On voit, par ces textes, qu'il y avait déjà des paroisses établies sur une grande propriété.

Aussi, ne saurait-on identifier complètement le *vicus* et la paroisse. Comme l'église rurale, la paroisse s'est établie partout où une agglomération d'hommes, libres ou non, propriétaires, artisans ou colons, a rendu nécessaire sa création. Il est dès lors naturel de conclure que les limites du *vicus* et de la *villa*, ou un groupe de *villae*, furent ses limites. Ce n'est pas dans les cadres d'une division administrative ou régionale que la *parochia* s'est installée. L'unité sociale, bourg ou domaine, a pré-

1. Concile d'Orléans, c. 26 : « Si quae parrociae in potentum domibus constitutae sunt. » — C. 33 : « Si quis in agro suo aut habit aut postolat habere diocessim... » *M. G. H., Concilia*, p. 93, 94. — Nous ne pensons pas toutefois que ces paroisses établies dans les *villae* soient bien nombreuses. Nous avons beaucoup d'actes de ventes, de donations, du vi[e] et du viie siècle. Parmi les édifices et les terres qui composent le domaine, il est fait très rarement mention de l'*oratorium* ou de l'église. Il n'en sera plus de même à l'époque carolingienne.

paré l'unité religieuse. Voilà le fait général. Nous verrons plus loin qu'il n'en fut pas toujours ainsi, que la paroisse a été plus grande ou plus petite. Mais c'est toujours dans ces cadres qu'il en faut chercher la formation [1].

La création d'un clergé rural, autonome, devait se faire plus lentement.

A l'origine, l'établissement d'églises hors de la cité n'avait pas rompu l'unité première du *presbyterium*. Dans les églises ainsi fondées, l'évêque déléguait un de ses prêtres ou de ses diacres pour administrer la nouvelle communauté. Nous avons cité les constitutions du concile d'Arles (314) relatives à ces clercs ruraux. Il est très difficile d'établir la nature de leurs fonctions et l'étendue de leurs pouvoirs. Il est probable que la communauté rurale gardait avec l'église-mère des rapports très étroits. En Narbonnaise surtout, où les cités étaient rapprochées, l'église épiscopale pouvait rester le centre du culte. Les grandes fêtes devaient encore être célébrées en présence de l'évêque ; c'était sa parole que l'on devait entendre ; l'assemblée primitive se trouvait ainsi reconstituée. Peut-être même les sacrements n'étaient-ils conférés que dans la *civitas*, les prêtres ou diacres portant aux fidèles des campagnes l'Eucharistie consacrée

---

1. Il est impossible d'évaluer, à cette époque, l'étendue d'une paroisse. Si on remarque pourtant que nombre de paroisses carolingiennes furent créées par le démembrement de la paroisse primitive, on pensera volontiers que ce district était considérable. D'après le règlement de l'évêque Aunaire, Auxerre ne compte que trente-six paroisses à la fin du VIe siècle.

par l'évêque. Nous ne le savons pas, mais le fait qu'un certain nombre de ces églises avaient un diacre à leur tête prouve qu'elles n'avaient pas un culte complet et permanent.

Deux causes surtout devaient former le clergé paroissial et lui donner cette autonomie qu'il n'avait pas.

La première fut la conception que l'on se fit de la paroisse. Elle se présenta très tôt comme une assemblée régulière de fidèles, un centre religieux distinct de la grande église de la cité. Là aussi devait se célébrer le culte, s'offrir le sacrifice. La vie chrétienne aurait vite disparu des campagnes si elle n'avait eu comme aliment le mystère de l'autel. Mais le sacrifice est le pouvoir essentiel du sacerdoce. Un diacre pouvait bien administrer les biens, conférer le baptême, distribuer l'Eucharistie, visiter les malades, secourir les pauvres ; il ne pouvait pas consacrer [1]. Ces idées devaient avoir leur importance. A cette église rurale, il faut un « prêtre ». L'Église fut donc entraînée à multiplier les sacerdoces locaux, bien qu'elle ait d'abord hésité sur le choix du pasteur. Fallait-il mettre à la tête de ces communautés celui qui avait la plénitude du sacerdoce, l'évêque? Il est probable qu'on y songea. En Occident comme en Orient, nous voyons s'installer des évêchés hors des *civitates*, dans les bourgs ou les *castra*. Encore au ve siècle, l'évêque de Marseille, Proculus, installe deux évêques, Ursus et Tuentius,

---

1. Ils avaient cherché à le faire cependant, comme le prouve un canon du concile d'Elvire : « De diaconibus quos cognovimus multis locis offerre. »

dans les grandes paroisses de Ceyreste et Garguier [1].
Des *castra* importants deviennent églises épiscopales.
L'Église tâtonnait ; mais elle comprit promptement
qu'étendre ainsi l'épiscopat était l'affaiblir. Cet essai de
décentralisation fut promptement arrêté. Une constitution du concile de Sardique (343) fixa sur ce point la
discipline ; il fut interdit d'établir des évêques, sauf
certains cas, hors des cités [2].

En Orient, l'Église avait constitué dans les κῶμαι des
chorévêques. En Gaule, ce fut le simple prêtre qui fut
appelé au gouvernement de la paroisse. Par contre-coup,
l'institution du culte entraîna l'exclusion des diacres de
ce gouvernement. Leur présence à la tête des paroisses
devint de plus en plus rare. Les conciles leur rappelèrent même la soumission qu'ils devaient aux prêtres [3].
On leur interdit de distribuer la communion en leur
présence, de s'asseoir devant eux, de conférer le baptême
à une autre époque qu'au temps pascal [4]. Leurs fonctions
furent nettement limitées. Ils n'eurent plus aucune juridiction dans la paroisse ; ils devinrent partout des auxi-
liaires. Nous ne savons pas comment se fit cette transformation. Elle n'était pas encore achevée au vi[e] siècle.
A cette époque, le concile d'Agde parle des diacres qui
ont la direction d'une église [5]. L'église d'Issoire est gou-

1. Lettre de Zozime ; *M. G. H.*, *Epistolarum*, t. III, p. 7.
2. Sardique, c. 6 : « Non licere... simpliciter episcopum con-
stituere in aliquo pago vel parva urbe cui vel unus presbyter suffi-
cit, ne episcopi nomen et auctoritas vilipendatur. »
3. Arles (452), c. 15.
4. Synode romain de 402. Mansi, t. III, p. 1133.
5. Agde (506), c. 59 : « Libertos quos sacerdotes, presbyteri,
vel diaconi de ecclesià sibi commissa facere voluerint. »

vernée par un diacre, Cautinus. Mais cet exemple est le
dernier que nous connaissions. S'il est fait mention des
diacres attachés aux églises rurales, nous trouvons toujours au-dessus d'eux un ou plusieurs prêtres chargés
du gouvernement de la communauté.

En même temps, s'étendaient les attributions de ce
presbytérat. Dès 402, le synode romain du pape Inno-
cent avait reconnu aux prêtres le droit de baptiser à
toutes les époques de l'année [1]. Une des innovations
capitales fut de leur accorder le pouvoir d'enseigner. Le
magisterium était en effet une des attributions essentielles de l'évêque ; le concile de Vaison (529) le partagea
avec les prêtres en leur donnant le droit de prêcher,
c'est-à-dire d'instruire. On leur reconnut, vers la même
époque, le droit de bénir le peuple, les maisons, les
champs. Or, dans les idées de ce temps, on comprend
le respect qui dut s'attacher à leur personne, par cela
seul qu'ils étaient capables d'attirer sur les peuples les
faveurs du ciel. Le concile d'Arles (554) leur attribue
enfin la surveillance et le gouvernement du clergé inférieur de la paroisse. Ils purent, avec l'assentiment de
l'évêque, déposer les diacres ou les autres clercs soumis
à leur juridiction. Ainsi les prêtres ruraux avaient-ils
obtenu un certain nombre de pouvoirs d'ordre ou de
discipline exercés d'abord par l'évêque. Le droit de confirmer seul leur fut refusé. Il fallut même empêcher
leurs empiétements. Le concile d'Orléans (533) leur
interdit de donner des *apostolia*, de bénir des diaco-

[1]. Mansi, t. III, p. 1134.

nesses. Ce furent là les rares privilèges liturgiques que se réserva l'épiscopat.

Par l'extension des pouvoirs du presbytérat, la paroisse devient donc peu à peu un organisme indépendant, une église autonome dans la grande Église. L'obligation pour ses fidèles de célébrer avec l'évêque les grandes fêtes de l'année se perdit bientôt. Au vi[e] siècle, une décision du concile de Clermont (535), en la maintenant pour les clercs attachés aux *oratoria*, nous prouve qu'ailleurs elle n'existait plus [1].

Une seconde cause devait affranchir le clergé des paroisses de la tutelle de l'épiscopat. De bonne heure, l'Église considéra toute fonction ecclésiastique comme un *titre*, et ce titre comme permanent. Nous avons vu cet usage en vigueur dès l'époque du concile d'Arles. Une autre règle s'établit; c'est que tout dignitaire d'une église dut être pris parmi les clercs, tout clerc, parmi les fidèles de cette église. Le recrutement de la communauté se fit dans la communauté.

Ici, la loi civile avait devancé le droit canonique. Une constitution célèbre d'Honorius, en 398, avait déclaré qu'à l'avenir les clercs attachés à l'église d'un *vicus*, d'une *villa* ou d'une localité quelconque devaient être pris dans cette localité, cette *villa*, ce *vicus* [2]. La loi romaine

---

1. *Concil. Arvernense*, c. 15. *M. G. H.*, *id.*, p. 69. Grégoire nous parle également de la célébration de la fête de Pâques dans l'église de Chinon, V, 17.

2. *Cod. Theodos.*, XVI, 2; 33 (398) : « Ecclesiis quae in possessionibus, ut assolet, diversorum, vicis etiam vel quibuslibet locis sunt constitutae, clerici non ex alia possessione vel vico sed ex eo ubi ecclesiam esse constituit eatenus ordinentur. »

ne cherchait ainsi qu'à assurer sur les clercs, par la fixité du domicile, la perception de l'impôt. Mais, à son tour, l'Église s'associa à cette mesure et pour d'autres idées. C'était une tradition ancienne que celui qui devait gouverner une église devait appartenir à cette église. Il connaissait mieux les fidèles, il en était mieux connu. L'opinion publique pouvait répondre de sa vie et de ses mœurs et, ayant vécu au milieu de ses frères, leur nouveau chef pouvait mieux comprendre leurs sentiments et leurs besoins. Cette règle, appliquée aux évêchés, fut étendue aux paroisses. Le pape Célestin, écrivant aux évêques de la *Viennensis* et de la Narbonnaise, leur avait interdit d'élever à la cléricature « des étrangers, des inconnus, des hommes ignorés du peuple [1] ». Le concile de Vaison précisa [2]. Il donna l'ordre aux prêtres établis dans les paroisses d'avoir autour d'eux (c'était l'usage en Italie) de jeunes lecteurs, de leur apprendre le chant des Psaumes, les Leçons, les Écritures. Chaque paroisse devait ainsi se suffire à elle-même ; elle n'avait pas seulement son culte, mais son clergé.

Ce fut là une des causes qui rendirent ce clergé presque indépendant. Le prêtre n'était pas ce qu'il est trop souvent de nos jours, un étranger envoyé dans une église qu'il doit quitter tôt ou tard. Il était né, avait grandi dans sa paroisse. Il sortait du milieu qu'il était appelé à gouverner. Mille liens, en dehors même des liens religieux, ceux de la famille, des intérêts, les

1. Célestin I ; Jaffé, 2ᵉ édit., n° 369.
2. Vaison, 529, c. 1.

souvenirs de l'enfance l'attachaient à ses fidèles [1]. Il pouvait être un chef, parce qu'il restait toujours un ami ; et, comme l'évêque dans la cité, il pouvait se dire le représentant naturel d'hommes dont il était en même temps le concitoyen. Si on se rappelle maintenant qu'il ne pouvait espérer de changement, qu'il était pour la vie attaché à sa paroisse, qu'autour de lui se groupait un clergé, diacres, sous-diacres, clercs inférieurs, qu'il avait recruté et instruit, on comprend l'influence qu'il dut avoir. C'est par ces mesures surtout que le presbytérat rural s'est constitué.

Une dernière transformation était nécessaire pour assurer à la paroisse son existence. Elle devait avoir son patrimoine distinct des biens de l'église épiscopale. C'est surtout à la fin du ve et pendant le vi[e] siècle que cette évolution s'est accomplie.

Primitivement, la communauté épiscopale, seule organisée, était seule propriétaire. Ses biens ne formaient qu'une masse administrée directement par l'évêque et ses diacres. Mais, lorsque les églises rurales furent établies, cette masse se divisa. Les évêques durent assigner à ces églises quelques biens déterminés, pour l'entretien de leur clergé et les frais du culte. D'autre part, les fidèles commencèrent à porter leurs offrandes, à donner des terres à ces églises. En 412, une constitution d'Honorius [2] fait encore supposer que l'église de la cité

1. Telle était aussi la discipline de l'Église d'Afrique. Cf. *Codex canonum ecclesiae Africanae*, c. 90 ; Héfélé, *Hist. des Conciles*, t. II, p. 303.

2. *Cod. Theodos.*, XVI, 2 (loi de 412). Cf. Lœning, *ouvr. cit.*, t. I, p. 246.

seule possède un patrimoine. Quelques années plus
tard, il n'en est plus ainsi[1]. Le concile d'Arles (452)
mentionne avec précision l'usage suivi par les évêques
de doter les églises qu'ils élevaient sur leurs domaines[2].
En 506, le concile d'Agde parle des biens-fonds possédés par les paroisses[3]. Les *Statuta ecclesiae antiqua*
nous les signalent également[4]. Ainsi, dès la seconde
moitié du ve siècle, en Gaule comme en Afrique, l'église
rurale a-t-elle son patrimoine; elle peut acquérir des
terres, des bois, des vignes, des esclaves. Déjà même
s'établit la règle qu'aucune église ne peut être fondée
sans un *libellus dotis*. Le concile de Vaison avait formulé ce principe pour les *oratoria*; il n'est pas douteux
qu'il n'ait été appliqué aux paroisses[5].

1. Une loi de Théodose II et de Valentinien III (434) attribue,
sous certaines conditions, aux églises et aux monastères les biens
de leurs clercs ou de leurs moines décédés sans héritiers. *Cod.
Theodos.*, V, 3, 2. Peut-être par les *ecclesiæ* faut-il entendre déjà
les églises des paroisses aussi bien que celles des cités. Une
constitution de Marcien (455) — Nov. Martiani, *De testamentis
clericorum* — parle également des donations faites... ecclesiae vel
martyrio. Il n'est pas plus aisé de déterminer le sens du mot
ecclesiae dans ce passage.

2. Arles (452), c. 36.

3. Agde (506), c. 4, 5.

4. *Statuta ecclesiae antiqua*, c. 31 (Bruns, I, p. 144) : « Diacones
et presbyteri in parochia constituti nihil audeant commutare
quia res sacratae Deo esse noscuntur. »

5. La personnalité civile des *parochiae* ne fut pas une création
du droit. Elle résulte d'un ensemble d'usages que la législation
ecclésiastique et le droit impérial se bornèrent à reconnaître. Sur
ce démembrement du patrimoine, cf. Stutz, *Geschichte der
kirchlichen Beneficialwesens von seinen Anfängen bis auf die Zeit
Alexanders III.* (Berlin, 1895), §§ 4 et 5.

Mais ce partage n'affranchit pas immédiatement de la juridiction de l'évêque les biens de l'église rurale. L'unité de patrimoine avait créé l'unité de juridiction. Celle-ci se maintint d'abord sur le patrimoine ainsi démembré. Le prêtre, le diacre, le clerc, attachés à une paroisse, n'eurent aucun droit sur ses terres ou ses revenus. L'évêque, en les nommant, leur distribuait, à titre de bénéfice, une part de ce domaine. Lui-même se réservait la libre disposition des biens et des offrandes qu'il n'avait pas affectés à l'entretien du clergé. Seul aussi, il pouvait aliéner ce patrimoine, en distraire une partie, et ce pouvoir presque absolu se maintint assez tard [1]. Au début même du vi^e siècle, le concile d'Orléans (511) décrète que les donations faites aux paroisses par les fidèles, en terres, vignes ou esclaves, doivent rester, suivant les anciens canons, sous le pouvoir de l'évêque [2]. C'est cette juridiction que le droit canonique allait peu à peu limiter.

La première règle qui s'établit fut que l'évêque ne pourrait rien distraire des biens donnés ou affectés à une paroisse. Ce principe fut inspiré aussi bien par la force des choses que par des prescriptions légales. Il a été d'abord une des conséquences de ce culte du saint qui tendait alors à se répandre. Les donations avaient changé de caractère. Elles ne se faisaient plus à cette unité vague, abstraite, la communauté, mais à une personne.

---

1. Agde (506), c. 22.

2. Orléans (511), c. 15 : « De his quae parochiis... quicunque fedelis obtulerint, antiquorum canonum statuta serventur, ut omnia in episcopi potestate consistant. »

Cette personne, capable de recevoir un domaine, était
aussi, croyait-on, capable de le défendre. En tout cas,
nul, pas même l'évêque, ne pouvait la déposséder. Ainsi,
le droit épiscopal devait-il être limité par le droit du
saint. Mais à cette croyance s'ajouta encore l'intérêt
bien entendu. C'est un fait que le respect absolu de la
donation non moins que la liberté de donner sont les
meilleurs moyens de provoquer la générosité des
hommes. L'Église s'inspira très vite de cette idée. Sans
même y être invitée, comme en Orient, par la loi civile,
elle affirma ce principe que la volonté du donateur
devait être accomplie. Dès 452, le concile d'Arles [1],
parlant des églises fondées par un évêque sur un territoire étranger, ajoutait : « Si quelque bien a été donné
« à cette église par l'évêque qui l'a fondée, l'évêque du
« diocèse n'a aucun pouvoir de toucher à cette dona-
« tion. » Cet article ne s'appliquait qu'aux églises
dotées par leur patron; il devait favoriser les fondations des oratoires et des basiliques. Il s'étendit bientôt
à toutes les paroisses. Or, le patrimoine ainsi constitué
devenait intangible. L'évêque ne pouvait le retenir ou
l'aliéner sans violer en même temps la justice et la loi.
En fait, au VIe siècle, cette propriété des paroisses fut
si bien reconnue que la législation conciliaire n'eut plus
à la formuler ni à la défendre [2].

1. Arles (452), c. 36 : « Et si quid ipsi ecclesiae fuerit ab
episcopo conditore conlatum, is in cujus territorio est, auferendi
exinde aliquid non habeat potestatem. »
2. Une formule du VIIe siècle (Marculfe, I, 1 ; Zeumer, p. 40),
relative à la fondation d'un monastère, fait allusion à cette invio-

La coutume assigna donc à chaque église son domaine;
mais de plus, elle devait lui garantir, suivant certaines
règles, la libre disposition de ses ressources. Celles-ci
étaient doubles. Chaque église recevait des offrandes
(*oblationes*) déposées devant l'autel au moment du sacrifice ou faites par les fidèles en souvenir des morts, en
l'honneur des saints. Ces offrandes consistaient en pain,
vin, huile, cire, qui servaient au culte, ou simplement
en dons d'argent. Les revenus fonciers, des prés,
terres, vignes, les esclaves, constituaient une autre part
de ce patrimoine des paroisses. La législation conciliaire
commença à régler leur condition.

La première concession faite par l'épiscopat fut l'abandon au clergé rural d'une partie des offrandes. Dès la fin
du ve siècle, le système du partage commençait à s'établir. Un règlement du pape Gélase (494), relatif aux
églises de Lucanie, de Bruttium et de Sicile, avait divisé
en quatre parts les revenus de l'autel : pour l'évêque, les
clercs, l'église, les pauvres. Ce décret entra dans les
recueils canoniques et formula à l'avenir un principe du
droit. En Gaule, au premier concile d'Orléans (511)[1], le

labilité du domaine paroissial. Il y est déclaré que l'évêque
n'aura « nullam... potestatem in ipso monasterio, neque in
rebus... neque in villabus ibidem iam conlatis aut deinceps...
conlaturas... aut quodcumque de eodem monasterio *sicut de
parociis*... muneris causa audeat sperare vel aufferre ».

1. Orléans (511), c. 15 : « De his quae parrochiis in terris, vineis, mancipiis adque peculiis quicumque fedelis obtulerint, antiquorum canonum statuta serventur, ut omnia in episcopi potestate consistant; de his tamen, quae in altario accesserint, *tertia*
fediliter episcopis deferatur. »

principe fut reconnu ; l'application seule fut différente.
La division fut faite par tiers. De ces parts, une fut
réservée à l'évêque, les deux autres laissées à la paroisse.
Ainsi, dans ce partage, l'épiscopat n'avait pas entendu
comprendre les revenus des biens fonciers, le produit des
terres ou des esclaves [1]. Il prétendit, au contraire, con-
server la jouissance comme l'administration exclusive
de ce patrimoine. Mais la nécessité d'une décentralisation complète l'obligea peu à peu à des concessions
nouvelles. Bientôt, on fit un pas de plus. Ce fut le pouvoir même de l'évêque sur les revenus fonciers qui fut
réglé strictement par les canons. Le concile de Carpentras (527) établit [2] que tout bien donné ou légué à une
paroisse devait être affecté à l'entretien de son église et
de son clergé. Il admet pourtant un tempérament à cette
règle. Si l'église épiscopale était pauvre, si la paroisse
était riche, l'évêque pouvait, sans toucher au fond,
employer à son usage l'excédent des ressources. Cette
dernière clause ne fut pas maintenue. Le IIIe concile
d'Orléans (538) déclara [3] que toutes les donations faites

1. Nous avons une lettre curieuse de saint Remi qui nous
apprend qu'un de ses collègues, Falco, usurpait les redevances
des colons et les produits des champs de l'église de Mouzon. Le
saint ajoute que ces biens lui reviennent de droit, mais qu'il en a
fait remise à cette paroisse. Ainsi, au temps de saint Remi, les
églises rurales n'avaient pas encore la libre jouissance de leurs
domaines. Cf. *M. G. H., Epistolarum*, t. III, p. 115 : « Mandas, ut
audio, colonorum tibi tributa portari et praecipitis ut reditus
deferantur agrorum... quae ego ad quem jure veniebant remisi
potius quam quaesivi. »

2. Carpentras (527), c. 1.

3. Orléans (538), c. 5.

à l'église épiscopale devaient être laissées à la disposition de l'évêque : les biens donnés aux paroisses devaient être administrés suivant les usages locaux. Toute réserve générale faite en faveur de l'évêque fut ainsi supprimée. Les revenus des biens de la paroisse furent désormais attribués à la paroisse. L'évêque n'eut plus sur eux d'autres droits que ceux qui lui furent laissés par la coutume encore plus que par les canons.

La décentralisation devait être complète le jour où la juridiction temporelle de l'évêque fut elle-même restreinte au profit du chef de l'église rurale. Cette dernière transformation devait se faire à mesure que se multipliait le nombre des paroisses. L'évêque dut partager un pouvoir qu'il n'était plus capable d'exercer seul. Les conciles d'Agde (506) et d'Epaone (517) marquent bien le point de départ de ce changement [1]. Ce dernier reconnut aux prêtres et aux diacres, chargés d'une église rurale, le droit d'affranchir les esclaves de cette église, à condition pourtant que ces affranchis demeurassent sous la tutelle de cette église. Il leur permit également d'acheter, de faire des échanges : la seule interdiction qui fut promulguée fut celle d'aliéner ou d'engager les biens qui leur étaient confiés. Le IVe concile d'Orléans (541) leur attribua pourtant ce dernier droit, mais il exigea, pour que l'aliénation fût valable, l'assentiment *écrit* de l'évêque. Ce fut la seule garantie qu'il crut utile de maintenir. L'évêque conserva un droit de contrôle, mais désormais les paroisses purent administrer elles-mêmes

---

1. Agde (506), c. 49. Epaone (517), c. 7, 8.

leur patrimoine et en disposer. En 614, le concile de
Paris sanctionna ces transformations. « Que tout ce qui
« a été légué aux églises pour leur entretien, » dit le
canon 8, « soit sous le pouvoir de leur chef, ou évêque,
« ou prêtre, ou clerc attaché au service des lieux saints ».
Par là, était reconnue formellement la juridiction du
chef de l'église rurale. L'indépendance économique de la
paroisse était assurée.

L'évolution dont est sortie la paroisse était donc terminée à la fin du viᵉ siècle. Ce n'est pas que toutes les
paroisses aient eu la même condition, une autonomie
aussi complète. Nous verrons que celles qui furent alors
établies sur un domaine, soumises au « patronage », ont
eu une destinée un peu différente. Mais, dans ses traits
généraux, la paroisse est constituée. Elle a ses fidèles,
son clergé et son culte, ses terres, ses ressources, ses
institutions de bienfaisance et de prières. L'*autel*, le
baptistère, le *patrimoine* : voilà ses éléments auxquels
s'ajouteront un peu plus tard les dîmes [1]. Ainsi organisée, elle devient l'unité religieuse, elle sera bientôt
l'unité sociale par excellence. A mesure que la société se
dissout, seule elle reste compacte et une. C'est dans son
enceinte que les hommes naissent, grandissent, se
marient et meurent. C'est l'église qui est le centre de
leurs croyances et de leurs intérêts. C'est près de l'autel

---

1. La présence des fonts dans une église marque bien sa juridiction paroissiale. Ces *tituli* sont déjà appelés *ecclesiae baptismales*, par opposition aux simples chapelles et aux basiliques. Dès
le viiᵉ siècle, il est interdit aux monastères d'avoir un *baptisterium* (conc. incerti loci, ann. 614), p. 194.

que les hommes se réfugient, c'est à ses pieds qu'ils s'age-
nouillent dans les troubles et les désordres des temps.
Ses biens sont le patrimoine commun de tous [1].

La paroisse prend ainsi conscience d'elle-même. Elle
est l'assemblée légale, ordinaire, le *legitimus conventus*
de la population chrétienne. C'est sur de telles assises que
reposera au moyen âge tout l'édifice social ou religieux.

---

1. Orléans (548), c. 11 : « Rem cunctis fratribus debitam. »

CHAPITRE IV

L'ARCHIPRÊTRE MÉROVINGIEN

La création des paroisses avait eu pour résultat le démembrement définitif de l'église épiscopale. Mais établies dans les *vici* ou dans les *villae*, ces paroisses étaient d'étendue et d'importance inégales. Les prêtres qui les dirigeaient, tout en ayant les mêmes pouvoirs religieux, n'avaient pas toujours la même influence : au VIe siècle, une distinction s'établit entre eux. Ceux qui avaient sous leur juridiction un certain nombre de clercs, de basiliques, d'*oratoria*, prirent un titre nouveau : celui d'archiprêtre. Nous devons étudier les origines et l'importance de cette fonction.

Les origines en sont obscures. Le plus ancien texte conciliaire qui nous parle des archiprêtres est un canon du concile de Tours (567 [1]) qui les oblige à réprimer les fautes de leur clergé et les punit, s'ils se refusent à les punir. Les conciles d'Auxerre (v. 580), de Paris (614), de Clichy (621) contiennent divers règlements relatifs aux archiprêtres. En se référant à ces textes, Lœning a pu dire que leur institution n'était pas antérieure à la

---

1. Le concile de Vaison (529) parle uniquement des *presbyteri in parrociis constituti* (c. 1), celui d'Orléans (541, c. 6) des *parochiani clerici*.

seconde moitié du vi^e siècle [1]. Quelques documents nous permettent pourtant de la reculer. Nous savons par Grégoire que le diocèse de Nîmes avait déjà des archiprêtres sous le gouvernement d'Ara, préfet de Théodoric (507-526). Les archiprêtres sont établis dans le diocèse de Clermont dès le pontificat de saint Gall (527-551 [2]). Si on rapproche ces témoignages des textes qui nous montrent l'extension des églises, l'accroissement des clercs ruraux, l'autonomie des paroisses dans la première partie du vi^e siècle, on peut en conclure que l'institution de l'archipresbytérat se rattache à ces faits. Elle est le complément naturel de la hiérarchie qui s'établit entre les clercs d'une église rurale. C'est par elle qu'à la fin du règne de Clovis, et sous le règne de ses fils, l'organisation religieuse fut achevée.

L'institution des archiprêtres a-t-elle entraîné une division nouvelle du diocèse? L'archiprêtre fut-il le chef d'un district formé par la réunion de plusieurs paroisses? Y eut-il, en un mot, un archiprêtré mérovingien? — Quelques érudits l'ont prétendu.

M. Sohm [3] a identifié cet archiprêtré avec le *pagus minor* dont parlent quelques documents : « Les cités de « l'époque romaine, dit-il, se sont transformées en dis « tricts épiscopaux. Au petit *pagus* correspond le

1. Lœning, t. II, p. 347 : *Seit der Mitte des 6. Jahrhunderts führt der an der Parochialkirche angestellte Priester den Titel Archipresbyter.*

2. Grégoire, *Gloria martyrum*, c. 77. Il s'agit bien ici d'un archiprêtre rural. — Pour Brioude, cf. *Mirac. S. Juliani*, c. 22.

3. *Gerichtsverfassung*, p. 203, 204.

« doyenné ecclésiastique, district d'un archiprêtre.
« Régulièrement le *pagus minor* et le doyenné se con-
« fondent. Grégoire de Tours nous parle de l'institution
« d'un archiprêtre au bourg de Tonnerre, c'est-à-dire
« dans le *pagus minor* du même nom. Il est clair que le
« petit *pagus* est un district qui comprend plusieurs
« paroisses ». Nous n'avons pas à discuter ici la question encore débattue de l'identité du doyenné et du
pagus. Dé l'assertion de M. Sohm nous retenons un seul
fait : l'existence de l'archiprêtré territorial dès l'époque
mérovingienne. Or, un examen des textes nous permet
dé croire que cette assertion n'est pas fondée.

M. Sohm cite à l'appui de sa thèse un texte de Grégoire de Tours et une formule. La formule parle bien
en effet d'un *pagus* gouverné par un archiprêtre, mais
cette formule appartient au recueil de saint Gall [1]. Elle
est de la fin du ix⁰ siècle. Elle ne prouve donc pas que
trois siècles plus tôt l'archiprêtré fût établi. Nous avons
relu le texte de Grégoire. Il ne dit pas ce que lui fait
dire M. Sohm. Grégoire nous apprend que Mondéric,
sacré évêque du vivant même de Tetricus, évêque de
Langres, fut envoyé au *castrum* de Tonnerre pour y
exercer les fonctions d'archiprêtre et y faire sa résidence. Aucun mot n'indique que Tonnerre fût le siège
d'un district ecclésiastique identique à un *pagus* et plus
étendu qu'une paroisse [2]. C'est là une conclusion per-

---

1. Mettez en regard de cette formule une formule mérovingienne. *Form. Bituricenses*, 5, Zeumer, p. 170 : « Committimus
tibi vico illo... »

2. Grégoire, V, 5. — Remarquons même les termes dont se

sonnelle. On peut très bien comprendre qu'une église ait eu à sa tête un archiprêtre, sans que cet archiprêtre ait eu sous sa juridiction plusieurs églises.

Nous avons dans Grégoire plusieurs textes où il est question des archiprêtres. Mais Grégoire nous parle des *vici* qu'ils administrent : il ne nous parle jamais d'un archiprêtré territorial. S'il nous dit qu'Austrapius est placé à la tête d'un district comprenant plusieurs paroisses, il nous fait entendre que cette mesure est exceptionnelle et transitoire. A la mort du titulaire, l'évêque de Poitiers se fait rendre ces paroisses. Nulle part non plus les hagiographes du vi[e] ou du viie siècle ne nous signalent l'existence de l'archiprêtré [1]. Les textes conciliaires ne sont pas moins précis. Ils nous mentionnent fréquemment la *dioecesis*, la *parochia*, signalent les conflits relatifs à leurs limites, nous donnent quelques détails sur leur organisation, les devoirs, les prérogatives, les fonctions de leurs chefs. Ils ne nous parlent pas d'une division intermédiaire entre le diocèse et la paroisse. Le terme même d'*archipresbyteratus* ne se trouve pas à cette époque. Il serait étrange qu'un tel district eût existé et que les contemporains n'eussent trouvé aucun mot capable de le définir.

En réalité, il en est de l'archiprêtré comme de la *centena* administrative. La circonscription est probable-

sert Grégoire : « Tornodorensem castrum ut archipresbiter regerit. » Grégoire ne dit pas : « Tornodorensem pagum. »

1. Remarquons qu'au viie siècle il y a vingt-six archiprêtres dans le diocèse d'Auxerre. Or, ce diocèse ne comprenait qu'un seul *pagus*.

ment postérieure à l'office. Nous la trouvons seulement
à l'époque carolingienne. Mais on comprend comment
elle s'est alors formée. Le grand nombre de paroisses
nouvelles, la hiérarchie établie par les Carolingiens dans
les institutions religieuses comme dans les institutions
civiles, lui ont donné naissance. L'archiprêtré s'est constitué quand de petites églises rurales se sont groupées
autour d'une plus ancienne, d'une plus puissante, qui
leur a servi de chef-lieu.

Nous ne saurions donc considérer l'archiprêtre comme
le chef d'un district religieux, supérieur à la paroisse. Il
est le chef d'une paroisse ; mais chaque paroisse a-t-elle
été, depuis le milieu du vi[e] siècle, gouvernée par un
archiprêtré ?

Il est moins aisé de répondre avec certitude à cette
question. Lœning et Hinschius ont soutenu cette doctrine. Quelques documents du viie siècle semblent également la justifier. Un règlement de l'évêque d'Auxerre,
Tetricus, relatif aux offices religieux imposés aux chefs
des monastères et des paroisses, donne aux premiers le
titre d'abbés, aux seconds celui d'archiprêtres [1]. Le concile de Chalon (650) rapproche également ces dignitaires [2]. Abbés et archiprêtres, tels seraient les chefs
du clergé monastique et du clergé rural. Mais nous
ne croyons pas que cette théorie soit tout à fait conforme à la réalité.

Examinons nos documents. Il est douteux d'abord que

---

1. Migne, t. CXXXVIII, p. 244.
2. Chalon, c. 11 : « Invitatione abbatis aut archipresbyteri in
ipsa monasteria vel parrochias. » *M. G. H.*, *Concilia*, p. 210.

les institutions ecclésiastiques aient été aussi régulières.
L'existence, les prérogatives du patronage religieux
avaient déjà fait brèche à l'unité de juridiction. Au commencement même du vi[e] siècle, nous avons vu encore
des diacres administrer des églises. Assurément, l'uniformité s'établit peu à peu dans le gouvernement des
paroisses ; dès le milieu du vi[e] siècle, toutes ont à leur
tête un *presbyter*. Ce terme est encore le plus général
dont se servent les conciles ou les historiens pour désigner leurs chefs. En 580, le synode d'Auxerre, en 614,
le concile de Paris prennent plusieurs dispositions relatives aux « prêtres ruraux ». Ces prêtres sont des curés.
Grégoire, qui nous parle si souvent des églises rurales,
nous les montre administrées par des *presbyteri*. Sept
fois seulement il nous parle des archiprêtres. Lisons surtout le règlement de Tetricus (v. 670). Ce document
énumère les vingt-six *tituli* des archiprêtres diocésains
d'Auxerre. Ces *tituli* sont-ils les seules paroisses ? On en
peut douter, si on rapproche de cette liste celle de
l'évêque Aunaire (573-603). Celle-ci nous apprend, qu'à
la fin du vi[e] siècle, le diocèse d'Auxerre comprenait
trente-six paroisses [1]. De ce nombre, vingt-trois seulement sont représentées dans le règlement de Tetricus.
On ne peut croire que les treize autres aient disparu. On
les retrouve à l'époque carolingienne et d'autre part
l'accroissement du nombre des paroisses est, au
viie siècle, un fait constaté. Il faut donc admettre que

1. *Historia episcoporum Autissiodorensium*, Migne, t. CXXXVIII,
p. 233 et 244.

la plupart des paroisses de la *Civitas Autisiodorensis* étaient administrées par les archiprêtres; mais toutes ne l'étaient pas.

Voici un autre fait. Le concile d'Orléans (541) nous dit expressément qu'il y avait des paroisses constituées dans les *villae*. Or, dans les documents du vi[e] ou du viie siècle, c'est toujours à la tête des *vici* que nous trouvons les archiprêtres. Grégoire nous parle des églises qu'ils administrent : Tonnerre, Artonne, Néris, Brioude [1]. Ces localités sont un *castrum* ou un *vicus*. Le concile de Tours fait également du *vicus* leur résidence [2]. Voyez encore la formule de leur institution : « Nous vous confions le gouvernement de ce *vicus*, « *committimus tibi vico illo.* » Dans aucun cas, il n'est dit qu'une église, une paroisse établie dans une *villa*, ait eu un archiprêtre pour la gouverner.

On peut conclure de ces remarques : 1° que le *castrum* ou le *vicus* mérovingien a été, en général, au vi[e] siècle, le *titulus* d'un archiprêtre; 2° que d'autres *tituli* sont établis dans les *villae*, administrés par un simple *presbyter* (*tituli minores*). Il ne semble pas que ces derniers aient été bien nombreux. En réalité, la paroisse de l'archiprêtre est le centre habituel de la vie, des institutions

---

1. Grégoire, V, 5. — *Vitae Patrum*, IX, 3. — *Gloria Confessorum*, 5. — *Liber de virt. sancti Juliani*, 22.

2. Tours, 567, c. 20 : « Archipresbyteri vicani... archipresbiter seu in vico manserit seu ad villam suam ambulaverit. » — *Vicus* a bien ici son sens ordinaire et non celui de paroisse. Il n'en est pas de même, croyons-nous, dans le texte suivant (Zeumer, *Formulae Bituricenses*, 5). Ce dernier sens prouve les rapports étroits de la paroisse et du *vicus*.

religieuses, du culte rural. C'est dans son église qu'est le baptistère. Elle est la plus agglomérée et elle est aussi la plus étendue. Encore ne faut-il pas se l'imaginer comme les paroisses rurales de nos jours. Son district comprenait non seulement le bourg, mais un certain nombre de *villae* voisines [1]. Celles-ci avaient souvent une chapelle et cette chapelle était dotée par le maître ou les hommes du domaine. Mais ces oratoires n'avaient pas d'autonomie. Il leur manquait ce qui crée la paroisse : les fonts baptismaux et un prêtre ayant juridiction. Ils étaient desservis le plus souvent par le clergé même de l'église principale qui venait y chanter les offices, y célébrer le culte. C'était à l'église du *vicus* qu'il fallait demander les sacrements, porter des offrandes. La paroisse de l'archiprêtre est vraiment la paroisse publique et aussi la paroisse libre ; car elle ne dépend que de l'évêque et de l'archidiacre, non d'un grand.

Pour desservir cette église et les chapelles ou oratoires qui gravitaient autour d'elle, il fallait tout un ensemble de prêtres, diacres ou clercs. Ce clergé formait vraiment un collège, et ce collège, l'archiprêtre en est le chef. A vrai dire, les conciles ne lui ont donné aucune juridiction spéciale. Son titre est surtout honorifique. Il est le premier de ses clercs, comme l'archiprêtre urbain

---

1. C'est à ces *villae* sans doute que se rapporte le 14e canon du concile de Chalon (v. 650) : « De oratoriis que per villas fiunt. » Mais le sens n'est pas clair. Ces *oratoria* sont-ils des églises paroissiales? rien ne le dit. Généralement *oratorium* désigne une chapelle. D'autre part, il semble bien que ces *oratoria* soient autonomes, puisqu'ils ont un prêtre et ne relèvent que de l'archidiacre.

est le doyen du *presbyterium* épiscopal. Il a moins des droits que des devoirs. Il doit donner l'exemple de la pureté des mœurs; s'il s'absente de son église, avoir toujours auprès de lui un diacre ou un clerc. Lui-même doit veiller sur le clergé qui lui est confié. Il est respon- sable des délits commis par ses prêtres ou ses clercs. S'il néglige de les connaître, s'il hésite à les poursuivre, il peut être, pendant trente jours, privé de la commu- nion. Et pour une faute personnelle, il sera pendant le même délai enfermé dans un des monastères de la cité. Aussi a-t-il sur la paroisse un devoir spécial de surveil- lance. C'est en raison même de ses fonctions qu'il doit être informé des procès intentés par un laïque à un clerc de son église. Mais là s'arrêtent ses droits. Il n'a pas le pouvoir disciplinaire. S'il réprimande, dénonce, surveille, il ne punit pas. L'évêque et l'archidiacre restent les juges naturels de son clergé.

Nous pouvons définir maintenant le rôle et les fonc- tions de l'archiprêtre. Il est le chef d'une église et d'un clergé établis dans un bourg libre ou un *castrum* ; mais, s'il y avait des *parochiae* établies dans les domaines, quelle était leur condition? Étaient-elles dans la dépen- dance de l'archiprêtre? soumises à l'église du *vicus* comme une filiale à l'église mère?

La réponse à cette question n'est pas aisée. Il faudrait connaître exactement la composition du *vicus* mérovin- gien. Était-il autre chose qu'une agglomération rurale, un centre d'échanges? Avait-il à sa tête un représentant du comte? Formait-il un district englobant les *villac* voisines, comme le canton englobe aujourd'hui les com-

munes? Nous ne le savons pas. Le *vicus* paraît bien au
contraire n'avoir été qu'un bourg, non une circonscription. Et, dans l'organisation administrative, la *villa*
semble indépendante.

En était-il de même des paroisses établies dans les
villae? Nous inclinons à le croire. Le concile d'Orléans
nous les montre soumises seulement à la juridiction de
l'archidiacre. Rien non plus ne nous indique que ces
paroisses aient été incomplètes. Elles ont leur presbytère; on y prêche, on y sacrifie, on y baptise. Hinschius
a prétendu, il est vrai, que l'église de l'archiprêtre était
la seule église baptismale. Elle seule eût été ainsi vraiment une paroisse. Mais aucun document ne nous le dit.
Nous avons vu, au v⁰ siècle, des *baptisteria* établis sur
des domaines. Cet usage se retrouve en Italie vers la
même époque. Au vııı⁰ siècle, les textes carolingiens
marquent nettement la différence du *vicus* et de l'église
baptismale [1], et Hincmar nous parle du baptême administré dans les églises des *villae* par le prêtre qui les
dessert.

Nulle part, enfin, nous ne voyons dans le *vicus* de

1. Sur la différence entre le *vicus* et l'église baptismale, voir
Zeumer, *Formulae Senonenses.* Une église est fondée dans une
villa à laquelle sont rattachés les habitants de *villae* voisines :
« Ad missas veniendi et ad baptismum vel praedicationem. » —
Cf. Meaux, 844, c. 8 : « Ut nemo presbyterorum baptizare praesumat nisi in vicis et ecclesiis baptismalibus. » — Mayence, 813,
c. 4 : « Sacramenta... baptismatis volumus ut... in singulis parochiis, secundum romanum ordinem... celebrentur. » C'est à tort
qu'Hinschius (*Kirchenrecht*, t. II, p. 266) a fait des églises baptismales les *tituli* dés archiprêtres. Au ıx⁰ siècle, le baptême est
administré dans toutes les paroisses.

l'archiprêtre un centre officiel autour duquel les *minores tituli* se soient groupés. Cette hiérarchie ne se retrouve pas dans les institutions religieuses de l'époque. Toutes les paroisses paraissent isolées les unes des autres. Toutes sont égales devant le droit, toutes n'ont qu'un seul chef religieux : leur prêtre, qui administre les sacrements, prêche, enterre, sacrifie et répond de sa gestion à l'archidiacre ou à l'évêque. Notons enfin les termes de la formule que nous avons citée : « Nous vous mettons à la tête de ce *vicus*, nous vous confions... le gouvernement de ses biens, de ses ministres. » Rien dans ce texte ne laisse supposer que l'archiprêtre ait une juridiction sur d'autres paroisses. Cette hypothèse n'est pas conforme à la vérité des documents.

Elle est contraire aussi à des usages et à une institution que nous connaissons bien : le patronage religieux. Ces églises de *villae* ne paraissent pas devoir leur origine à un démembrement de la grande paroisse. Créées dans les domaines, un peu au hasard, sans plan régulier, elles ont été fondées par le maître du domaine. La plupart, bâties sur les terres de l'Église, dépendent d'un évêque ou d'un abbé ; d'autres, d'un grand qui a obtenu que sa *villa* formât une paroisse. En tout cas, le premier pouvoir supérieur à celui de leur curé n'est pas celui de l'archiprêtre, mais celui de leur patron. C'est à lui que le prêtre de la *villa* doit d'abord l'obéissance, car c'est lui qui a élevé l'église, présenté le titulaire et doté le saint. Au-dessus même du patron, ces églises rurales ne reconnaissent plus qu'une seule autorité, celle de l'évêque.

L'institution des archiprêtres ne pouvait supprimer ou amoindrir ces titres anciens et solennellement reconnus. Peut-être cependant, par cette réforme, l'Église a-t-elle cherché indirectement à combattre le patronage. Si l'archipresbytérat a achevé l'organisation du clergé des grandes paroisses, affermi la hiérarchie et la discipline, il a pu aussi, dans la pensée des évêques, contribuer à étendre son influence. Faire du *vicus* un centre religieux, donner plus d'importance à son clergé, plus d'éclat à son culte, lui rattacher ainsi plus étroitement les intérêts et les consciences, tels pouvaient être les résultats attendus de l'institution nouvelle. La grande lutte entre l'Église et le laïcisme commençait. L'aristocratie laïque allait-elle s'affranchir de la tutelle des évêques, comme elle songeait à s'affranchir du pouvoir du roi ? Maîtres de leurs domaines, les grands allaient-ils devenir les maîtres de leurs églises ? Transformer leurs prêtres en chapelains ? Conquérir leur autonomie religieuse comme leur indépendance politique ? Et déjà, à plusieurs reprises, les conciles avaient dû prendre des mesures pour arrêter ces empiètements. De nombreux canons interdisent aux prêtres de rechercher la protection des grands, de se mettre à leur service, de se révolter contre leur évêque. On peut croire que l'institution des archiprêtres ne fut pas étrangère à ces idées. Elle répondait d'abord aux idées d'ordre, de hiérarchie, de discipline qui animaient l'épiscopat. Elle permettait surtout de concentrer toute la vie, toutes les institutions religieuses, dans de grandes paroisses indépendantes du patronage, affranchies du laïcisme.

En tout cas, cette illusion dut être courte. A leur tour,
les laïques mirent la main sur ces *tituli* ; dès le viie siècle,
ils prennent le titre d'archiprêtre. A quatre reprises, à
un concile postérieur à 614, à Clichy (v. 626), à Reims
(v. 627), à Chalon (v. 650) [1], l'Église dut les écarter de
ces fonctions. Mais la fréquence de ces mesures prouve
combien le mal était enraciné et combien l'épiscopat
était impuissant à le détruire. Nous retrouverons plus
tard, à l'époque féodale, les mêmes usages.

Nous pouvons maintenant nous faire une idée complète de l'organisation religieuse du diocèse mérovingien : 1° grandes paroisses ou paroisses libres établies
dans les *castra* ou les *vici*, ayant à leur tête un archiprêtre, et, sur leur territoire, un certain nombre
d'églises ou chapelles desservies par leur clergé ; 2°
paroisses établies, mais en petit nombre, semble-t-il,
dans les *villae* et soumises presque toujours au patronage : voilà comment s'est décomposée la cité ecclésiastique. Assurément, le nombre de ces communautés
rurales n'était pas très grand. Elles se trouvaient surtout sur les voies publiques, au bord des rivières, partout où étaient groupés les hommes [2]. Elles étaient souvent séparées les unes des autres par de grands espaces
et des déserts. Elles ne couvraient qu'une petite partie

---

1. *Conc. incerti loci*, post 614 : « Nec saecularis archipresbyteri
ponantur. » Clichy, c. 21 : « Ut in parrociis nullus laïcorum archipresbyter praeponatur. » — Reims, c. 14. — Chalon, 5.

2. Pour la distribution des paroisses dans le diocèse d'Auxerre
au viie siècle, voir Quantin, *Cartulaire général de l'Yonne*, t. II,
p. x (carte).

du sol de la France. Mais, dès le VIIe siècle, et surtout à l'époque carolingienne, leur nombre devait s'étendre. Voilà le fait que nous allons décrire et dont les conséquences seront utiles à signaler.

CHAPITRE V

Que le nombre des églises et des paroisses rurales se soit beaucoup accru, du viie au xe siècle, des documents nous permettent de l'affirmer. Les capitulaires et les conciles parlent à plusieurs reprises des églises nouvelles fondées dans les *villae*. Nous possédons un traité d'Hincmar sur le démembrement des paroisses. A ces témoignages s'ajoutent les formules et les chartes relatives à des consécrations d'églises. La plus ancienne est insérée dans les *Formulae imperiales* et remonte à 808. Les autres sont réparties entre les diverses provinces de la Gaule. Sept d'entre elles concernent la *marca hispanica*, quatre le diocèse de Mâcon, deux les terres de l'abbaye de Brioude, une le diocèse d'Autun, une autre le diocèse de Toulouse. Toutes remontent à l'époque carolingienne. L'ensemble de ces textes est concluant. C'est bien du viie au xe siècle que le régime paroissial s'est généralisé dans tout notre pays.

Ce fait est dû à plusieurs causes.

La première fut, dès le viie siècle, le progrès de la prédication et de la vie religieuse dans certaines régions peu civilisées. Le christianisme avait eu beau triompher dans les cités ou les grandes agglomérations, faire sentir son influence dans les lois et dans les idées, le paganisme rural se défendait encore contre ses conquêtes. Il s'était maintenu dans des contrées entières : le Jura, les Vosges, le pays de Caux, les *pagi* des Warasci, de la Moselle ou de la Meuse. Les Flandres étaient à peine entamées par la religion nouvelle. Ce n'est pas que dans ces régions le paganisme fût très fort. Il n'était guère plus qu'un ensemble de superstitions et de pratiques, mais l'influence chrétienne n'y avait pas pénétré ; ces populations n'avaient ni églises ni prêtres. Elles ne pouvaient pratiquer une religion qu'elles ne connaissaient pas.

Leur conversion fut l'œuvre du monachisme. A saint Columban et aux moines irlandais revint l'honneur de l'entreprendre : saint Waleri dans les *pagi* de la Somme ; saint Remacle dans les Ardennes ; saint Amand dans les Flandres, le Brabant, le nord du Beauvaisis ; Eustasius dans la Séquanie, reprirent l'œuvre des grands évêques missionnaires du IVe et du ve siècle [1]. Protégés par les rois austrasiens, comme Sigebert II, et plus tard par les maires du palais, ils détruisirent les dernières idoles et, sur leurs débris, élevèrent des autels. Le VIIe siècle, si troublé par les luttes politiques, fut une belle époque dans l'histoire de la conquête chrétienne. Un grand nombre de monastères de la Gaule franque : Luxeuil, Stavelot, Malmédy, Gand, Saint-Omer, Saint-Bertin, Saint-Riquier, Jumièges, Saint-Wandrille, Chelles, furent créés de 600 à 680, et,

---

1. *Vita Walerici* (Boll., avril, t. I, p. 24). — *Vita Remacli* (*H. F.*, t. III, p. 545). — *Vita Amandi* (Boll., févr., t. I, p. 861-863). — *Vita Eustasii* (Boll., mars, t. III, p. 785).

à leur tour, ces puissantes communautés fondèrent des églises ou provoquèrent leur fondation.

Cette œuvre leur était facile. Les progrès du culte furent la conséquence naturelle des progrès de leur patrimoine. Dans les domaines qui leur furent donnés par les rois, les évêques ou les grands, les religieux élevèrent presque toujours une église. Nous ne pouvons suivre en détail ces transformations, mais nous en connaissons au moins les résultats. Un certain nombre de chartes nous parlent des églises fondées par les moines. Une formule y fait allusion. Dès le VIIIᵉ siècle, ces fondations sont assez nombreuses pour que certains monastères insèrent dans leurs chartes d'immunités des clauses relatives à la consécration des églises, du saint chrême, à la nomination du desservant par l'évêque diocésain. Au IXᵉ siècle, Hincmar nous parle des églises construite en son temps sur les terres des abbayes [1]. Les polyptyques de Saint-Germain, de Saint-Rémi, de Saint-Bertin nous montrent la plupart de leurs fiscs ou domaines pourvus d'un sanctuaire et d'un prêtre. Nous pourrions faire ailleurs la même observation, si nous avions des documents plus complets sur les monastères carolingiens.

C'est grâce aux efforts du monachisme surtout que s'est répandu dans les campagnes, au nord de la Neustrie,

---

1. Églises fondées par des couvents, *Diplomata*, n° 413 ; église fondée par saint Denis, « in villa Chrausobaco » (690). — *Cart. de Saint-Bertin*, pars Iᵃ, n° 48. — La charte d'immunité de Bertoën pour Montier-en-Der (692) parle des paroisses possédées par le couvent (*Diplomata*, n° 423).

dans la Gaule austrasienne, le culte chrétien. Et on peut se rendre compte de l'importance de ses conquêtes, si l'on remarque que, dans une foule de diocèses, de nombreuses paroisses sont restées soumises au patronage des abbayes. Vers la même époque, évêques ou clercs, continuant l'œuvre de leurs devanciers, dotèrent d'églises leurs domaines ou les domaines ecclésiastiques. Nous avons conservé le souvenir de quelques-unes de ces fondations [1]. Elles montrent qu'il faut chercher dans l'extension du patrimoine de l'Église une des causes des progrès de l'organisation paroissiale [2].

Mais ces causes religieuses ne sont pas les seules. Il y en eut d'autres, peut-être aussi profondes, et qui se rattachent à la vie économique de ce temps. Deux faits, à la fin du VIIIe ou au commencement du IXe siècle, ont provoqué la naissance de nouveaux centres religieux : l'extension du nombre des domaines et l'idée nouvelle que l'on se fit de leur organisation.

Il n'est pas douteux que l'époque carolingienne n'ait été jusqu'aux invasions normandes une ère de prospérité. Cette richesse fut créée surtout par le progrès général de la production, c'est-à-dire de la culture, par la mise en valeur de terres désertes, par la fondation de *villae* nouvelles. Et là encore, à l'origine de ces progrès,

1. Rebais, *Diplomata*, n° 275 (636). La charte est suspecte. — Flavigny, *id.*, n° 587 (746).

2. *De ecclesiis et capellis* (Gundlach, *Zeitschrift für Kirchengeschichte*, t. X, 1889, p. 92 et suiv.) : « Nam et in praediis aliarum ecclesiarum tam de episcopiis quam et de monasteriis in antiquo edificatae sunt et aedificantur ecclesiae... »

trouvons-nous l'influence du monachisme. L'établissement des abbayes dans les forêts ou les déserts eut son
importance économique. Ces centres religieux étaient
aussi des colonies agricoles. Les moines ont défriché,
dès le VIIe siècle, une grande partie des terres incultes
de la Gaule. Ils ont fait naître des agglomérations nouvelles dans les forêts des Vosges, des Ardennes, dans les
grandes solitudes de la Flandre, dans les pays encore
inhabités de la basse Seine ou de la Champagne [1]. Au
IXe siècle, les moines de Banyuls défrichent les terres de
Capestang, de Millières [2]. Les exemples de ces défri-
chements sont trop nombreux pour que nous puissions
les énumérer tous. Autour des centres monastiques se
formèrent ainsi des bourgs ou des domaines. Ce progrès,
peut-être aussi considérable que l'institution des villes
franches et des sauvetés du XIe siècle, nous est malheureusement moins bien connu. Quelques documents nous
le montrent cependant, et nous savons que l'exemple
des moines fut bientôt suivi par la royauté.

Ce fut probablement à la suite des guerres de Saxe,
lors de l'établissement en Gaule de colonies ger-
maines, que se créèrent ces domaines nouveaux. L'empereur avait, par le capitulaire *de villis* et un capitulaire
de 813, réglé les conditions du défrichement dans les
forêts royales [3]. Nous le voyons également concéder des

1. *Vita Columbani* (*H. F.*, t. III, p. 477.) — *Vita Remacli; id.*,
p. 544. — *Vita Geremari, id.*, p. 551. — *Vita Frodoberti* (Boll.,
janv., t. I, p. 508). — *Diplomata*, nos 275, 360, 399, 403.
2. *Marca hispanica*, p. 820.
3. *Capit. de villis*, a. 36, Boretius, p. 86. *Capit.* de 813, a. 19, *id.*,
p. 172.

terrains dans la marche d'Espagne aux *Hispani* qui viennent y résider. Dans quelle mesure les grands ont-ils à leur tour étendu leurs domaines? Nous le savons moins. Mais le capitulaire d'Aix (818), qui nous parle des *villae* nouvelles créées dans le pays, montre bien que l'extension de la culture était un fait général. Dans les chartes carolingiennes se trouvent aussi des *villae novae* qui peuvent bien remonter à cette époque. La création de nouveaux domaines se manifeste encore par les progrès du travail libre. L'augmentation du nombre des tenures ingénuiles, des *hospicia*, semble prouver que la culture ancienne des colons ou des serfs ne suffisait plus à la mise en valeur du sol [1].

Ces *villae* nouvelles furent-elles dotées d'églises? Le capitulaire de 818 le dit expressément [2]. Mais sans parler même des motifs religieux qui poussaient le maître à avoir sa chapelle, cette institution était conforme aux intérêts du séniorat. La féodalité grandissait avec sa conception économique. Vivre sur son domaine ou tout au moins obliger ses hommes à vivre sur le domaine, faire ainsi de chaque *villa* un organisme ayant ses fonctions, son indépendance, capable au besoin de s'isoler des autres, de se suffire à lui-même, tel sera l'idéal social qui triomphera avec la décadence et le démembrement de la puissance royale. Et, dans les couches profondes de cette société en apparence centralisée, cet idéal s'ébauche. La seigneurie est en germe dans la *villa*, quand elle-même nous apparaît, dès cette

1. Cf. Inama Sternegg, *Deutsche Wirthschaftsgesch*, t. I.
2. *Capit.*, 818, a. 12 (Boret., p. 277).

époque, comme un centre de production, de travail,
d'industries et d'échanges. Le maître y fixe ses tenanciers non seulement par leur condition, des contrats à
long terme, mais encore par les intérêts, les nécessités
mêmes de l'existence. Et, comme la vie matérielle, il
leur doit assurer la vie morale. La croyance est pour
eux un besoin. Pour lui, elle est une force ; par la terre,
il tient les corps ; par l'église, les âmes. Ainsi l'individualisme économique se complète par l'individualisme
religieux.

Chaque *villa* ou chaque groupe de *villa* appartenant
à un même maître aura donc son église. Celle-ci, souvent
simple *oratorium*, est construite sur la partie réservée
au maître, le *mansus indominicatus*. Elle est desservie
habituellement par un serf affranchi, élevé à la
prêtrise, ou un clerc recommandé. Mais ce qu'il faut
retenir, c'est l'existence même du sanctuaire. Ce qui
était une exception à l'époque mérovingienne devient la
règle. Le roi a dans ses fiscs des églises auxquelles les
hommes fiscaux doivent porter leurs dîmes [1]. De même
les grands dans leurs domaines. Les documents nous
montrent des églises fondées aux viiie, ixe et xe siècles
par des particuliers [2]. Leur ensemble surtout est con-

---

1. *Capit. de villis*, c. 6 (Boret., p. 83). Une des plus anciennes
mentions d'églises construites dans les fiscs royaux se trouve
dans un diplôme de Childebert III (706). *Diplomata*, n° 456.

2. Cf. *Vita Geremari* (*H. F.*, t. III, p. 551). *Diplomata*, n° 559
(739) : « Domus... cum ecclesia s[to] Petro quam parentes nostri
ibidem construxerunt. » — N° 562 (741). « Dungo cum basilica
inibi constructa quam ego... aedificavi. » — N° 587 (746). Cf.
Cartul. de Mâcon, n° 227.

cluant. Jusqu'à la fin du viiᵉ siècle, dans tous les actes
de vente, d'échange, qui énumèrent les dépendances de
la *villa*, on ne trouve pas l'église parmi ces dépendances. Il n'en est plus de même au ixᵉ siècle : sous
Louis le Pieux et surtout sous Charles le Chauve, cette
mention se trouve presque partout. Cette remarque a sa
valeur. La transformation des formules prouve bien un
changement dans les institutions. C'est que l'église est
devenue un des rouages nécessaires du domaine rural.

La dévotion, la crédulité populaire, la renaissance du
culte des saints et des reliques, la piété des fidèles contribuèrent également à étendre le nombre des oratoires
et des autels [1]. Au commencement du ixᵉ siècle,
ces sanctuaires ruraux se multiplient à tel point dans la
Gaule qu'un capitulaire dût interdire l'établissement
des autels inutiles [2]. La progression du nombre des
paroisses devait suivre naturellement la progression du
nombre des églises. Les unes, établies dans des *villae*
nouvelles, vinrent s'ajouter aux paroisses déjà fondées ;
les autres, au contraire, furent formées par le démembrement, *divisio*, de l'ancienne paroisse. Ces créations
durent se faire peu à peu [3]. Aucune mesure générale ne

1. Églises fondées par des fidèles. Cf. *Vita Ansberti* (Boll.,
févr., t. III, p. 356).

2. *Capit. de Thionville*, 803, c. 17. — *Capit. missorum*, 803,
c. 1 : « De ecclesiis emendandis et ubi in unum locum plures sint
quam necesse sit, ut destruantur. »

3. Les documents relatifs aux *novae ecclesiae* sont nombreux
de 800 à 818. Cf. *Capit. incerti anni* (ixᵉ s.). Boretius, p. 232. —
Concile de Mayence, 813, c. 41. — *Capit.* de 813, c. 19 (Borét.,
p. 143). — Zeumer, *Formulae recentiores*, nᵒ 12. « Cessio ad

les décida ; elles furent laissées à l'initiative de chaque
évêque. Aussi ne pouvons-nous dire à quelle époque
elles commencèrent. Si nous observons pourtant que la
plupart des églises rurales furent fondées dans la
seconde moitié du viiiᵉ siècle et la première du ixᵉ, nous
pensons que ces circonscriptions nouvelles furent établies dans le même temps. L'histoire religieuse des
Carolingiens nous permettra peut-être de vérifier cette
hypothèse.

La première preuve du nombre croissant des
paroisses, à la fin du viiiᵉ siècle, nous est donnée par la
réorganisation des diocèses carolingiens. Celle-ci dut se
faire peu à peu à la suite de la réforme ecclésiastique
entreprise par Pépin et saint Boniface en 744, et poursuivie par Charlemagne. On doit lui rattacher l'institution du chorépiscopat, puis des archidiaconés et des
décanies rurales. — L'établissement des chorévêques
en Gaule remonte assurément à la fin du règne de
Pépin. On les trouve mentionnés dès 768 [1]. Les archidiacres ruraux et leur district paraissent bien désignés
par le concile de Chalon (813). Un texte du concile de
Paris (829) nous fait connaître plus clairement leur

---

ecclesiam a novo aedificatam » (808). — *Capit.* de 818, c. 12
(Boret., p. 277) « ... de villis novis et ecclesiis in eisdem noviter
constructis. » Le nombre de ces églises dut devenir si considérable qu'il fut impossible de les doter toutes. *Relatio episcoporum*, 820, *id.*, p. 329 : « Pleraeque ecclesiae aut nihil parum quid
exterius habentes. »

1. *Gesta episcoporum Virdunensium*, 13 (*M. G. H.*, SS., t. IV,
p. 44). — Dans les pays de missions, les chorévêques sont plus
anciens. Cf. Hinschius, *Kirchenrecht*, t. II, p. 164, note 7.

existence [1]. Quant aux *decaniae*, elles sont signalées
seulement au concile de Toulouse (844). Nous croyons
pourtant que leur origine est plus ancienne, que
les *parochiae* des archiprêtres dont parle le concile de
Paris en 829 désignent ces districts, et qu'elles furent
créées probablement à la même époque que les archidiaconés ruraux ou suivirent de près leur création [2].

Cette organisation a dû répondre au nombre croissant
des paroisses. Remarquez les attributions des chorévêques. Ils doivent ordonner les prêtres et les clercs
ruraux, consacrer les églises de campagne, réconcilier
les pénitents dans les *villae* ou les bourgs, y confirmer
les enfants et les adultes. Attachés à un *titulus*, ils
sont les coadjuteurs de l'évêque dans le gouvernement
spirituel de son diocèse. En les instituant, l'épiscopat
voulut sans doute se décharger de fonctions rendues
trop lourdes par le nombre croissant de clercs et de
fidèles. C'est la même pensée qui a provoqué dans la
plupart des diocèses la création des archidiaconés et des
décanies. Clergé et paroisses étaient assez nombreux
pour former de petits groupes, ayant à leur tête d'abord

1. Chalon, 813, c. 15. Les *parochiae* des archidiacres paraissent
bien désigner des archidiaconés ruraux. — Paris, 829, c. 25.

2. Toulouse, 844, c. 3. Paris, 829, c. 25. L'interprétation de ce
canon dépend de celle que l'on donne au 3e canon de Toulouse.
Celui-ci n'est pas clair. Hinschius pense que les archiprêtres dont
il est question ne sont pas les chefs de la décanie, mais sont
établis dans la décanie. Guérard (*Divisions territoriales*, p. 97)
identifie l'archiprêtré et la *decania*. Cette opinion paraît conforme
à des textes postérieurs qui ne font pas de distinction entre le
doyen et l'archiprêtre. Les textes manquent pour se prononcer
avec certitude sur cette question.

l'ancien archiprêtre et, au-dessus, l'archidiacre rural. De ces faits, on peut conclure que, de 768 à 840, le nombre des paroisses rurales s'est beaucoup accru.

Les discussions relatives à la dîme, vers la même époque, précisent encore cette conclusion. Le capitulaire de Salz (803) [1], le concile de Mayence réuni en 813, eurent à se prononcer sur la répartition des dîmes entre les églises anciennes et les églises nouvelles. Ils déclarèrent que la dîme devait être portée à l'église qui en avait joui autrefois. Cette décision fut assez importante pour être insérée dans un capitulaire formé de canons ecclésiastiques et prendre place dans le recueil d'Anségise. Les conflits mêmes qui la provoquèrent prouvent bien quel était le nombre des églises nouvelles et la nécessité de régler leur condition.

Ainsi, il y eut sous le règne de Charlemagne, de 768 à 814, plus spécialement de 800 à 814, un accroissement notable du nombre des paroisses. Ce progrès répond assurément à la politique religieuse de l'empereur, à la lutte entreprise contre les dernières pratiques du paganisme, à la réforme des institutions ecclésiastiques; il est aussi une conséquence de ses mesures économiques, la mise en valeur de terres nouvelles, l'établissement de colonies saxonnes dans la Gaule. Mais le mouvement ne s'arrêta pas à sa mort. Il fut continué, pendant le ixe et le xe siècle, par l'initiative des fidèles, des seigneurs ou

---

1. Salz, 803 (Boret., p. 119) : « De decimis ubi antiquitus fuerunt ecclesiae baptismales et devotio facta sit. » — Mayence, c. 41 : « Ecclesiae antiquitus constitutae nec decimis nec aliis possessionibus priventur ita ut novis oratoriis tribuantur. »

du clergé. Au ixe siècle surtout, sous Louis le Pieux, pendant la première partie du règne de Charles le Chauve, une foule de paroisses nouvelles furent établies.

Nous connaissons assez bien les règles formulées par l'Église pour la création de ces nouveaux districts. En principe, les canons ne l'autorisaient que dans certains cas : l'étendue trop grande du territoire, l'impossibilité pour un groupe de fidèles de se rendre à leur église [1]. Aussi, quand les habitants d'un *vicus*, d'une *villa* ou le propriétaire d'un domaine demandaient à l'évêque le droit d'avoir une église et une paroisse, l'évêque devait procéder à une enquête [2]. Il la confiait à l'archidiacre ou à un de ses clercs, chargeant en outre son délégué de désigner lui-même l'emplacement de l'église nouvelle. Si l'enquête était favorable, il donnait par écrit son assentiment [3]. Il ne semble pas que l'autorisation du roi ou du fonctionnaire royal ait été nécessaire. Il n'en sera pas toujours ainsi à l'époque féodale. Les comtes interviendront dans la formation des paroisses. Au ixe siècle, l'évêque seul est consulté.

Seul aussi, l'évêque diocésain a le pouvoir de consacrer l'église nouvelle. Les conciles avaient défendu énergiquement cette prérogative, à l'époque mérovingienne, contre les évêques étrangers; sous Louis le Pieux et

---

1. Toulouse, 844, c. 7 : « Ut si longitudo, aut periculum aquae, aut silvae, aut alicujus certae rationis, aut necessitatis, poposcerit ut populus... ad ecclesiam principalem non possit occurrere... »

2. Sur la *petitio plebis*, voy. le concile de Toulouse, id., ibid.— *Marca hispanica*, p. 824.

3. *Capit. Hincmari archidiaconibus data*, c. 7 (Migne, t. CXXV, p. 802).

Charles le Chauve, contre le chorépiscopat. Le concile
de Paris (829) [1] n'avait reconnu aux chorévêques le droit
de bénir les églises qu'en vertu d'une délégation de
l'ordinaire. Le concile de Meaux (845) leur retira même
cette faveur. Ce fut une règle absolue qu'aucun édifice
ne pouvait être livré au culte, même sur une terre privée, sans l'intervention de l'évêque du diocèse. Quelques
monastères pourtant firent insérer dans leurs chartes
d'immunité une clause leur réservant le choix du prélat
consécrateur.

L'inauguration d'une église était un acte solennel
auquel prenaient part les habitants de la paroisse, les
notables ou les seigneurs du pays [2]. Avant la cérémonie
religieuse, l'évêque réunissait les fondateurs. Conformément aux canons, il s'assurait que la nouvelle église
avait reçu sa dot. Cette dotation était contenue dans un
acte écrit (*libellus dotis*) que devaient souscrire les
donateurs et les témoins. La charte énumérait les biens-
fonds, terres, vignes, prés, forêts, pâquis donnés à
l'église, le nombre de serfs qui lui étaient attachés, la
nature des offrandes et des dîmes. Parfois, une dotation
spéciale était affectée au cimetière, à l'entretien du luminaire et du clergé. En tout cas, les biens cédés devaient
être quittes de toute charge et de tout droit. Le donateur
s'engageait à ne pas les reprendre et une clause pénale
frappait les héritiers qui auraient songé à les revendi-

1. Paris, c. 27. Meaux, c. 44.
2. Voyez notamment l'acte de la fondation de l'église Saint-
Étienne de Baltarga, un des plus complets que nous ayons (*Marca
hispanica*, p. 824).

quer. Assurément, ces garanties n'étaient pas toujours observées. Nous verrons ailleurs combien le clergé eut à souffrir des convoitises du séniorat. Mais il était de règle que chaque église eût son patrimoine et que ce patrimoine fût déclaré libre à une époque où un grand nombre de terres ne l'étaient pas.

Cette lecture terminée, l'évêque consacrait l'église. Peut-être faisait-il alors planter les croix ou les pieux qui marquaient les limites de la paroisse. Il donnait également au prêtre nommé une investiture solennelle par les clefs, la corde des cloches et l'Évangile. Ces actes finis, il faisait rédiger un procès-verbal dont lecture était donnée à l'assemblée des fidèles. Nous avons quelques-unes de ces chartes. Elles mentionnent le nom des fondateurs, la consécration, la dotation de l'église; elles décrivent très exactement les limites de la paroisse, les territoires qu'elle renferme, les dîmes qui lui sont dues. Ainsi créée, la paroisse avait sa circonscription, ses biens, son chef. La vie religieuse y commençait.

Où ces paroisses furent-elles établies? Beaucoup, assurément, durent leur existence à la formation d'une *villa* nouvelle. Mais il semble aussi qu'un grand nombre aient dû leur origine à un démembrement de la *dioecesis* mérovingienne. Les décisions des conciles de 813 et 819 relatives aux *ecclesiae novae*, le quatrième canon du concile de Toulouse, le petit écrit d'Hincmar, *De ecclesiis et capellis* nous font entrevoir ou nous signalent nettement cette *divisio*. Comment s'est-elle faite? Nous l'ignorons. On peut croire que la grande paroisse, celle de l'archiprêtre, a été démembrée, que les chapelles ou

églises construites dans les *villae* et rattachées au *titulus*
ont reçu leur autonomie et ont été érigées en églises
baptismales. Et peut-être est-ce à la suite de cette division que s'est formée la décanie, l'archiprêtre gardant un
droit de surveillance sur les paroisses détachées de son
église. Nous ne le savons pas. En tout cas, si cette origine nous paraît la plus commune, elle ne fut pas la
seule. La *divisio* porta également sur des paroisses établies ailleurs que dans le *vicus*. Le concile de Toulouse
nous parle de *villae* découpées en paroisses. Le seul fait
que nous devions retenir est que l'étendue des paroisses
primitives rendit presque toujours et presque partout
nécessaire leur division.

Il n'est pas douteux que ces démembrements n'aient,
en beaucoup de cas, répondu aux vœux des populations
rurales. Mais c'est un fait intéressant de voir quelques
évêques, même sous Louis le Pieux et Charles le
Chauve, en prendre l'initiative, ériger en système la *divisio*, multiplier volontairement le nombre de ces petits
districts ecclésiastiques. Comme la royauté, l'Église ne
paraît pas avoir été très favorable à ces tendances. En
844, le concile de Toulouse dut intervenir et, dans un
de ses canons, interdire le démembrement des paroisses
sans raisons graves. Le capitulaire de Pitres (869)
recommande aux évêques de maintenir les anciennes
paroisses [1]. Hincmar eut à son tour à lutter contre

---

1. *M. H. G.*, *Capit.*, t. II, p. 335 : « Et episcopi parochias et
decimas antiquis ecclesiis servent. » — Déjà en 811, Charlemagne
appelle l'attention des évêques et des abbés sur ceux qui « construisent des basiliques et engagent avec insistance les fidèles à
donner leurs biens à ces églises »,

ces tendances du corps épiscopal. Un des reproches qu'il fait à son neveu Hincmar de Laon est d'avoir précisément morcelé des paroisses anciennes. Dans son petit traité *De ecclesiis et capellis,* il s'était prononcé déjà contre les mesures semblables prises par Rothade de Soissons et Prudence de Troyes. Il exige enfin des évêques qu'il sacre la promesse de ne pas toucher, sans motifs, à l'organisation ecclésiastique de leur diocèse. Sur cette question, sa doctrine est précise [1]. « De même que l'évêque a le gouvernement général de « son diocèse avec toutes les paroisses rurales, de même « chaque prêtre a le droit, sous le contrôle et la juridic « tion de l'évêque, de gouverner sa paroisse et les biens « affectés à son église. » Ce principe n'autorise la *divisio* que dans certains cas précis prévus par les canons. Encore faut-il préférer au démembrement la création d'*oratoria* ou chapelles de secours desservies par les clercs de l'église paroissiale.

Ces décisions des conciles, ces plaintes répétées d'Hincmar nous prouvent bien que la *divisio* fut, au ixe siècle, l'œuvre réfléchie, systématique, d'une partie de l'épiscopat. L'intérêt des fidèles, les progrès de la religion ne suffisent pas à l'expliquer. Ces mesures furent souvent inspirées par des motifs moins nobles que le salut des âmes. Peut-être, en dédoublant les paroisses directement soumises à leur juridiction, les évêques voulurent-ils opposer un clergé plus nombreux, plus

---

1. *De ecclesiis et capellis* (Gundlach, *loc. cit.*). — *Litterae canonicae ad Hedenulfum datae* (Migne, t. CXXVI, p. 272).

compact au clergé établi sur les terres des grands ou des
monastères. Surtout, ce fut un intérêt fiscal qui les
décida. N'oublions pas que chaque paroisse avait ses
dîmes et ses offrandes et que l'évêque en prenait sa part;
que chaque prêtre, à l'époque du synode ou de la visite,
devait à son chef un cadeau en argent ou en nature. Les
dons, volontaires à l'origine, se transformaient en véritables redevances. En multipliant le nombre des églises,
les évêques multipliaient donc leurs revenus. Quand une
paroisse était ainsi « divisée », ils se gardaient bien
de dégrever l'église à qui ils enlevaient une partie de
ses habitants et de son patrimoine [1]. Plus petites, plus
restreintes, partant plus nombreuses, les paroisses
étaient d'un rapport meilleur. Et, comme l'évêque, l'archidiacre rural trouvait son compte à ce démembrement.
Il est curieux de remarquer que quelques-unes de nos
paroisses ont dû peut-être leur origine à la décision d'un
prélat avide et besoigneux.

Ainsi, du viiie au xe siècle, à ce progrès des églises, à
la dislocation de la grande paroisse travaillaient à la
fois et les croyances religieuses et les forces sociales et
économiques. Poursuivie par la royauté, l'épiscopat, le
monachisme, le séniorat, cette œuvre devait surtout leur
profiter. Comme la plupart de ces églises s'étaient fondées sur un domaine, le système du patronage s'était
étendu au détriment des églises libres. Et déjà, entre
les églises privées, se précise la distinction que nous
avons signalée dès le ve siècle, en raison de leur origine

1. Toulouse, 844, c. 7.

et de la juridiction dont elles dépendent. Royales, épiscopales, abbatiales, seigneuriales, elles sont nettement
séparées et leur régime ne se ressemble pas. De ce fait
même qu'une paroisse ancienne est démembrée s'établit
une forme nouvelle du patronage religieux : celui d'une
église sur une église. On peut dire que toutes les formes
de la paroisse sont venues au jour.

Alors, malgré les efforts de la hiérarchie, commencent
le désordre, l'enchevêtrement des institutions religieuses, comme celui des institutions politiques. Des
paroisses soumises à des juridictions diverses, souvent
hostiles, opposées, l'unité de direction, de gouvernement,
brisée par les immunités, le patronage, le laïcisme, voilà
l'état de chaque diocèse à la fin du ixᵉ siècle. Prenons
garde que nous touchons ici au morcellement féodal.
L'Église mettait peu à peu ses cadres en harmonie avec
ceux de la société civile. Une même force mystérieuse
et immuable travaillait partout à résoudre l'État et
l'Église en petits groupes. Cette transformation se fit
dans l'un par la seigneurie, dans l'autre par le monastère et la paroisse. C'est là une des conséquences des
changements survenus. Il y en a une autre. L'extension
prodigieuse du patronage a donné à la plupart de ces
églises un maître. Que ce maître soit ecclésiastique ou
laïque, abbé, évêque, prêtre ou grand propriétaire, peu
importe : il sera toujours un maître. Des rapports nouveaux s'établiront entre la paroisse, son prêtre et son
seigneur. C'est par l'histoire de la paroisse à l'époque
carolingienne qu'on peut expliquer comment l'Église est
entrée dans le régime féodal.

DEUXIÈME PARTIE

L'ORGANISATION DE LA PAROISSE A L'ÉPOQUE CAROLINGIENNE

Nous étudierons le régime paroissial au IXe siècle, au moment où il est constitué et où il est possible de le bien connaître. Ce n'est pas que pendant tout le moyen âge des créations nouvelles n'aient étendu de beaucoup le nombre des paroisses. Mais si les cadres ont pu changer, la structure est restée la même. Nous croyons aussi que certaines questions soulevées par cette étude doivent rester sans réponse. Mais plusieurs faits peuvent être notés avec précision, car les textes sont nombreux et quelques-uns sont décisifs. Capitulaires, canons, statuts épiscopaux, chartes, voilà les documents qui nous permettront de pénétrer dans la paroisse et d'en analyser les institutions.

CHAPITRE Ier

Si l'on veut avoir une notion précise de la paroisse, il faut d'abord étudier son territoire. Où est-elle établie ? Quels liens l'unissent à la *villa* ? Ces problèmes sont complexes. Nous ne nous flattons pas de les résoudre : nous essayerons au moins de les bien poser.

Le VIIIe et le IXe siècle avaient marqué les progrès rapides du culte dans les campagnes. Nous avons vu s'élever des basiliques, des oratoires dans un grand nombre de *villae* : fiscs royaux, propriétés des monastères, des églises ou des grands. L'église fait partie du domaine : voilà le fait normal. Sans doute, à ces usages il y a encore bien des exceptions. C'est que l'organisation de la *villa* n'est pas partout la même ; mais partout, ces fondations nouvelles ont eu une même conséquence. Le *vicus* a cessé d'être l'unité religieuse. Autour du *castrum*, du bourg composé de paysans libres ou de petits propriétaires, gravitent des paroisses nouvelles établies dans les *villae*. Auparavant, nous avions trouvé la *diœcesis* surtout dans les grandes agglomérations rurales. Il n'en est plus de même à l'époque carolingienne [1]. Les paroisses des *villae* deviennent les plus

---

1. Nous n'avons pas pour l'époque carolingienne de listes paroissiales. Les actes des évêques du Mans nous font connaître

nombreuses. C'est dans la *villa* que se fonde l'église rurale. C'est dans les *villae* que sont établis les prêtres soumis à l'autorité du doyen. La *villa* devient donc l'unité paroissiale. Le terme même de *vicus* appliqué à la paroisse tend à disparaître. Nous le trouvons encore dans quelques documents du ixe siècle[1]. Il n'est plus d'un usage général. Le mot *parochia* est devenu l'appellation définitive de chaque district presbytéral.

Devons-nous croire maintenant que chaque *villa* ait donné naissance à une paroisse ? Ne cherchons pas une harmonie aussi complète entre l'organisation ecclésiastique et l'organisation sociale. Peut-être le gouvernement carolingien l'eût-il souhaitée. Le capitulaire de 844, qui interdit le démembrement des *villae*, semble répondre à ces idées. Peut-être encore, là où l'harmonie était possible, a-t-il cherché à l'établir. Nous le croyons au moins pour ces *villae* nouvelles, dont nous parlent quelques documents. Le capitulaire de 818 décide que leurs dîmes devront être données à leur église[2]. Elles formeront donc des paroisses. Et on peut croire que

un certain nombre de paroisses, mais cette énumération est peu précise et incomplète. Cf. Cauvin, *Géographie ancienne du diocèse du Mans*. La liste des églises du *pagus* de Sens, donnée par Quantin (*Cart. gén. de l'Yonne*, t. II), est empruntée à un manuscrit de la bibliothèque de Stockholm. Cette liste est du xie siècle.

1. Capitulaires, éd. Bor., p. 182 : Vicus publicus. — Capitula Rodulfi Bituricensis, c. 20. — *Cart. de Mâcon*, p. 33. « Capella... subjaceat vico sancti Martini et ipsi sacerdotes qui vico... praefuerint... capellam teneant. »

2. Boretius, p. 277 : « De villis novis et ecclesiis in eis noviter constitutis et decimae de ipsis villis ad easdem ecclesias conferantur. »

cette règle fut appliquée. Dans la Marche d'Espagne,
en Septimanie notamment [1], où, à la suite de la
conquête, de vastes espaces ont été défrichés, livrés
à la culture, où se créent des centres de population,
s'aperçoit fréquemment cette identité entre la *villa* et la
paroisse. Nous avons encore une charte très curieuse qui
nous montre une paroisse instituée dans une *villa* nouvelle de l'évêché d'Autun : la Nocle [2]. Ainsi, à travers
ces faits, si obscurs qu'ils soient, s'entrevoit la pensée
de mettre d'accord les institutions religieuses, sociales,
économiques. Mais cette symétrie pouvait être obtenue
entre des organismes nouveaux, créés en même temps
et par la volonté humaine. Ailleurs, il était moins aisé
de l'établir. Presque partout, la *villa* a été antérieure à
la paroisse. La paroisse eut ainsi à s'installer dans
des cadres anciens, créés avant elle. Ces cadres eux-
mêmes étaient trop inégaux pour qu'elle pût s'y ajuster
toujours. C'est une erreur de croire que le sol de la
Gaule ait été découpé en parcelles d'étendue équivalente. Telle *villa* répondait à une de nos communes,

1. Nous connaissons quelques-unes de ces paroisses fondées
dans des *villae* nouvelles en Septimanie. Cf. *H. L.*, t. II, n° 135 ;
le villare Fontis... cum ecclesiis ; *id.*, n° 136, la Villa rubea, qui
est aujourd'hui Villerouge (canton de Carcassonne) ; *id.*, n° 144,
Villanova, Villeneuve-d'Elne. La création de ces églises dans les
villae nouvelles nous est attestée d'ailleurs par le diplôme de
Charles le Chauve pour les *Hispani* (*H. L.*, t. II, n° 119).
2. *Cart. de l'église d'Autun*, 1re p., n° XLI. « In villa quae vocatur la Noscla quam ipse de densitate silvarum ad agriculturam et
habitationem hominum exercendo et excolendo perducere stu-
duit. » — Aujourd'hui la Nocle, paroisse et commune, cant. de
Fours, Nièvre.

telle autre à un de nos hameaux. Si, malgré des partages successifs, l'unité de la *villa* s'est encore maintenüe à l'époque carolingienne, il n'y a pas d'égalité de territoire entre ces domaines. L'Église dut tenir compte de ces différences. Mais, tout en respectant les divisions territoriales, en y adaptant les siennes le mieux possible, elle fit assurément de la paroisse une circonscription plus régulière que la *villa*. Ce système répondait bien d'abord à son esprit d'ordre et à ses méthodes de gouvernement. Il offrait de plus cet avantage de ne pas trop multiplier le nombre des paroisses, de maintenir entre elles une certaine égalité, par là même d'assurer à toutes des ressources convenables et un nombre de fidèles suffisant.

En fait, si nous analysons nos documents, nous trouvons trois types divers dans la formation territoriale des paroisses : 1° un groupe de *villae* a formé la paroisse ; 2° la paroisse est identique à la *villa* ; 3° la *villa* s'est démembrée en paroisses. Ces types sont généraux : ils peuvent se retrouver dans toute la Gaule. Mais nous devons chercher s'ils apparaissent plus spécialement à certaines époques et dans certaines régions.

Le premier groupe paraît le plus ancien. Il nous semble ainsi former une transition très naturelle entre la paroisse mérovingienne, celle du *vicus*, de l'archiprêtre, et la petite paroisse rurale. Il nous est signalé, dès le commencement du ixe siècle, par deux textes. L'un est une formule : celle de 808, qui nous décrit une dotation d'église. Le territoire ecclésiastique comprend trois *villae* : *Cadiliacus, Tanculfovilla, Fagidus*, et un *villare : Barbitione* [1]. L'autre est un capitulaire qui nous a été conservé par Anségise [2]. « Que chaque église ait son district (*terminum*) et reçoive les dîmes des *villae* qui y sont comprises. » Remarquons ces documents. Formule et capitulaire ont un caractère général. Ils nous montrent que ces attributions de *villae* à une seule église étaient alors fréquentes. Peut-être en pouvons-nous conclure qu'au VIIIe siècle, aux débuts du IXe, dans bien des cas, la paroisse est plus étendue que la *villa*.

Mais voici, pendant le IXe siècle même, des exemples non moins précis. Nous les trouvons d'abord en Bourgogne, où la *villa* semble avoir formé une très petite division territoriale. La formule de 808 est une formule sénonaise. Dans le *pagus* de Langres, la paroisse *Belenava*, qui appartient à l'abbaye de Bèze, comprend deux *villae* : *Belenava* et *Cusiriacus* [3]. Lisez surtout les cartulaires de Cluny et de Mâcon. Nous connaissons par eux plus de 250 *villae*. Un petit nombre de ces domaines a donné naissance à des paroisses [4]. Voici encore des actes précis. L'évêque Bernold consacre l'église de la *villa Miliacus*, Milly (864-872) ; il lui assigne comme « paroisse » les *villae Miliacus, Laliacus, Viriacus*, la

---

1. Zeumer, p. 217 : « Cessio ad ecclesiam a novo aedificatam. »

2. Anségise, Capitulaires, I, 149 : « Ut terminum habeat unaquaeque ecclesia de quibus villis decimas recipiat. »

3. *Chron. de Bèze.* Migne, t. CLXII, p. 895.

4. Cf. *Cart. de Mâcon.* Beaucoup de *villae* n'ont qu'une chapelle. Notons toutefois que dans ce cartulaire le mot *capella* est assez vague et paraît désigner toutes sortes d'églises, même paroissiales.

moitié de la *finis Curiacus* et de quatre autres *villae* [1].
L'église de la *villa Soloniacus*, Sologny, consacrée également par cet évêque, reçoit comme district six *villae* ou portions de *villae*. Ces deux paroisses, que nous connaissons bien, comprennent plusieurs domaines. Et, en les créant, l'évêque ne tient pas compte des divisions territoriales qu'il trouve établies. Il réunit quelques *villae*, il en démembre d'autres pour former la paroisse.

Au sud de la Loire, les grands diocèses du plateau central, Clermont, Le Puy, Limoges, Viviers, nous présentent quelques exemples d'une formation analogue. Dans le *pagus* de Limoges, nous connaissons trois paroisses du IXe siècle : Chameyrat, Saint-Mexant, Saint-Germain [2]. La première, fondée sur un ancien fisc royal, comprend trois domaines : *Favars, Campaniacus, Occone.* La seconde, deux : la *villa Sancti Maxentii* et *Devilliolas.* Le cartulaire de Brioude nous décrit, pour deux églises, le territoire soumis à la dîme. L'*ecclesia Canecus* reçoit celle de six *villae, Canecus, Adimar, Concas, Becel, Nueliaco, Bursariis* et la *medietas* des dîmes de *Moden, Altocorenno, Cunuliis, Rabariliis* [3]. Cinq *villae* forment le district de l'église Saint-Germain [4]. Assurément, la circonscription des dîmes ne se

1. *Cart. de Mâcon*, p. 231, 235. Une autre paroisse signalée par le cartulaire, la *parrochia S. Clementis*, comprend, dans son district, la *villa Santiniacus. Cartulaire*, n° 102 (915).
2. *Cart. de Beaulieu*, p. 31 (897).
3. *Cart. de Brioude*, n° 16.
4. *Id.*, n° 162. Sans doute Saint-Germain-Lembron. — Voy. encore l'église de la *Curtis Anglaris*, mentionnée : « Cum omnibus villis... que ad ipsam curtem attinent (n° 319). »

confond pas toujours avec celle de la paroisse. Mais il est visible que ces *villae* n'ont pas d'église ; à aucune époque, elles n'ont formé une *parochia*.

Une lecture attentive des chartes de cette région nous conduit à penser que la plupart des paroisses y furent créées par un groupe de domaines. Le cartulaire de Brioude nous signale au moins 200 *villae* et seulement 32 églises ou chapelles. Comment croire que chacune des *villae* ait formé une paroisse et que de ce fait nous n'ayons aucune trace ? Il en est de même pour le Vivarais. La plupart des localités que nous signale la liste des donations à l'église de Viviers ont disparu. Nous pouvons en conclure que le nombre des *villae* a été dans ces régions très supérieur au nombre des paroisses. Toutefois, rien n'est régulier dans ces rapports de la *parochia* et des domaines. Dans la vallée de l'Allier, autour de Brioude, nous retrouvons quelques *villae* du monastère, Azérat, Saint-Hilaire, Saint-Ferréol, Fontannes, dans les communes ou les paroisses modernes. Ailleurs, au contraire, dans la partie montagneuse, la paroisse semble s'être formée de petites localités disséminées. Est-ce à dire que la *villa* y fut moins étendue que dans la plaine ? Nous croyons surtout qu'elle fut moins peuplée. Aujourd'hui encore, la plupart des communes du Morvan, de l'Auvergne, du Vivarais ne sont que des agrégats de hameaux. Chaque *villa* ne dut former qu'un petit groupe. Dans ces régions ingrates, l'homme s'est établi où il a pu, a cultivé le petit coin de terre accessible sur le flanc de la montagne. Ce sont ces groupes qui ont formé la paroisse, quand ils ont été assez nombreux pour entretenir leur église et faire vivre leur pasteur.

En Bretagne, l'unité paroissiale n'est pas la *villa*, mais la *plebs*, la *plou* [1]. Ce mot est entré dans un grand nombre de noms locaux. Il est difficile de déterminer l'étendue du district qu'il représentait alors. Nous savons que la *plebs* comprend un certain nombre de *villae*, que celles-ci ne sont guère que des hameaux ou de petits domaines. Elle forme aussi le groupe religieux et politique. A sa tête, elle a un prêtre et un machtiern. Centre de population, elle est donc vraiment l'unité administrative et ecclésiastique établie par les Bretons. Le cartulaire de Redon nous signale, au ixe et au xe siècle, une cinquantaine de ces *plebs* [2]. Toutes ont formé des paroisses.

Par là, devons-nous croire que le territoire de ces paroisses fut assez étendu. Plusieurs prêtres et clercs étaient attachés au *titulus*. Peut-être existait-il déjà dans les limites de la *plebs* des églises locales que ces clercs étaient tenus de desservir. Nous voyons, en effet, par des textes ultérieurs, que la *plou*, surtout dans les comtés du nord, fut divisée fréquemment en *trèves*, *tref*, groupe de hameaux dotés d'une chapelle de secours ou d'une succursale [3]. L'organisation ecclé-

---

1. *Cart. de Redon.* L'excellente introduction de M. de Courson nous renseigne exactement sur les différents centres de population : la plou, la tref, etc.

2. Cf. notamment n°s 9, 10, 26, 107, 145, etc. Ces actes sont du ixe siècle.

3. Il y avait déjà des églises dans les *villae* dépendant de la *plou. Cart. de Redon*, n° 33 : « In villa quae dicitur Grancampo, in rem proprietatis, basilica facta in honore S. Mariae. »

siastique de la *plebs* serait donc très analogue à celle du *vicus* mérovingien. Son église, avec son clergé, ses oratoires ruraux, rappelle la paroisse de l'archiprêtre. Mais, tandis que dans la plupart des pays francs la *villa* devint très vite l'unité religieuse, en Bretagne, l'organisation ancienne ne se modifia que très lentement, par la création de *plebes* nouvelles ou la division de la *plebs* primitive et l'érection des trèves en communautés.

Le second mode de formation territoriale, l'unité de la paroisse et de la *villa*, nous apparaît à l'époque carolingienne, surtout dans les régions du Nord, dans la Septimanie et la Marche d'Espagne.

Dans les premières, les chartes de Saint-Bertin, de Montier-en-Der aussi bien que le Polyptyque de Saint-Germain nous font connaître un certain nombre de *villae* et d'églises. Le dénombrement des terres de Saint-Bertin, rédigé au commencement du ixe siècle, nous signale dix *villae* possédées par l'abbaye : huit ont leur église, et chacune de ces églises forme sans doute, dès cette époque, une paroisse [1]. A ces domaines, un diplôme de Charles le Chauve (877) ajoute sept autres *villae* : *Buoningahem, Hilkinium, Krokashem, Liegesborth, Loom, Recca, Scala.* Or, Bonningues, Alquines, Roxem, Lisbourg, Loon, Recques, sont aujourd'hui des communes

---

1. *Cart. de Saint-Bertin*, p. 97 et suiv. On trouve ces paroisses mentionnées dans le privilège d'Urbain II (1093). Ce sont aujourd'hui Acquin, Bainghen, Coyecques, Guines, Quelmes, Poperingue, Tubersent, Wizernes. On voit même que quelques-unes de ces *villae* ont donné naissance à de petites villes.

et dès paroisses. Montier-en-Der possède dix *villae* : sur ce nombre, une, *Brais*, disparaît. Les neuf autres ont formé, avant le XIIe siècle, quelques-unes des paroisses du diocèse de Troyes ou du diocèse de Toul [1]. La *villa Cadussa*, qui, en 877, appartient à Montier-Ramey, est aujourd'hui Chaource. La *villa Palatiolum*, fisc de Saint-Germain, est Palaiseau : d'autres *villae*, Thiais, Villeneuve-Saint-Georges, Combs-la-Ville, Morsang, ont, dès le IXe siècle, leur église et forment sans doute une paroisse [2]. Voilà donc quelques textes qui nous montrent l'identité de la paroisse et de la *villa*, et nous n'en trouvons pas qui nous fassent supposer qu'un groupe de *villae* ait formé une paroisse.

Pour l'Aquitaine, nous n'avons pas de documents aussi précis. Remarquons pourtant que les grandes abbayes de Saint-Sulpice de Bourges, de Charroux, dont Charles le Chauve confirme les possessions, ont des églises dans leurs *villae*. A Saint-Sulpice, sur quatorze *villae*, treize ont un culte organisé dans le domaine [3]. Ce rapport étroit entre l'église et la *villa* per-

---

1. *Cart. de Montier-en-Der* (Lalore, *Collection des cartulaires du diocèse de Troyes*). Ce sont les paroisses de Sommevoire, Ville-sur-Terre, Saint-Christophe, Thil, Précy-Saint-Martin, Braux, Ville-en-Blaisois, Dammartin-Saint-Père, Mertrud. Cartulaire n° 8 (854). — Introd., p. XXIX.

2. Il est difficile d'étudier, dans le Polyptyque de Saint-Germain, les relations exactes entre la *villa* et la paroisse. Les terres de Saint-Germain étaient groupées en fisc. Or, les fiscs pouvaient comprendre plusieurs portions de *villae* différentes. Quelques-uns cependant sont identiques à la *villa*; la présence d'une église y fait supposer l'existence d'une paroisse dès le IXe siècle.

3. *H. F.*, t. VIII, p. 543, 612.

met de supposer, qu'en bien des cas, la *villa* a donné naissance à la paroisse. Nous trouverons plus nettement dans les régions du Midi, la Septimanie ou la *Marca hispanica*, ce mode de formation.

Il semble que, dans ces régions, la *villa* ait eu une organisation un peu particulière. Si nous trouvons souvent dans les textes *villa... cum villulis* ou *cum villaribus... villa cum appenditiis*, nous sommes amenés à croire que le territoire appelé *villa* a été souvent très étendu, formé d'un noyau central et de fermes isolées [1]. Aujourd'hui encore, un grand nombre de ces villages échelonnés dans la plaine, de Nîmes à Toulouse, présentent ce caractère. Ils se trouvaient déjà sur la grande route des invasions. Peut-être la nécessité de se défendre a-t-elle de bonne heure groupé les habitants et transformé la *villa* en village. Ce qui est certain, c'est que dans la plupart des documents le lien qui l'unit à la paroisse est très étroit.

Examinons quelques *villae* abbatiales du ixe ou du xe siècle. Presque toutes possèdent leur église, et cette église a, dans la plupart des cas, donné naissance à une paroisse. Saint-Pons est propriétaire des grandes *villae* qui l'environnent. Quatorze d'entre elles sont des centres religieux qui ont traversé tout le moyen âge et qu'on retrouve aujourd'hui échelonnés dans les vallées du Jaur, de l'Agoût ou de la Cerre : Saint-Martin, Fraisse,

---

1. *Hist. de Lang.*, t. V, n° 13, p. 86 (890) : « Villam Trapas... cum omnibus villaribus... » Il n'y a là qu'une église : « Villam cum sua ecclesia. » Nous trouvons d'autres exemples dans les chartes du Languedoc.

Ferrières, Saint-Étienne-d'Albagnan, Prémian, Riols,
Assignan, etc.[1]. Nous connaissons également les noms
des dix-huit *villae* que possède Montolieu[2]. Quatre de
ces domaines n'offrent aucune mention d'église : les
autres semblent bien former des paroisses. Alsau
(Pezens), Villesèque, Caux existent encore. Si nous y
ajoutons Sainte-Eulalie et Alzonne, instituées dès cette
époque, nous avons, entre Carcassonne et le seuil de
Naurouze, tout un groupe de paroisses qui est tel aujour-
d'hui qu'au ixe siècle. Voyons enfin, dans un diplôme
attribué à Charles le Simple, l'énumération des biens de
l'abbaye de la Grasse. Les *villae Flexus, Boliniacus,*
Bagniles, Capudspina, Tautirano, Palma, Tuluja sont
bien connues[3]. Elles ont formé quelques-unes des
paroisses des diocèses de Narbonne, de Carcassonne et
d'Elne : Saint-Couat, Bouillonnac, Bagnoles, Cabres-
pines, Taurize-en-Val, la Palme, Toulouje. Il serait
facile de citer une foule de documents nous montrant
dans d'autres *pagi*, le comté de Toulouse ou le comté de
Rodez, p. ex., la même harmonie entre la *villa* et la
paroisse[4]. Et ce ne sont pas seulement les domaines
des abbayes qui nous la présentent. Les *villae* du roi,
celles des particuliers ont également fourni à la paroisse
ses cadres. L'unité des divisions territoriales et ecclé-

1. *H. L.*, t. V, n° 74. La charte est suspecte, mais l'énumération des paroisses et des églises a sa valeur.
2. *H. L.*, t. V, p. 159.
3. *H. L.*, t. V, n° 34, p. 122. La forme de l'acte est suspecte.
4. Des faits analogues nous sont connus dans le *pagus* de Lyon.
Cf. *Cart. de Cluny*, p. 578. *Cart. de Savigny*. Les *villae* Farenx,
Bricium, Noalliacus paraissent bien former des paroisses.

siastiques, voilà le fait normal, fréquent que nous constatons.

Dans la *Marca hispanica*, nous trouvons une organisation identique. Nous connaissons bien la plupart des paroisses du Capcir au xe siècle : Formiguière, fondée en 873, les Asyles, Fontrabiouse, Real, Quirhaut, Riutorts [1]... Elles ont une *villa* pour origine. Voici ailleurs une paroisse qui porte le nom même de son domaine : *villa Bruliano*. Voyez encore les paroisses de Cerdagne que nous font connaître les documents : Luz, Garexer, Say, Baltarga [2]. Elles sont établies ou fondées dans une *villa*. Nous trouverions bien d'autres exemples de cette confusion entre le territoire de la *villa* et le *districtus* de l'église rurale.

Voici enfin un dernier mode de formation des paroisses rurales. La *villa* se divise. Trop étendue ou trop peuplée [3], formée de groupes distincts éloignés les uns des autres, elle perd son unité première. Vers la fin du ixe siècle et pendant le xe, on y bâtit alors plusieurs églises ou chapelles. Dans le Midi, nous trouvons ces succursales dans les *villaria*, ces dépendances de la *villa* que nous avons signalées; dans le Nord, sur quelque portion indépendante ou isolée du domaine. Ces usages

1. Alart, *Cart. roussillonnais.*
2. *Marca hispanica*, p. 824, 850.
3. *La villa Mercorius* est divisée en deux, de même la *villa Maximinianus* (*Cart. de Brioude. — H. L.*, t. II, p. 194, preuves). — La *villa Lucus*, dans le diocèse de Langres, est également partagée : *Lucus superior, Lucus inferior* (*Chr. de Bèze.* Migne, t. CLXII, p. 883). L'une de ces portions contient une église, Saint-Martin, l'autre une chapelle.

sont fréquents. Ainsi les *villac Berthomatis, Apsiacus*
(Apsy), *Luciacus, Cadussa, Amblenus, Tavellis*, contiennent plusieurs églises. Eygurande, en 938, en possède trois : Saint-André, Saint-Jean-Baptiste, Saint-
Marcel ; de même la *villa Juliacus* donnée à Cluny vers
le milieu du x⁰ siècle [1]. Ces églises ont-elles donné naissance à des paroisses ?

L'Église et la royauté avaient, en principe, maintenu
l'unité de la *villa.* Hincmar lui-même avait recommandé
l'érection de succursales, de chapelles de secours, soumises à l'église mère. Ainsi eût été assuré le culte dans
toutes les parties de la *villa* sans que les dîmes fussent
partagées, sans que fût affaibli le lien paroissial. Et, en
réalité, nous voyons que, fréquemment, les évêques ou
les curés restèrent fidèles à ce système. La *villa Bruliano*, qui renferme plusieurs églises, ne forme pourtant
qu'une seule paroisse [2]. Hincmar, dans ses capitulaires
ecclésiastiques, nous parle également de ces *parochiae
villarum* où le culte est célébré dans une église principale et dans des chapelles. Mais souvent aussi la paroisse
fut démembrée comme la *villa* elle-même. La constitution du concile de Toulouse, qui interdit ces divisions,
prouve qu'elles étaient en usage ; même, dans certains
cas, elle les permet. La *villa* Saint-Tibery, au x⁰ siècle,
est partagée entre plusieurs églises, dont chacune a ses

1. Cf. *H. F.*, t. VIII, p. 528, 601. — *H. L.*, t. V, p. 92, 130, 229,
252. — *Cart. de Cluny*, nᵒˢ 478, 682, etc.
2. Collection Moreau, IX, 72 (*Cart. d'Elne*) : « Villa Bruliano,
vel pro ipsas ecclesias qui in ipsa villa sunt fundatas ipsa parochia
et ipsas ecclesias. »

dîmes, son patrimoine, ses limites, c'est-à-dire sa paroisse [1]. La *villa Crexanus* (Cressan), en 977, forme également plusieurs paroisses [2]. Nous trouvons les mêmes faits dans le Nord aussi bien que dans le Midi. La *villa Buxidus*, qui appartient à Saint-Germain-des-Prés, a formé deux paroisses au moyen âge. De même *Silviacus*, Sillé-le-Guillaume, dans le diocèse du Mans [3].

Nous pouvons donc avoir quelque idée de la formation territoriale de nos paroisses. En réalité, elles ont eu pour cadre ou un groupe de *villae* ou la *villa* même ou une portion de la *villa*. Gardons-nous pourtant, si dans certaines régions se laisse entrevoir tel ou tel mode de formation, d'énoncer une règle absolue, une conclusion sans réserve. Et, si on veut admettre une loi à la genèse de notre régime paroissial, peut-être pourrait-on dire que la paroisse, comme la *villa*, s'est constituée différemment, suivant la nature du sol, les circonstances historiques ou économiques, que partout où les communes modernes se composent de hameaux isolés, distincts, c'est un groupe de *villae* qui est entré dans la paroisse, partout, au contraire, où elles sont formées d'un noyau central, d'un village, il y a eu identité entre la paroisse et la *villa*. Le premier type se rencontrerait surtout dans les riches contrées de la Bourgogne ou le

---

1. *H. L.*, t. V, p. 314 : « Ecclesias quae sunt aedificatas in ipsa villa cum primitiis et decimis et limitibus. »

2. *H. L.*, t. V, p. 281.

3. *Polyptyque de Saint-Germain.* — Cauvin, *Géographie ancienne du diocèse du Mans.*

plateau central; le second, dans nos plaines du Nord ou
de la Seine, le plateau champenois, la région méditer-
ranéenne. Pour la Bretagne et certaines régions pyré-
néennes, il faudrait faire une exception, en raison même
de l'histoire particulière de ces pays. Et encore toute affirmation ne serait-elle jamais qu'une hypothèse. Une étude
des origines territoriales de la paroisse ne sera possible
qu'après une étude approfondie, régions par régions, de
la *villa*. Or, nous doutons que cette recherche soit possible. Les documents sont trop peu nombreux, trop
incertains, pour nous faire espérer un résultat définitif.

On voudrait savoir également si ces paroisses étaient
très étendues, plus étendues que nos paroisses ou nos
communes modernes. Mais il n'est pas plus aisé de
répondre à cette question. Si les chiffres donnés par les
Polyptyques de Saint-Germain ou de Saint-Bertin pour
l'étendue de leurs cultures représentent à peu près,
dans certains cas, l'étendue d'une *villa* et de son district
paroissial, nous obtenons les évaluations suivantes [1] :

1. Ces mesures ne sont, bien entendu, qu'approximatives. Dans
bien des cas elles ne nous donnent point la superficie intégrale
de la *villa*, les bois notamment n'y sont pas compris. Elles représentent donc surtout les parties cultivées. Nous nous sommes
servi, pour les calculs, des évaluations de M. B. Guérard.

Villae DE SAINT-GERMAIN

Nom du village.	Évaluation ancienne.	Étendue de la commune.	Population ancienne.	Population actuelle.
Acmantus Emant (Seine-et-Marne).	1.008 bon. 312 arp. 1/2. 1 ans. 1.333 h. 21 a., 13.	1.783 h.	449	557
Cumbae Combs-la-Ville (Seine-et-Marne).	536 bon. 951 arp. 91 ans. 808 h. 60 a., 11.	1.449	360	676
Murcinetum Morsang (Seine-et-Oise).	361 bon., 5.294 arp. 32 ans. 505 h. 71 a., 13.	400	152	182
Palatiolum Palaiseau (Seine-et-Oise).	800 bon.,5.478 arp., 25.62 ans., 5. 1.088 h. 42 a., 76.	1.150	656	2.464
Spinogilum Épinay-sur-Oise (Seine-et-Oise).	454 bon.,345 arp. 1 ans., 5. 626 h. 44 a., 38.	494	248	1.506
Theodaxius Thiais (Seine-et-Oise).	556 bon., 806 arp., 25.61 ans. 814 h. 26 a., 37.	600	557	1.760
Villanova Villeneuve-St-Georges (Seine-et-Oise).	536 bon. 851 arp. 91 ans. 808 h. 60 a., 11.	398	484	2.262

SAINT-BERTIN

Nom du village.	Évaluation ancienne.	Étendue de la commune.	Population ancienne.	Population actuelle.
Atcona Aquin (Pas-de-Calais).	724 bonniers. 929 h. 10 a., 92.	1.286	»	752
Beingahem Bainghen (Pas-de-Calais).	940 bon. 1/2. 1.206 h. 94 a., 36.	669	»	200
Coiaco Coyecques (Pas-de-Calais).	508 bon. 1/2. 652 h. 55 a., 80.	1.378	»	618
Gisna Guines (Pas-de-Calais).	582 bon. 1 journal. 747 h. 22 a., 19.	2.608	»	4.364
Kelmis Quelmes (Pas-de-Calais).	446 bonniers. 572 h. 35 a., 18.	987	»	331
Wezernia Wizernes (Pas-de-Calais).	578 bonniers. 741 h. 74 a., 74.	925	»	1.700

À ces *villae* on peut ajouter aussi celles du diocèse de Carcassonne : *Sancta Eulalia, Villasicca, Caucius*, aujourd'hui Sainte-Eulalie (650 hect.), Villesèque (535 h.), Caux (901 h.); *Bagniles* et le *locus Sancti Martini*, Bagnoles (579 h.) et Saint-Martin-de-Villeréglan (958 h.). — Nous retrouvons Bouillonnac (591 h.) dans la *villa Boliniacus*. Dans le *pagus* de Narbonne, Bize, qui avait plusieurs églises, devait être beaucoup plus étendu; peut-être la paroisse avait-elle la superficie actuelle (2.077 h.). On voit par là combien le territoire de ces paroisses était différent.

On comprend ainsi que l'étendue de ces paroisses ait provoqué à plusieurs reprises, dans les siècles ultérieurs, de nouveaux démembrements. Ces divisions, nous n'avons ici qu'à les signaler. Dans les grandes *villae*, elles se modelèrent sur les divisions mêmes de la *villa*. Le *villare*, notamment en Septimanie, fut détaché de la *villa* primitive et forma à son tour, dans quelques cas, un groupe religieux et social. Ailleurs, quand la paroisse comprit plusieurs *villae*, ces unités diverses purent recevoir à leur tour une organisation ecclésiastique. L'Église procéda de deux manières, ou elle érigea ces territoires en paroisse ou elle se borna à y établir des chapelles, des églises succursales, desservies par un vicaire perpétuel ou amovible.

Mais, dans ses traits généraux, l'organisation paroissiale s'est bien adaptée au régime foncier et économique de la Gaule. Et, par une dernière transformation, peu à peu la *villa* devait disparaître, absorbée à son tour par la paroisse. C'est là un des faits les moins connus encore de notre histoire. Nous ne l'étudierons pas dans ces recherches, car il paraît bien postérieur à l'époque carolingienne. Il nous est signalé au xi⁰ siècle. Alors paraissent les premières chartes qui, dans l'étendue du comté, de la viguerie féodale, nous montrent la paroisse, division territoriale aussi bien que religieuse, substituée à la *villa.* Celle-ci disparut par une loi inévitable qui la réduisait en poussière. Le partage successoral, les ventes, les échanges, les donations avaient, dans bien des pays, morcelé son sol, introduit sur sa terre des maîtres divers, soumis ses habitants à des lois, à des justices différentes. L'unité économique disparut ainsi et un seul lien fut assez puissant pour retenir les hommes : la religion.

L'église devint donc le véritable centre. Autour d'elle comme autour du château fort, les habitants se groupèrent. En remplaçant la *villa*, la paroisse prépara à son tour le village. Et à travers toutes les modifications, les changements de l'histoire, cette organisation territoriale s'est maintenue. Elle a duré jusqu'à nos jours. C'est dans ces cadres que se sont constituées, dès la fin du xi⁰ siècle, les communautés de paysans, et c'est dans les vieilles limites de nos paroisses, qu'en règle générale, notre commune moderne s'est établie.

CHAPITRE II

LE GOUVERNEMENT INTÉRIEUR DE LA PAROISSE.

I. — LE CLERGÉ RURAL.

C'était un principe ancien et souvent inscrit dans le droit que chaque paroisse eût son chef. On l'appelait le recteur de l'église, *rector ecclesiae* [1]. Mais l'organisation ecclésiastique de la paroisse variait avec son importance ou son étendue.

Comme au VIᵉ siècle, un certain nombre de ces curés, archiprêtres, doyens, recteurs, réunissent autour d'eux un véritable clergé [2]. Prêtres, diacres ou clercs ont dans ce gouvernement leur place définie. Les premiers sont chargés du culte ; ils doivent desservir les succursales ou les chapelles fondées sur la paroisse. Les seconds assistent le curé dans la gestion du patrimoine ecclésiastique ; ils visitent les malades, surveillent les écoles, dirigent le chant. Les clercs assistent le prêtre à l'office.

1. « Rectores ecclesiarum. » Concile d'Arles, 813, c. 24.
2. Cf. notamment les *Capitula Theodulfi*. Migne, t. CV, p. 193. — *Capitula Riculfi*, id., t. CXXXI, p. 19. — *Marca hispanica*, p. 788. — Le synode de Francfort (794), c. 7, astreint spécialement les diacres ruraux à la résidence.

Ces derniers sont presque toujours des jeunes gens ou des enfants qui aspirent au sacerdoce. Chaque curé devait avoir son école et Théodulf nous montre bien que cette école était surtout un séminaire[1]. Le curé y formait ceux qu'il destinait au diaconat ou à la prêtrise.

Ces paroisses rurales étaient donc gouvernées par une véritable communauté. Mais il n'en était pas ainsi de toutes les paroisses. Beaucoup n'avaient qu'un prêtre pour les desservir. Les capitulaires épiscopaux durent même obliger ce prêtre à avoir auprès de lui un clerc pour l'assister à l'église et tenir l'école[2]. Parfois même, et malgré la défense des canons, il pouvait arriver qu'une paroisse fût administrée par le curé d'une paroisse voisine. Un prêtre du diocèse de Nîmes, Ansemire, détient deux églises : Saint-André-de-Costabalen et Sainte-Marie-d'Agarena[3]. Dans la *Marca hispanica*, les deux paroisses de Baltarga et de Say ont un recteur « commun[4] ». Un conflit éclate entre les habitants au sujet de la résidence de leur curé. L'évêque décide que « le prêtre et ses successeurs demeureront dans la *villa* « de Say depuis la vigile de Saint-Jean-Baptiste à la

---

1. Le capit. *de Presbyteris admonendis* (Boretius, p. 238) mentionne déjà l'obligation pour les prêtres ruraux d'avoir auprès d'eux des *scholarii* chargés de réciter les offices.

2. *Capitula Theodulfi*, c. 7 (Migne, t. CV, p. 194).

3. *Cart. de Nîmes*, p. 33.

4. *Marca hispanica*, p. 824. La législation carolingienne avait, en certains cas, autorisé cette dérogation au droit commun. Cf. *Capit. ecclesiasticum*, 818, c. 11. Boretius, p. 277 : « Ut unaquaeque ecclesia suum presbyterum habeat, ubi id fieri facultas providente episcopo permiserit. »

« vigile de Noël (23 juin-24 décembre) et qu'ils se ren-
« dront chaque jour à Baltarga avec leurs clercs ; qu'ils
« demeureront dans la *villa* de Baltarga depuis la vigile
« de Noël jusqu'à la vigile de Saint-Jean-Baptiste
« (24 décembre-23 juin) et qu'ils se rendront chaque
« jour à Say avec leurs clercs pour y célébrer le service
« divin ». Il est possible que les paroisses trop pauvres
pour entretenir un prêtre aient été ainsi confiées au recteur d'une église voisine. Nous avons d'autres exemples
de cet usage au ixe siècle.

Il pouvait se faire aussi que le gouvernement d'une
paroisse fût donné à un monastère ou à un chapitre.
L'église était alors desservie par une communauté de
moines ou de clercs séculiers soumis à la règle. Les
fonctions curiales étaient exercées par l'abbé, le prévôt
ou un de leurs délégués[1]. On sait que ces usages se
sont maintenus jusqu'à nos jours. Mais ils n'étaient pas
très répandus encore au ixe siècle. L'Église s'y montrait
peu favorable. Elle enseignait que la vie religieuse était
incompatible avec les devoirs du ministère. En réalité,
les évêques se souciaient peu de voir des communautés
monastiques à la tête des paroisses. Une corporation
obéit moins aisément qu'un homme. Chanoines ou religieux pouvaient trouver toujours dans leur règle, leurs
traditions, leur esprit même, les moyens efficaces de
résister au gouvernement de l'épiscopat.

On peut juger par ces faits de la variété que présentait

---

1. *H. L.*, t. V, p. 115 : « Cella Mucronio cum subjuncta sibi
parrochia. » — « Cella S. Martini... cum sua parrochiuncula. »

l'organisation ecclésiastique. Et nous verrons, en étudiant le patronage, combien ces différences s'accusèrent dans les paroisses soumises à un patron, abbaye ou seigneur. Le Concordat a mis dans nos institutions religieuses le même ordre, la même régularité que dans nos institutions administratives et politiques. Il n'en était pas ainsi dans l'ancienne France. Un diocèse était composé d'une foule de petits groupes qui dépendaient de juridictions diverses et n'avaient souvent entre eux aucun rapport.

Quelles que fussent ses formes, ce gouvernement avait ses règles communes et ses attributions définies. Le curé avait la juridiction dans sa paroisse, comme l'évêque dans son diocèse. Il célébrait le culte et enseignait les fidèles. Il administrait les sacrements, notamment le baptême et la pénitence. Il recevait les serments des fiançailles ou du mariage. Il enterrait les morts. Enfin, il avait la gestion des biens de la paroisse, passait les contrats, recevait les redevances des colons ou des hôtes, les dîmes, poursuivait en justice les usurpateurs du domaine et faisait rentrer les parcelles indûment aliénées. Il devait faire trancher au mall du comte les questions d'état soulevées par les serfs au détriment des droits de son église[1]. A ces pouvoirs, qu'il tenait de la religion, ajoutez ceux que lui donnait la loi : le droit de

---

1. Sur les droits du curé, cf. dans les chartes publiées par Thévenin un procès intenté devant le prévôt de Saint-Martin de Tours par un prêtre contre des laïques. Il s'agit ici d'une église abbatiale (857). Lorsque l'église était en patronage, l'action pouvait être exercée par le patron (Thévenin, *Textes pour servir à l'histoire du droit public et privé*).

rechercher, d'excommunier les malfaiteurs. Dans la
paroisse où il était établi, le curé n'était pas seulement
le représentant de l'évêque, mais aussi celui du roi[1]. Il
veillait à la fois, dans le désordre du temps, à l'observation du culte et au maintien de la paix publique.

Mais ce gouvernement ne s'exerçait que sous le contrôle du pouvoir épiscopal. La paroisse avait pu être
détachée de l'église de la cité ; l'évêque maintenait toujours sur elle sa juridiction. Il était resté dans son diocèse le pasteur commun des âmes, le chef suprême de
toutes les églises. Lui seul confirmait les croyants, consacrait les temples ; lui seul instituait les jeûnes, les
fêtes, relevait de la pénitence publique. Lui seul encore
jugeait des infractions aux lois du mariage, autorisait les
sépultures dans les églises. Il pouvait interdire le culte
ou excommunier les fidèles. Ainsi, son pouvoir était-il
toujours présent, toujours visible. Qu'on s'imagine l'in-
tensité du sentiment religieux, le goût des pratiques, la
crainte du surnaturel et des châtiments divins, on voit
combien l'autorité épiscopale dut être respectée et obéie
des populations.

Le clergé rural surtout était dans une rigoureuse
dépendance. La réforme ecclésiastique entreprise au
milieu du VIIIe siècle par saint Boniface, Pépin et Car-

---

1. *Capit. Caroli Calvi.* — *Capit. missorum*, 857, c. 8 : « Et
unusquisque presbyter imbreviat in sua parrochia omnes male-
factores... raptores, rapaces, adulteros, incestos, homicidas, latro-
nes, et eos extra ecclesiam faciat, nisi pœnitentiam agere voluerint. Si se emendare noluerint ad episcopi praesentiam perdu-
cantur. » Cf. *Capit. Karolomanni* (884), obligation de dénoncer
les voleurs au prêtre. Ed. Boretius, p. 292, 373.

loman, avait rétabli le pouvoir de l'évêque sur les prêtres
des campagnes [1]. Depuis 740 jusqu'à la fin du ixe siècle
on peut dire qu'une série de constitutions, capitulaires,
canons, actes épiscopaux affermirent les liens de la soumission. Chaque église d'abord dut avoir son prêtre, et
chaque prêtre tint de l'évêque ses pouvoirs et son titre.
En les recevant, le titulaire devait prêter un serment
d'obéissance. Mais les canons avaient en outre réservé
au chef du diocèse certaines attributions dans le gouvernement de la paroisse. Il devait d'abord veiller sur
ses prêtres, s'enquérir de la pureté de leur foi ou de
leurs mœurs, du genre de leur prédication, de l'administration des sacrements. Et ce n'était là qu'une partie de
ses droits. La haute surveillance du patrimoine ecclésiastique lui était confiée. Aucune aliénation, aucune
concession en bénéfice ne pouvait se faire dans une
paroisse sans son assentiment. Il s'occupait de l'entretien, de la restauration des églises, de leur mobilier, du
luminaire. La répartition de la dîme était faite par ses
soins. La *matricula* était soumise spécialement à sa surveillance ; chaque année, il envoyait un de ses ministres
contrôler les revenus de ce patrimoine des pauvres. Il
devait enfin, avec l'aide des *missi*, dresser un inventaire
(*imbreviare*) de tous les biens de la paroisse. Il n'était

---

1. *Cap. Karlmani* (742), c. 3. « ...Ut unusquisque presbiter in
parrochia habitans episcopo subjectus sit illi in cuius parrochia
habitet.»— *Capit. Suessionense* (744), c. 4. «...Unusquisque presbyter, qui in parrochia est, episcopo obediens et subjectus sit. » Boretius, t. I, p. 25, 29. — *Conc. Vernense* (755), c. 8. « Ut omnes presbyteri qui in parrochia sunt sub potestate episcopi esse debeant. »

pas d'acte important de l'administration paroissiale auquel l'évêque ne prît part [1].

Quand on lit les Capitulaires, on est frappé du nombre, de la minutie des règlements qui rappellent et précisent ces pouvoirs de l'évêque sur les églises de paroisse. Charlemagne et Louis le Pieux cherchèrent ainsi à affermir, à tous les degrés de la hiérarchie, l'autorité et l'obéissance. L'Église elle-même n'avait pas failli à cette tâche. Elle avait armé l'épiscopat contre les écarts possibles de ce presbytérat rural. Tous les ans, l'évêque était tenu de visiter son diocèse et d'inspecter les paroisses [2]. Tous les ans aussi, pendant le carême, les prêtres devaient se rendre à son synode. Nul ne pouvait se dérober à une convocation envoyée par l'archidiacre. Le comte pouvait se saisir des opposants et les conduire de force à l'assemblée en leur infligeant une amende de 60 sous d'or [3]. A ce synode, les recteurs des églises devaient rendre compte de leur ministère, de leur prédication, de l'administration du baptême, de la célébration du culte. Le synode fini, ils recevaient de l'évêque le chrême consacré. Ainsi, les clercs ruraux étaient sans

1. Ces attributions sont rappelées dans divers documents. Voyez d'abord les capitulaires ecclésiastiques de Charlemagne. Boretius, p. 119, 136, 182, 232. — le *Capitulare ecclesiasticum* de 818, *id.*, p. 277. — les conciles de Paris (829), I, c. 15, Aix (836), II, c. 4 et suiv. — Hincmar, *De officiis episcoporum* (Migne, t. CXXV, p. 1087).

2. *Concilium Arelatense* (813), c. 17.

3. *Capit. anni* 754-755, c. 3. Louis le Pieux admit pourtant que les prêtres éloignés n'envoyassent qu'un délégué, un par huit ou dix. Boretius, p. 278. Cette disposition entra dans le droit ecclésiastique.

cesse soumis à la surveillance de l'ordinaire, et les canons avaient fait si étroite cette dépendance, que sa juridiction les suivait partout, hors de leur paroisse, hors du diocèse. Aucun prêtre ne devait quitter son *titulus* sans des lettres dimissoires et l'absence même ne brisait pas les liens qui l'unissaient à son chef [1]. Le prêtre pouvait renoncer à sa charge ; il ne pouvait se soustraire au pouvoir épiscopal.

Soumis à l'autorité de son évêque, le prêtre rural dépendait encore des représentants directs du pouvoir diocésain, l'archidiacre et le doyen rural.

Les attributions des archidiacres étaient très étendues [2]. Nombreux étaient les cas où ils avaient à intervenir dans le gouvernement de la paroisse. Ils étaient tenus de parcourir, chaque année, leur district. Ils devaient y faire le relevé exact du nombre des *tituli* et des chapelles, y noter l'existence des oratoires privés, des églises fondées et ouvertes sans l'autorisation de l'ordinaire. En l'absence de l'évêque, ils étaient chargés d'installer les doyens. Surtout, on leur avait confié l'enquête sur les clercs qui se présentaient à l'ordination ou venaient s'établir dans leur *pagus*. En un mot, tout le recrutement du clergé rural se faisait sous leur surveil-

---

1. Le prêtre en révolte contre son évêque ne pouvait être accueilli au Palais. Il était interdit aux clercs de la chapelle royale, sous peine d'excommunication, de le recevoir. « Synodus Franconofortensis » (794), c. 38. Boretius, t. I, p. 77.

2. Sur ces attributions des archidiacres, cf. Hincmar, *Capit. archidiaconis data* (Migne, t. CXXV, p. 799-804). — « Indiculum de archidiacono ad archidiaconum. » Zeumer, *Formulae*, p. 263. — *Capit. Walterii Aurelianensis*, 1-2.

lance. Comme l'évêque, ils prenaient part à l'administration des biens de la paroisse. Ils se rendaient compte
de l'emploi des revenus affectés à l'entretien de l'église
ou de la matricule. Ils veillaient enfin à la régularité du
culte, à la correction des livres saints, des antiphonaires,
à la réconciliation des pénitents. Mais ils n'exerçaient
de pouvoir disciplinaire que sur les clercs d'ordre inférieur et les diacres[1]. Encore ne pouvaient-ils, sans
l'assentiment de l'évêque, les retrancher de la communion.

Les fonctions des doyens ruraux étaient assez semblables à celles des archiprêtres de l'époque mérovingienne. Intermédiaires naturels entre l'évêque et les
prêtres établis dans leur décanie, ils devaient leur transmettre les mandements ou les lettres, en assurer la
publication dans chaque paroisse ou chapelle. Tous les
ans, ils devaient réunir leur clergé. Ces conférences
étaient consacrées à la prière et à l'étude, spécialement
à la lecture et au commentaire de l'Écriture sainte. En
réalité, le doyen était un surveillant établi par l'évêque
dans un district peu étendu. Chaque prêtre devait lui
rendre compte de sa vie, de son enseignement, de sa
gestion, de l'état de son église, de ses œuvres, de son
école. Il tenait un registre exact de tous les clercs attachés à une paroisse, à un *martyrium*, à un oratoire, et
s'assurait de la validité de leurs pouvoirs[2].

Tout ce gouvernement reposait donc sur cette idée :

1. Varin, *Archives administratives de Reims*, t. II, p. 31, 32.
2. Hincmar, *Capit. decanis data* (Migne, t. CXXV, p. 777-779).
— *Capit. presbyteris data, id.,* p. 777.

assurer l'obéissance. Surveillé par cette hiérarchie savante et inflexible, le prêtre rural ne devait plus être qu'un des rouages de l'énorme machine ecclésiastique que l'évêque faisait mouvoir. Mais cette législation avait aussi créé des garanties. Elle avait reconnu des droits. La première force de ce clergé rural était d'être choisi par d'autres que par son chef. Le grand principe que l'Église avait reconnu, « l'élection », semble appliqué dans les paroisses. Elle en avait fait d'abord une conséquence et un privilège du patronage. Tout fondateur d'une église avait le droit de choisir le titulaire de cette église. Ainsi, une foule de monastères, de chapitres, de seigneurs présentaient les candidats aux cures qu'ils avaient dotées. En était-il de même dans les paroisses publiques, et le droit de présentation était-il exercé par les habitants ?

Aucun document ne nous le dit. Mais au viie siècle nous constatons, en Bavière et en Italie, l'existence de ce consentement. En Gaule, au ixe siècle, nous savons que l'évêque ne nomme pas les chefs des paroisses. Dans ses *Capitula* adressés aux archidiacres du diocèse de Reims, Hincmar écrit : « Si je suis éloigné, instituez provisoire-« ment le doyen qui a été choisi, jusqu'à ce que ce choix « soit venu à ma connaissance et qu'il soit confirmé ou « changé par ma décision[1]. » On voit par ce texte que l'évêque se bornait à confirmer « l'*electio* », à conférer l'ordination et les pouvoirs au clerc qui avait été choisi.

---

1. Migne, t. CXXV, p. 803 : « Si ego in longinquo sum, decanum illum qui electus est interim constituite, donec ad meam notitiam electio illa referatur, et mea constitutione aut confirmetur aut immutetur. »

Ce choix était-il fait par l'archidiacre ? Hincmar ne le dit pas expressément et nous ne croyons pas que l'archidiacre ait eu un tel pouvoir. L'*electio* des paroisses devait ressembler assez fidèlement à celle de la cité épiscopale. Il n'y faut chercher ni scrutin, ni vote régulier, ni majorité exprimée par des suffrages. Mais il était conforme au droit canonique que les habitants fussent consultés. Aussi à la mort de leur prêtre devaient-ils avertir l'archidiacre de la vacance [1]. L'*electio* se faisait sans doute dans une assemblée composée des villageois, du clergé de la paroisse et sous la présidence de l'archidiacre ou du doyen. L'accord était facile. Nous avons vu que chaque paroisse un peu importante avait son collège de clercs, de diacres et de prêtres. Et l'usage s'était maintenu de choisir dans ce clergé rural celui qui devait le gouverner.

L'élection pouvait porter sur un prêtre. Dans les doyennés, celui-ci était installé par l'archidiacre [2]. Souvent aussi, un simple clerc pouvait être choisi. L'élu devait être alors conduit à l'évêque pour recevoir de ses mains l'ordination presbytérale et l'investiture ecclésiastique. La cérémonie était publique [3], et les délégués de la paroisse vacante y pouvaient être convoqués. Le

1. Cf. pour les églises en patronage, Zeumer, *Formulae*, p. 261 : « Indiculum ad archidiaconum, » dans le recueil des *Formulae salicae Merkelianae.* — Cf. *id., ibid.*, une autre formule d'un abbé à un archidiacre, p. 260.

2. On peut en juger par le diplôme que l'archidiacre remet à l'archiprêtre dans les formules mérovingiennes. Zeumer, p. 170.

3. Sur la publicité de l'ordination, cf. Hincmar : « Adversus Hincmarum Laudunensem libellus » (Migne, t. CXXVI, p. 563). — *Admonitio generalis* (789), c. 2. — *Capit. missorum* (802), c. 1.

candidat était conduit par l'archidiacre à l'évêque. Celui-ci l'examinait avec soin sur sa vie, ses mœurs, sa science [1]. Puis, l'évêque, s'adressant au peuple, lui demandait son témoignage et son assentiment. Le peuple répondait : « Il est digne. » Le clerc était ordonné suivant les formules liturgiques et, la messe terminée, recevait un *libellus* mentionnant l'ordination et le titre qu'il avait reçu [2].

Si respectable pourtant que dût être le *consensus* populaire, l'Église n'avait pas entendu désarmer la hiérarchie contre les mauvais choix. Elle avait cherché, par de sages mesures, à exclure les incapables ou les indignes. Aucun clerc ne pouvait arriver à la prêtrise avant trente ans, au diaconat avant vingt ans [3]. Il était interdit aux évêques d'ordonner les illettrés. Quant aux indigents, ils n'étaient pas exclus du sacerdoce, mais, une fois promus au diaconat ou à la prêtrise, ils ne pouvaient se rendre acquéreurs de biens fonciers pour leur compte et en leur nom [4]. La hiérarchie ne s'était pas

---

1. Nous avons conservé quelques formules et quelques règles relatives à cet examen. Capitulaires (Boretius, p. 100, 234). Les prêtres devaient savoir le Symbole, les Canons, le Pénitentiel, la Liturgie, et pouvoir lire et commenter les Évangiles et les homélies des Pères.

2. L'acquisition d'une paroisse pouvait se faire aussi par la prescription trentenaire. *Capit. a sacerdotibus proposita*, c. 17 : « Ut qui... parrochiam per triginta annos sine alicuius interpellatione tenuerit, jure perpetuo possideat. » Nous croyons que ce texte peut s'appliquer au prêtre non régulièrement investi.

3. Synodus Franconofortensis (794), c. 49. — *Capit. missorum* (802), c. 26). — *Capit. ecclesiasticum* (818), c. 6.

4. *Admonitio generalis* (789), c. 21, 22. — Hincmar, *Litterae datae Hedenulfo* (Migne, t. CXXVI, p. 273).

montrée plus favorable à l'ordination des serfs. Elle avait
depuis longtemps réclamé leur affranchissement préalable. Mais les seigneurs se souciaient peu de cette règle.
Ils confiaient volontiers à leurs serfs la direction de leurs
églises ou ne se faisaient pas faute de faire rentrer dans
la servitude les clercs promus au sacerdoce au détriment
de leurs droits. La législation civile intervint. Un capitulaire de 818 régla à l'avenir les conditions de validité
requises pour l'ordination des serfs, en conciliant les
droits de l'Église, des maîtres et, dans une certaine
mesure, ceux des serfs ordonnés de bonne foi [1].

Une autre garantie reconnue à ce clergé rural était
l'inamovibilité du titre. L'Église avait d'abord interdit
toute translation de paroisse à paroisse, sauf une grave
nécessité. Un prêtre était pour la vie uni à ses fidèles [2].
Mais cette union, nul ne pouvait la rompre sans des

1. Boretius, p. 276. En voici le dispositif : 1° l'ordination des
serfs fugitifs ou convaincus de fausse déclaration sur leur état est
nulle ; 2° quant aux serfs établis à la suite de leurs parents, hors
de leur province d'origine, et ordonnés de bonne foi, ils seront
rendus à leurs maîtres, si leurs maîtres les réclament ; sinon, ils
garderont leur office ; 3° l'évêque pourra, s'il le juge bon, ordonner des serfs ecclésiastiques, mais ils devront être affranchis
devant l'autel ; 4° le maître gardera toujours le droit de retenir le
pécule du serf élevé à la cléricature. Ceux qui sont ordonnés
sans pécule seront soumis aux règles qui s'appliquent aux clercs
indigents. — On peut lire dans les *Formulae imperiales* (Zeumer,
p. 311) une formule d'affranchissement d'un serf ecclésiastique,
ad ordines. Le cas devait être assez fréquent. Cf. Stutz, *ouv. cit.*,
p. 248-253.

2. Les translations de paroisse à paroisse étaient interdites,
sauf dans certains cas de force majeure. Capitulaires (802), c. 13 :
« devotus usque ad vitae permaneat exitum » (Boretius, p. 107).

formes prescrites par les canons. Le patron d'une église en pouvait bien choisir le titulaire; il ne pouvait lui ôter sa charge. L'évêque lui-même n'avait pas le droit de déposer un prêtre ou un diacre sans un jugement régulier. Le clerc coupable devait être jugé publiquement. La législation avait établi toute une procédure pour laisser le moins de prises possible à l'arbitraire. Elle exigeait une enquête, la comparution des accusateurs, des témoins, une discussion contradictoire. Elle avait énuméré les cas de déposition. Elle remettait le jugement au synode épiscopal. Ainsi, l'évêque ne pouvait frapper sans explications et sans motifs un clerc même prévaricateur. Et ce dernier avait encore le droit de faire appel de la sentence au synode métropolitain et au pape. Cette législation pénale était faite pour empêcher qu'un clerc fût dépossédé sans jugement [1].

Ainsi, par ces mesures, l'Église avait pensé établir l'ordre dans les institutions comme dans les consciences. Toutes ces règles protectrices étaient destinées à assurer

---

1. Cf. Hincmar : « De judiciis et appellationibus episcoporum et presbyterorum. » — « De presbyteris criminosis. » Migne, t. CXXVI, p. 231 et suiv. ; — t. CXXV, p. 1108 et suiv. Les cas de déposition sont : 1º le refus de comparaître à une citation légale; 2º la comparution du prêtre devant un tribunal séculier; 3º le flagrant délit; 4º le vol des biens ecclésiastiques ou tout attentat violent à la propriété; 5º l'infamie notoire. — Le capitulaire de 769, c. 14, 15, avait édicté la déposition pour refus d'obéissance aux canons ou aux décrétales, pour refus d'administrer les sacrements. Un capitulaire d'Aix (809), c. 21, punit de la même peine la vente du saint-chrême, son emploi à des usages profanes. Hincmar ne paraît pas avoir maintenu ces dispositions.

à son gouvernement ce qui est le plus nécessaire aux gouvernements : l'unité de direction, l'obéissance de tous et la justice pour tous. A maintes reprises, dans ses conciles, dans ses lois, dans ses écrits, elle avait tracé l'idéal du prêtre. Elle l'avait voulu libre. Elle lui avait interdit de devenir l'homme d'un grand, d'entrer dans le vasselage : et elle avait interdit aux grands d'entraver sa mission, d'usurper son domaine, d'attenter à sa liberté. Elle l'avait voulu instruit et pur. Bien des efforts avaient été faits pour donner à ce clergé rural la science aussi nécessaire que la vertu. Elle avait exigé de lui la connaissance des canons, des Écritures, du chant. Elle avait créé à son usage des conférences, confié à ses soins les écoles publiques, appelé son dévouement sur toutes les misères qui grandissaient.

Mais ces mesures étaient déjà vaines. Un des traits de cette société est que les mœurs y sont plus fortes que les lois et que la façade des institutions cache mal l'anarchie intérieure qui les menace. Les abus se défendaient contre le droit, et ils finirent par rester maîtres. Nous ne voyons pas assurément que ce clergé fut pire que beaucoup d'autres ; mais il n'était plus celui des origines. Des sentiments moins nobles avaient étouffé le désir de conquérir les âmes. Malgré les canons, la surveillance de leurs chefs, beaucoup de ces prêtres ruraux aspiraient à l'indépendance. Ils quittaient leur paroisse, erraient dans les diocèses sans vouloir être attachés à aucun titre. D'autres, par ambition, par pauvreté, pour avancer ou pour vivre, se mettaient à la remorque des grands. Ils se recommandaient, obtenaient

un bénéfice et désertaient leur cure pour la chapelle du
château. Ceux même qui gardaient leur église deve-
naient les hommes du seigneur local, ses intendants, les
gérants de ses domaines. Déjà le clergé rural entrait
dans la féodalité.

Le grand mal dont souffrait cette société, l'absence de
sécurité, poussait l'Église comme le peuple dans les
bras du séniorat. Les évêques se recommandaient au
roi, les prêtres ruraux aux grands. Nous verrons ailleurs
comment ces règles du patronage et de la fidélité s'ap-
pliquèrent dans l'Église et devinrent la forme de l'obéissance. Elles brisèrent les liens réguliers de la hiérarchie et la belle ordonnance de l'œuvre législative des
conciles carolingiens. Elles mirent enfin le clergé rural
sous la dépendance des seigneurs.

II. — LE PATRIMOINE ECCLÉSIASTIQUE

Comme l'église épiscopale, comme le monastère,
l'église rurale avait son patrimoine, *dotalicium*. Ce
patrimoine se composait de biens-fonds, des dîmes, des
offrandes, des droits divers payés par les paroissiens.
Nous devons voir quelle était sa valeur et par quelles
règles il était administré.

LE DOMAINE

La paroisse devait avoir un patrimoine territorial.
Dans l'acte même de sa fondation, l'église rurale recevait en dot des terres et des serfs. C'est pour

assurer cette dotation que la législation impériale en
fixa la valeur. Louis le Pieux voulut que chaque
église possédât un domaine convenable, au moins
« un manse de douze bonniers, une *curtis* et quatre
« esclaves ». Cette disposition du capitulaire de 818
entra dans le droit ecclésiastique. Elle est renouvelée à plusieurs reprises pendant le ixe siècle [1]. Elle
marque un minimum. Mais il était rare qu'une paroisse
n'eût dans son domaine que le *mansus* légal et que ce
manse ne comptât que douze bonniers. L'Église avait de
bonne heure promulgué certaines règles qui contri-
buaient beaucoup à étendre son patrimoine. C'est ainsi
qu'elle exigeait des prêtres nommés à un *titulus* l'apport
d'une dot. Cette règle n'était pas toujours observée, et
elle ne pouvait l'être, mais, dans bien des cas, une partie du patrimoine ecclésiastique fut constituée par les
dons des prêtres ou des clercs. Surtout, sa formation fut
l'œuvre anonyme des fidèles. Nous avons conservé le
souvenir des donations qui furent faites aux évêchés ou
aux monastères. Aussi nombreuses furent assurément
les libéralités faites aux paroisses. Chaque habitant
tenait à cœur de marquer sa dévotion par quelque générosité. Venait-il à faire entrer son fils dans les ordres, à
partir pour l'armée, à obtenir quelque grâce, il offrait
son champ et sa vigne. Était-il en danger de mort, il
croyait racheter ses fautes en se dépouillant : il mettait
le saint sur son testament [2]. Les croyances étaient plus

1. *Capit.* 818, c. 10 (Boretius, p. 277). Cf. édit de Pitres (864),
c. 2. — *Capit. missis datum* (865), c. 11. — Pitres (868), c. 9.
2. Exemples de donations aux paroisses. *Cart. de Brioude,*

fortes que l'intérêt matériel. Elles eurent leur influence économique ; c'est par elles que ce grand patrimoine de l'Église s'est constitué.

Ces donations étaient très diverses, depuis le simple arpent de terre jusqu'au manse. Or, ce patrimoine était inaliénable : il grandissait toujours, mais il était très rare que l'Église le cédât à d'autres mains.

Le nombre de ces traditions fut même assez grand pour que la royauté y vît un danger social. En principe, la loi civile avait reconnu la liberté entière des donations. Mais les rois ne tardèrent pas à en voir le péril. Souvent, celles-ci étaient faites en fraude de leurs droits. L'homme libre donnait sa terre pour échapper au service militaire, à l'impôt. Ou bien, les tenanciers établis sur les *villae* du roi ou des grands vendaient leur tenure à l'église locale ou au prêtre, se réservant leur habitation seule. Ce système, à la longue, n'eût-il pas risqué de tarir les sources de l'impôt ou de briser l'unité des domaines, l'organisme économique ? Les Carolingiens le pensèrent. Un capitulaire de 818 interdit le don des *terrae censales* sans autorisation spéciale : encore, l'église autorisée à acquérir dut-elle payer le *tributum* aux lieu et place du concédant[1]. Charles le Chauve

p. 185. — *H. L.*, t. V, p. 165. — *Marca hispanica*, p. 824. — Lacomblet, n°s 4, 5. — *Cart. de Cluny*, p. 119, 148. — La loi civile avait favorisé ces donations. Cf. *Capit. legibus addit.* (803), c. 6 : « Qui res suas pro anima sua ad casam Dei tradere voluerit traditionem faciat coram testibus legitimis et quae hactenus in hoste factae sunt traditiones, de quibus nulla est questio stabilis permaneant. »

1. *Capit. per se scribenda* (818) (Borctius, p. 287) : « Quicumque

étendit cette défense. En 865, il décida que toutes les terres données ou recommandées à une église par un « infidèle », pour éviter la confiscation, seraient réunies au fisc. Le célèbre capitulaire de Pitres garantit aussi bien le droit du seigneur que celui du roi contre les aliénations faites par leurs tenanciers. Il les frappa de nullité, obligea les prêtres ruraux à restitution [1]. Ainsi les rois essayaient de défendre à la fois la petite propriété et le grand domaine, l'intérêt du fisc et celui du seigneur. Là encore se retrouve la même politique : maintenir l'unité dans la *villa*. Mais ces réserves ne suffirent pas à protéger la propriété individuelle. Et il est probable qu'en raison même des désordres du temps, l'Église eût bientôt mis la main sur la plus grande partie du sol, si elle-même n'avait été victime de violences et de convoitises qu'elle était impuissante à réprimer.

Chaque église devait avoir un inventaire de ses biens-fonds, *praeceptum*. Nous pouvons nous faire, par les polyptyques et les chartes, quelque idée de cette propriété foncière. L'église de Vic, en Bourgogne, possède huit manses et une petite forêt [2]. Les trois églises de la *villa Sarazagus* détiennent cinq, douze et quinze

terram tributariam... vel ad ecclesiam vel cuilibet alteri tradiderit, is qui eam susciperit, tributum quod inde solvebatur omnimodo ad partem nostram persolvat; » sauf une charte d'immunité.

1. Pitres, 864, c. 30. *Capit. missis data* (865), c. 5, c. 6. Il faut remarquer que cette disposition s'applique aussi aux biens des monastères. On sait combien les rois avaient intérêt à les défendre.

2. Bulliot, *loc. cit.*, t. II, p. 12.

manses [1]. L'église de Belmont-en-Quercy a sept manses [2]. Des églises de Saint-Bertin, Quelmes possède douze bonniers, Coyecques dix-huit, Gisnes douze [3].

Voyez les églises de Saint-Germain-des-Prés [4].

Palaiseau a deux églises : la première détient vingt-un bonniers et deux ansanges de terre, six arpents de prés, sept de vigne ; la seconde, celle de Gif, six bonniers et demi de terre, cinq arpents de prés, cinq de vigne, un bonnier de bois et sept hôtes.

Épinay-d'Orge : un manse, comprenant quatre bonniers de terre, sept arpents et demi de vigne, trois de prés.

Villemeux : vingt-quatre bonniers de terre, un arpent de vigne, quatre de prés, un bonnier de pâture et en plus six manses.

Le Boullay : vingt bonniers de terre, trois de pâturage, six hôtes.

La Celle-les-Bordes : vingt-deux bonniers de terre, quatre arpents de vigne, un arpent trois quarts de pré.

Villeneuve-Saint-George : vingt-sept bonniers de terre arable, dix-sept arpents de vigne, vingt-cinq de prés.

On voit par ces chiffres combien la dotation de ces églises rurales était souvent considérable et combien aussi leur domaine pouvait varier.

1. *Cart. de Brioude*, p. 292.
2. *Cart. de Beaulieu*, p. 83. Cf. d'autres exemples, p. 95, 97, 242. L'église de Camps a sept manses vêtus, celle de Lapleau trois.
3. *Cart. de Saint-Bertin*, p. 97 et suiv.
4. *Polyptyque*, p. 7, 8, 66, 99, 100, etc.

L'organisation de ce domaine ne différait guère de l'organisation de la *villa*. Celle-ci était divisée en parties distinctes : le *mansus indominicatus*, les tenures, les *communia*. Nous retrouvons ces divisions dans les biens-fonds de la paroisse. Toute une partie d'abord était réservée au prêtre. C'était l'ensemble des bâtiments où il se logeait, où il logeait sa récolte : le presbytère, la grange, l'écurie, puis le jardin et les terres cultivées directement et à son profit, soit par les *mancipia*, soit par les hôtes. Une autre partie est divisée en tenures, *mansus* ou *hospitia*, cultivées par des tenanciers : hôtes, colons ou serfs. Ces tenanciers devaient d'abord des journées pour la culture des terres presbytérales. Sur leur lot, ils payaient également des redevances en argent ou en nature. Ceux de l'église d'Aunay doivent à l'église et au prêtre un jour de travail par semaine, un poulet et des œufs ; ceux de Souzy, six deniers [1]. Quant à leur condition, elle dut être très variable. Les terres paroissiales des églises du polyptyque sont cultivées surtout par des hôtes de condition libre, mais nous ne pouvons dire si ce système fut en usage partout.

A ces tenures s'ajoutaient enfin les pâquis ou les bois destinés à l'élevage des porcs, des chevaux, du gros bétail. On voit que ce domaine ecclésiastique était cultivé suivant les mêmes règles que la *villa*.

Comme dans la *villa*, il pouvait se faire qu'une por-

---

1. *Polyptyque*, p. 144 : « Hospites duo qui faciunt diem unum in unaquaque ebdomada et solvunt... pullum unum cum ovis. » P. 153 : « Hospitia v..., præter unum qui solvit ad ipsam ecclesiam denarios sex. »

tion fût concédée en précaire ou en bénéfice. Nous avons quelques exemples de ces concessions. Les bénéficiers devaient payer un cens annuel à l'église. A Saint-Germain-de-Tramayes, à Souzy, le cens est de huit *solidi*. Ce genre d'aliénation des terres paroissiales devint même très fréquent au xe siècle [1]. Quelques actes de ce temps nous mentionnent des donations faites aux églises rurales avec réserve d'usufruit ou une clause de précaire. Les détenteurs s'engagent à payer un cens, leur vie durant, mais ils jouissent de leur champ ou de leur vigne, et le sol fait retour à l'église après leur mort. Ainsi, soit sur l'initiative des curés, soit par la volonté même des donateurs, un certain nombre de biens-fonds dépendant des paroisses furent de bonne heure aliénés sous une forme conditionnelle. Nous retrouvons là encore dans les paroisses les mêmes usages qui nous sont signalés sur la terre des abbayes, des évêchés, des rois ou des seigneurs.

Cette distinction entre la part du prêtre, les tenures, les bénéfices aura son importance. Nous la verrons s'accuser surtout dans les églises constituées en patronage.

LA DÎME

A ce domaine foncier s'ajoutaient les produits de la dîme. Rendue obligatoire à la fin du viiie siècle, par les

1. *Cart. de Mâcon*, p. 238. — *Polyptyque*, p. 153 : « Habet ad ipsam ecclesiam de beneficio mansum i qui solvit de argento solidos viii. »

capitulaires et les canons, elle devait être payée à l'église
paroissiale par les habitants de la paroisse. Chaque district
ecclésiastique devint ainsi un district financier qui dut
être délimité avec précision [1] et qui le fut en effet dans
les *libelli dotis* des églises. Dans ce district, toutes les
terres, quel que fût le maître qui les possédât, furent
soumises au même tribut. Cette règle était absolue. Le
capitulaire de Salz [2] déclare que tout propriétaire qui
bâtit une église sur son domaine n'en doit pas moins la
dîme à l'église paroissiale; que les évêques ou abbés
qui possèdent des terres dans les paroisses sont également tenus de cet impôt, de même les bénéficiers des
terres ecclésiastiques. A cette loi, le capitulaire *de Villis*
semble faire une exception. Il réserve à l'église du fisc
la dîme levée sur les terres du fisc, sauf dans les localités où l'usage en avait réglé l'emploi; mais il faut
remarquer que la plupart de ces domaines formaient
déjà des paroisses. La réserve introduite dans la loi
s'appliqua naturellement aux parcelles ou aux *villae*
mêmes du roi qui restèrent enclavées dans une paroisse
anciennement établie.

La création des paroisses nouvelles donnait lieu à une
répartition nouvelle des dîmes. Cette répartition,
l'évêque seul pouvait la faire. En consacrant l'église, il
devait, nous l'avons dit, énumérer avec soin les

---

1. *Capit. anni* 811-813, c. 10. Boretius, p. 178. Charlemagne fit-
il faire, à ce sujet, un cadastre des territoires paroissiaux? Nous
l'ignorons, mais il semble bien qu'il y eut eu alors une délimita-
tion plus précise des paroisses.

2. *Capit. de Salz*, c. 2, 3.

domaines soumis à la redevance. Il y était tenu par la loi civile (capit. 811-813), et nous voyons par les chartes de fondation que cette règle fut observée. On pensait éviter ainsi toute contestation entre les paroisses et les mettre à l'abri des usurpations ou des fraudes.

Le principe formulé par le droit était donc que chaque paroisse eût sa dîme. La dîme est, à l'origine, une redevance paroissiale. Aussi, le recteur de l'église était-il chargé de la percevoir. Il tenait un registre de ceux qui y étaient soumis et devait la faire rentrer à l'époque fixée par la coutume [1]. Toute résistance, tout refus des paroissiens exposaient à une sanction pénale. Si un avertissement du prêtre ne suffisait pas, le réfractaire était soumis à une amende, excommunié, et le comte ou le vicaire devait le contraindre à payer son dû [2]. Les plaintes nombreuses des conciles du IXᵉ siècle nous montrent que ces pénalités étaient souvent sans résultats. Propriétaires ou colons ne se résignaient pas facilement à une redevance qui leur enlevait le dixième des produits de la récolte. Alors, comme à la fin de l'ancien régime, la dîme ne paraît pas avoir été très populaire dans les campagnes, et, pour en assurer le payement, la législation ecclésiastique ou civile dut constamment intervenir.

---

1. « *Breviarium missorum aquitanicum,* » 789, c. 11. *Capit. anni* 802, c. 7 (Boretius, p. 106).

2. Un capitulaire (787-814) nous donne le tarif des amendes imposées : six solidi, puis, en cas de nouveau refus ou de récidive, six solidi et en sus le bannus royal, enfin l'excommunication (Boretius, p. 186).

Cette redevance affectait la terre, non la personne. La dîme était due par toute propriété rurale enclavée dans la paroisse [1]. Nous avons vu que les terres des évêchés, des monastères, des chapitres y étaient soumises comme celles des particuliers et même du roi. Les bénéficiers, les usufruitiers du domaine paroissial ou de tout autre bien ecclésiastique y étaient également tenus, et le payement de la dîme s'ajoutait à la redevance qu'ils payaient à l'église pour la jouissance de sa terre. Nous voyons des femmes, des Juifs [2] astreints à payer la dîme, en raison même des champs, prés, vignes qu'ils possèdent. La loi ne tenait compte, ni de la condition des personnes, ni même du mode de possession du sol.

Nous savons moins comment le propriétaire s'acquittait envers l'église. Ceux qui ne possédaient qu'un petit lot qu'ils cultivaient eux-mêmes ou faisaient cultiver par quelques serfs la payaient sans doute directement. Dans le grand domaine, la levée dut être un peu différente. Chaque colon ou chaque hôte acquittait la dîme sur les produits de sa tenure, le maître sur les produits du manse seigneurial, sa maison et son *curtil* [3]. Mais, quel que fût le mode de perception, la dîme était générale. L'église la prélevait sur toute terre et sur toute sorte de produits : sur les récoltes, les céréales, le vin, le foin, sur le croît du bétail, etc...

1. *Capit. anni* (802), c. 6 : « Ut unusquisque sacerdos cunctos sibi pertinentes erudiat, ut sciant qualiter decimas totius facultatis ecclesiis divinis debite offerant. »
2. *H. L.*, t. V, p. 105.
3. Boretius, p. 336, fragment d'un capitulaire mutilé, c. 8.

Elle avait imposé aussi les produits du travail industriel[1]. Déjà, du temps de Théodulf, chaque artisan était tenu de donner à l'église une part des objets qu'il fabriquait et mettait en vente. Cette disposition permet de croire que l'église percevait la dîme sur les gynécées et les ateliers attachés au manse seigneurial. La même règle est formulée au concile de Trosly en 909, qui ajoute à cette dîme celle de la fabrication des armes[2]. L'impôt était bien devenu un impôt d'un dixième sur la production du sol ou le travail de l'homme.

Ainsi prélevée, la dîme devait être portée à la grange presbytérale et remise entre les mains du prêtre. Celui-ci la divisait devant témoins en quatre parts, pour son entretien, pour l'église, la matricule, l'évêque. Le partage était soumis au contrôle de l'archidiacre, qui devait veiller à ce que chacune de ces parts reçût sa destination[3].

Il ne semble pas que le prêtre ait pu autoriser les paroissiens à convertir leur dîme en une somme d'argent équivalente. Peut-être pouvait-il vendre la part qui était affectée à l'entretien de l'église. Il est difficile de penser qu'il ait pu en tirer parti autrement.

Nous ne pouvons savoir ce que rapportait la dîme à une église. Une telle évaluation est impossible. Mais le

---

1. *Concil. Arelatense* (813), c. 9. *Capit. anni* (818), c. 5 (Boretius, p. 287). *Capit. Theodulfi*, c. 35 (Migne, t. CV, p. 202).

2. *Concil. Trosleianum*, c. 6. Labbe, t. IX, p. 538 : « De militia, de negotio, de artificio, de lanarum tonsione. »

3. Hincmar, *Capit. decanis data*, c. 16, p. 779 : « Ut ex decimis quatuor portiones fiant juxta institutionem canonicam... »

produit dut être considérable et la dîme semble avoir
fourni le revenu le plus abondant des églises rurales.
Aussi, de bonne heure, ce revenu leur est-il contesté et la
législation fut-elle impuissante à en assurer la jouissance
aux paroisses. L'usage s'établit d'abord de concéder à des
succursales ou à des chapelles une part des dîmes paroissiales. Les abbayes prétendirent également se réserver
les dîmes de leurs terres. Enfin, les grands, sur leurs
domaines, les détournèrent à leur profit. Dès le IXe siècle,
les dîmes sont usurpées par les seigneurs, cédées, vendues, inféodées aussi bien dans leurs paroisses que dans
les paroisses libres. Nous verrons se transformer ainsi
le caractère primitif de la dîme. Elle devient une redevance seigneuriale, elle cesse d'être le tribut offert par
les habitants à leur église et à leur saint.

OBLATIONS

Nous avons moins de renseignements sur les oblations
faites par les fidèles. Elles étaient de deux sortes. Les
unes étaient faites à la messe solennelle et portées à
l'autel pendant l'introït ou avant la lecture de l'évangile ;
les fidèles présentaient au prêtre, suivant une coutume
ancienne, du vin, du pain, des cierges. On appelait cette
offrande les *eulogiae* [1]. Mais sous ce nom d'*oblationes*,
la langue du temps désignait encore les cadeaux faits à
l'église en échange d'une faveur obtenue, à la suite d'un

---

1. Hincmar, *Capit. presbyteris data*, p. 777. — *Cart. de Saint-
Chaffre*, p. 40.

vœu, comme rachat d'une faute. Parfois, les parents ou les héritiers d'un mort offraient à l'église, le jour des obsèques, un présent pour les pauvres ou l'entretien du luminaire [1]. On commençait également à donner les prémices de la récolte pour obtenir une heureuse maturité.

Ces offrandes étaient très diverses. Elles consistaient surtout en pain, en vin, en huile, en fruits; les fidèles donnaient également des animaux, de la cire, des lampes, etc. Les dons en argent sont moins fréquents, ce qui s'explique par la rareté du numéraire.

LES CENS

Au ixe siècle, on désignait sous ce nom les redevances en argent payées par les colons ou tenanciers, les bénéficiers; précaristes ou usufruitiers du domaine paroissial. Mais il faut y ajouter les sommes exigées par le prêtre pour l'accomplissement de certains actes religieux ou civils.

Ce sont d'abord l'administration des sacrements, le baptême, la sépulture et surtout la messe pour les défunts qui sont taxés par le prêtre [2]. L'Église luttait en vain pour maintenir le principe de la gratuité. Hincmar rappelle dans les lettres canoniques données aux nouveaux évêques qu'ils ne doivent pas permettre à leurs

1. « Synodus Franconofurtensis, » c. 48 : « De oblationibus quae in ecclesia vel in usus pauperum conferuntur. »

2. Sur la vente des sacrements, cf. *Capitula ann.* 802, c. 12 (Boretius, p. 106).

prêtres de tirer profit du baptême, des choses saintes, de
la sépulture [1]; mais cette règle restait morte. Les faits
économiques étaient plus forts que le droit. Les prêtres
de paroisse, dépouillés souvent par les exactions
mêmes de leurs supérieurs et par les usurpations des
grands, privés des dîmes ou des revenus de leur
domaine, tenus de payer à leur évêque des droits
énormes, étaient à leur tour obligés de tirer parti de
leur ministère spirituel. Ils vivaient du sacerdoce, sans
qu'à l'origine ces usages aient blessé la conscience des
populations. Les fidèles, depuis longtemps, aimaient à
offrir quelque souvenir à leur église au moment des
fiançailles, des funérailles ou à la suite d'une pénitence.
Ces dons volontaires se transformèrent peu à peu en un
véritable impôt. A l'époque féodale, la vente des sacrements fut un des revenus réguliers des paroisses.

Un droit plus légitime fut perçu par les prêtres
ruraux pour la rédaction des actes. La plupart des
chartes de donation, de vente étaient alors écrites dans
l'*atrium* des églises, en présence des témoins, par le
rector de la paroisse [2]. Il profita assurément des droits
de rédaction ou de sceau. Un capitulaire de 818 nous
signale encore quelques ressources de nos églises [3].
Quand un meurtre était commis dans le sanctuaire, le
meurtrier, en cas de légitime défense, devait payer à
l'église un wehrgeld de 600 *solidi*. Le wehrgeld était

1. Hincmar, *Litterae canonicae Hedenulfo datae* (Migne,
t. CXXVI, p. 273).
2. *Cart. de Cluny*, p. 120, 187 et suiv.
3. Boretius, p. 281, c. 1, 2.

payé par le maître si le meurtrier était un esclave. Les coups contre un prêtre, suivis d'effusion de sang, étaient également punis d'une composition dont le prêtre touchait deux tiers, l'autre tiers restant à son église. Si le coupable était insolvable, il devait se livrer lui-même. Mais il n'est pas probable que ces revenus aient été très sûrs et encore moins, dans l'anarchie des temps, qu'ils aient pu être régulièrement perçus.

Tout ce patrimoine ecclésiastique devait donc assurer à chaque église rurale une dotation souvent riche, au moins convenable. Nous avons vu comment il était administré. Le prêtre seul en avait la gestion, sans l'assistance d'un conseil élu par les habitants ou choisi par l'évêque, mais sous la surveillance de l'évêque et celle de l'archidiacre [1]. Ce dernier surtout devait faire un inventaire exact des biens et des revenus, en contrôler l'emploi. Ce n'était pas là chose facile. Ces revenus étaient très divers et ils ne paraissent pas avoir été dépensés de la même façon. Agobard rappelle cette règle du droit : « Les saints canons ont établi les pres- « criptions pour l'usage des revenus des églises, l'en- « tretien des pauvres, l'entretien des clercs, l'entre- « tien de l'église, l'entretien de l'évêque [2]. » Les

---

1. Hincmar, *De officiis episcoporum* (Migne, t. CXXV, p. 1087). — *Capit. archidiaconibus data*, id., p. 802.

2. Agobard, *De dispensatione rerum ecclesiasticarum* (Migne, t. CIV, p. 240). Nous ne parlons ici, bien entendu, que des paroisses libres. A l'époque mérovingienne et jusqu'à la fin du viii° siècle, le système de partage usité en Gaule est celui du *tiers*. En 747, le pape Zacharie, dans son écrit aux princes francs, demande que les offrandes faites par les fidèles soient

canons nous parlent aussi, à plusieurs reprises, d'un partage entre l'évêque, le curé, l'église et les pauvres. Mais nous devons nous demander si dans ce partage étaient compris tous les revenus de l'église, produits directs de la culture, redevances des tenanciers ou des serfs, cens des bénéficiers, dîmes, offrandes, prémices, dons des fidèles, etc.

Il faut distinguer d'abord les revenus fonciers, directs, du domaine paroissial. Quelques-uns avaient reçu de leurs donateurs mêmes une affectation spéciale. C'est ainsi que des terres, vignes ou prés étaient donnés pour l'entretien du « luminaire ». Ces clauses ne sont pas rares dans les donations. Ailleurs, la donation était faite pour l'entretien du prêtre ou de la matricule. Il y avait ainsi toute une portion du domaine dont le prêtre ne pouvait disposer. Mais, en dehors de toute clause spéciale, il semble que les revenus fonciers, aussi bien

divisées en quatre portions (*M. G. H., Épist.*, t. III). Cette règle ne fut pas immédiatement observée. En 802, un capitulaire (Boretius, p. 106) divise encore la dîme en trois parts, celle de l'église, des pauvres, du prêtre. Mais le système romain, établi par le décret de Gélase, allait peu à peu l'emporter sur l'ancienne coutume. Un capitulaire des premières années du ix⁰ siècle (Boretius, p. 228, a. 13) l'applique aux dîmes. Les *capitula* de Theodulf, la *relatio* des évêques à Louis le Pieux (821) l'acceptent. Agobard et Hincmar se rangent également à ce système; cependant, nous voyons par les écrits même d'Hincmar qu'il n'était pas encore universellement appliqué. Cf. *epistola ad clerum et plebem Laudunensem de ordinatione Hedenulfi* (877). Regulam, quæ de quarta parte reddituum ecclesiae, juxta consuetudinem aliarum regionum ita, ut est scripta, intelligat, et non prave illam interpretans, perinde in his regionibus, quae sunt presbyterorum contra regulas sacras diripiat.

que les cens des colons et des hôtes, aient été réservés au prêtre et laissés à sa libre disposition [1].

Au curé appartenaient également les cens des bénéficiers, les droits pour la rédaction des actes, les sacrements, la sépulture, enfin les prémices. Le seul partage qui lui fût imposé était celui des offrandes et de la dîme.

Sa part était donc considérable. Toutefois, c'était sur cette part sans doute qu'il devait payer les droits assez élevés que lui réclamait son évêque, notamment le *synodaticum*, les *paratae* exigées au moment des tournées pastorales. Sur cette part encore, il devait secourir les pèlerins, les mendiants, entretenir les clercs qui vivaient en communauté ; car nous ne voyons pas qu'il y ait eu de distinction entre les revenus du curé et ceux des desservants. Et la loi civile ou canonique avait encore limité son droit de disposition. Nous avons vu qu'il lui était interdit d'acheter une terre à son compte avec les deniers de son église. Un capitulaire de 818 établit en plus que les donations faites aux « petites églises » seraient divisées en deux parts, celle des clercs et celle des pauvres [2]. Mais il ne semble pas que cette règle ait été maintenue.

Quelque grandes que fussent ces ressources, dès le ixe siècle, elles paraissaient pourtant insuffisantes. Les textes du temps nous parlent d'églises ruinées, de

1. Cela ressort de la formule de 808 (Zeumer, p. 217). La dotation de l'église est faite : « Ad ipsam luminariam praevidendam vel unde presbyter... vivere debeat. »
2. *Capit. de* 818, c. 4.

prêtres abandonnant leur paroisse, ne pouvant plus y vivre. C'est que d'autres faits commençaient à intervenir, qui troublaient profondément le régime économique des paroisses.

Ces églises avaient des charges, l'impôt d'abord, car toutes n'en étaient pas affranchies. Seules, les églises dépendant d'un évêché ou d'une abbaye dotée de l'immunité avaient réussi à s'y soustraire, mais nous ne voyons pas que ce privilège se soit étendu aux églises libres des *vici* ou des *villae*, ni aux églises placées sur la terre des grands [1]. Plus que l'impôt encore, les exactions des évêques, des archidiacres, des doyens, les usurpations des laïques, le refus de payer la dîme étaient pour beaucoup d'églises une cause de ruine. Retenons ces faits. Ils nous aideront à comprendre pourquoi, malgré leur richesse et peut-être à cause de leur richesse, un grand nombre de ces paroisses libres ont disparu, comment elles sont entrées dans le domaine d'un grand, comment s'est transformé sur elles le pouvoir épiscopal, pour quelles raisons enfin elles ont perdu leur liberté.

1. Sur les paroisses épiscopales ou abbatiales qui jouissent de l'immunité, cf. les diplômes de Louis le Pieux pour Langres, Autun, etc. (*H. F.*, t. VI, p. 370, 391). — Hincmar, *De ecclesiis et capellis*, p. 113 : « ecclesiæ... de episcopii vel monasterii immunitate ; » *id.*, p. 110 : « invenitur, ut perceptis dotibus gestisque municipalibus ad easdem noviter aedificatas ecclesias alligatis, ecclesiae ipsae sacrentur *et sub immunitate a tributis fiscalibus liberae maneant...* » Ces églises sont des églises construites sur la terre d'un évêché ou d'une abbaye.

III. — LES INSTITUTIONS DE LA PAROISSE

Ainsi organisée, la paroisse n'était pas seulement un centre religieux. Si elle avait un culte, elle avait aussi des institutions d'enseignement ou de bienfaisance. Élle était faite pour que l'homme y pût trouver tous les secours nécessaires à sa vie intellectuelle ou à sa vie économique. Elle devait être en raccourci l'État, tel que le rêvaient les théoriciens ecclésiastiques de ce temps.

De ces institutions, une des plus importantes était l'école. On sait les mesures prises par Charlemagne pour le réveil des études. Dès 789, l'*admonitio genera-lis* avait recommandé la création d'écoles élémentaires pour les enfants[1]. Les évêques semblent avoir obéi à ces conseils. Nous connaissons assez bien par les *capitula* de Théodulf, d'Hérard de Tours, d'Hincmar, les dispositions qu'ils prirent pour répandre l'enseignement dans les campagnes[2]. Chaque *villa* dut avoir son école. Parfois même, si la *villa* était trop grande, composée de hameaux trop éloignés, plusieurs écoles y étaient établies. En tout cas, cet enseignement primaire était presque exclusivement religieux. Il était confié d'abord au curé qui dirigeait l'école ou la confiait à un de ses clercs. Il ne comprenait guère que quelques leçons de lecture, de chant et de calcul. En réalité,

---

1. *Admonitio generalis* (789), c. 72 : « Ut scolae legentium puerorum fiant. »
2. *Capit. Theodulfi*, c. 19, 20. — *Walterii*, c. 6. — *Herardi Turonensis*, c. 17. — *Hincmari capitula decanis data*, c. 11.

l'Église voyait surtout dans l'école une préparation au sacerdoce ou à la vie chrétienne ; elle y recrutait ses clercs et apprenait aux laïques à comprendre ou tout au moins à lire un peu ses livres. Mais cet enseignement était gratuit. Le prêtre ne devait demander aucune rétribution. Il ne semble pas qu'il ait été obligatoire. On conseillait aux fidèles d'envoyer leurs enfants à l'école ; aucune prescription légale ne les y avait astreints.

A l'école s'ajoutaient les œuvres de charité : la matricule, les confréries.

La matricule était une institution ancienne. Grégoire de Tours nous signale déjà celles des cathédrales et des monastères [1]. En outre, chaque paroisse devait avoir la sienne. C'était la corporation des pauvres officiellement inscrits sur le registre de l'église et qui recevaient d'elle des aliments ou des secours. Le clergé avait ainsi organisé sur place, dans chaque *vicus* ou *villa*, l'assistance publique. Mais il l'avait mise entre ses mains. La matricule était administrée par le curé de la paroisse et ses clercs, sous la surveillance de l'archidiacre et de l'évêque. Et c'était en partie par ses revenus particuliers qu'elle était entretenue [2].

Chacun de ces collèges avait en effet ses ressources : d'abord le quart du produit des dîmes et des offrandes

---

1. Lœning, t. II, p. 243.
2. Hincmar, *Capit. decanis data* : Que le prêtre «... matricularios habeat juxta qualitatem loci... debiles et pauperes et de eodem dominio. » Cf. *De presbyteris criminosis*. — « Pauperes et debiles et de eadem villa de qua decimam accipiunt, matricularios faciant » (p. 1110).

et, depuis 818, la moitié des donations terriennes faites
à la paroisse. De plus, la matricule était capable de recevoir et de posséder. Elle avait sa dotation spéciale, analogue à celle de la paroisse, et souvent cette dotation
fût assez grosse pour qu'au IXe siècle l'Eglise ait eu à la
défendre contre les convoitises des riches ou des grands.
Nous ne voyons pas que les assistés, *matricularii*,
aient eu partout une maison commune ni qu'ils aient
été astreints à un travail régulier. L'Église s'était assuré
seulement leur clientèle, et ils rendaient quelques services pour l'entretien du mobilier, du luminaire et la
célébration du culte. Mais leur recrutement se faisait
suivant des règles précises. Le prêtre ne devait admettre
que des habitants de la paroisse, pauvres, débiles ou
trop âgés pour travailler; c'étaient là des conditions
essentielles : l'indigénat, la misère ou l'incapacité de
travail. Il était interdit aux prêtres de mettre leurs
parents sur cette liste, sauf le cas de misère notoire.
L'Église leur avait encore défendu de recevoir de l'argent ou des cadeaux [1], de mettre à la charge de la communauté des hommes sains et robustes, d'exiger des
corvées des *matricularii* eux-mêmes. Toutes ces mesures
nous prouvent combien cette assistance était recherchée
et quel prix on attachait à l'obtenir.

Si utile que fût cette assistance légale, elle ne suffisait pas. Les canons recommandent encore aux prêtres
d'accueillir chez eux les étrangers, les pèlerins. Et ceux-

---

[1] Hincmar, *Capit. decanis data* : « Ne presbyteri pro locis
matriculae xenia accipiant, ne suos parentes sanos et robustos in
eadem matricula collocent, nec opera ab ipsis matriculariis exi-
gant. »

ci étaient nombreux alors sur les routes de la Gaule. En
outre, les paroissiens eux-mêmes avaient fondé des associations, que certains textes du temps nous font connaître, *geldoniae*, *collectae* ou confréries.[1]

On a cru voir dans ces associations l'origine première
des gildes marchandes du moyen âge. Nous les connaissons surtout par deux capitulaires de Charlemagne et
quelques renseignements d'Hincmar. Mais, si nous
lisons ces textes, ils disent tout autre chose. Ces sociétés se présentent à nous comme des associations de
secours mutuels; c'est là surtout leur caractère. Elles
créaient une force cependant et la législation carolingienne les interdit. Elles n'en continuèrent pas moins à
se former et à recruter des adhérents dans les paroisses.
Mais elles deviennent de plus en plus, sous l'influence
du christianisme, des confréries ou de pieuses associations. Hincmar, qui nous fait connaître celles de son
temps, nous les montre réunies pour offrir des eulogies,
assister le prêtre dans les cérémonies du culte. Elles
gardent les lampes, le luminaire, l'huile, la cire; d'autres
s'occupent d'ensevelir les morts; d'autres enfin sont de
simples sociétés de prières ou de charité.

Ces confréries avaient chaque année leur jour de fête
et réunissaient leurs membres dans un banquet. Nous
savons par Hincmar que ces réunions n'étaient pas toujours très pacifiques; elles finissaient par des rixes san-
glantes. Aussi la hiérarchie leur devint-elle peu favorable. Elle interdit à ses prêtres d'y prendre part et ces

—————

1. Sur les *geldoniae* et les *collectae*, cf. Hincmar, *Capit. presbyteris data*, p. 777.

mesures arrêtèrent peut-être l'essor des confréries. Nous ne savons pas en effet si elles se maintinrent après le IXe siècle. L'histoire ne les signale plus, avant le grand mouvement communal.

Toutes ces institutions avaient vraiment fait de la paroisse un groupe social, et, de ce groupe, la religion est l'âme. C'est à l'église que les hommes se réunissent pour prier[1] ; c'est à l'église que s'offre le sacrifice ; c'est à l'église qu'ils ont été baptisés ; c'est sous ses dalles ou près de ses murs qu'ils reposeront un jour. Elle était l'asile éternel et sûr de toutes les pensées et de toutes les espérances, le lieu saint où l'homme s'enchantait lui-même et oubliait sa misère en présence de son Dieu.

Elle était autre encore ; toute la vie civile venait y affluer, car il n'y avait pas d'autre organisation rurale un peu complète que celle de la paroisse. Dans l'église se tenaient les *placita*, le mall du comte, du centenier ou du vicaire[2]. Près de l'autel se faisaient les affranchissements ; sous l'*atrium* se rédigeaient les actes, les échanges, les ventes, les donations, etc. Elle était ainsi le sanctuaire et la maison commune. Elle était enfin le refuge aux heures de désordre ou de guerre. Criminels, serfs fugitifs y venaient chercher un asile, où la justice du comte, où la colère de leur maître ne pût les

___

1. Sur la *missa publica*, cf. *Capit. Theodulfi*, c. 45, 46. — *Capit. anni* 802, c. 8 (Boretius, p. 106). Elle était dite à neuf heures. Le lien paroissial est encore très étroit. Tout fidèle est tenu d'aller à la messe à sa paroisse, sauf quand il est *in itinere* ou *ad placitum*. Capit. 810-813, p. 178.

2. *Concil. Arelatense* (813), c. 22. — Exemples de *placita* tenus dans les églises rurales. *Marca hispanica*, p. 797 (874).

atteindre [1]. Le paysan y portait ses trésors et sa récolte ;
il s'y enfermait lui-même à l'approche de l'ennemi. Il
semblait que le saint fût seul capable de défendre les
siens en se défendant.

Ces églises, nous les connaissons assez bien. Beaucoup étaient construites en bois [2] ou en torchis, cou-
vertes en tuiles. Ces édifices fragiles s'écroulaient vite.
Souvent les paroissiens aimaient mieux les reconstruire
que les réparer. Un incendie détruisait le temple, on le
bâtissait à nouveau avec la même rapidité. Mais beaucoup aussi de ces édifices étaient en pierre [3]. L'un d'eux,
Germigny, nous a même été conservé. C'est un bel
exemple du style sévère, très simple, de la renaissance
carolingienne : une croix latine, surmontée d'une cou-
pole au croisement du transept. Il faut s'imaginer
encore les murs couverts d'étoffes ou de peintures,
l'autel entouré de cierges et de lampes, et surtout la
vie intérieure qui animait le temple, le peuple convo-
qué à chaque instant pour ses affaires, pour les fêtes,
les matines, les prières du matin et du soir. Il y avait
là toute une vie que nous ne soupçonnons plus, tant les
habitudes et les mœurs des hommes ont été changées.

Quelques documents contemporains nous font égale-

1. *Capit. anni* 803, c. 3. Boretius, p. 113. *Concil. Maguntinum*
(813), c. 39.

2. *Marca hispanica*, p. 868, où il est question d'une « Ecclesio-
lam parvulam ex luto et lapidibus confectam ». Elle est recon-
struite en pierre et en ciment. — *Id.*, p. 821 : « Ecclesias quas...
construxerunt... fabrili construentes arte. »

3. Par exemple, un certain nombre d'églises des fiscs royaux.
Boretius, t. I, p. 255 (c. 810).

ment connaître le mobilier de ces églises rurales. Voici
celui d'une église de l'abbaye de Saint-Remi de Reims [1] :
« Trois voiles d'autel, une couverture de soie, un pal-
« lium, deux corporaux, un calice en étain et la patène,
« deux chasubles : l'une de sendal, l'autre de lin, deux
« aubes, deux étoles, deux manipules, un missel de
« Grégoire le Grand, les évangiles, un psautier, un anti-
« phonaire, un pénitentiel de Bède, un exemplaire de
« l'évangile de saint Mathieu, un encensoir d'airain, une
« petite cloche de métal. » C'était là le mobilier litur-
gique. Il se retrouvait dans toutes les églises de ce
temps. Quelques-unes même possédaient des pièces
d'orfèvrerie en or ou en argent : croix, vases, reli-
quaires garnis de pierres précieuses [2]. Mais la plupart
n'étaient probablement pas assez riches pour posséder
ces objets d'art comparables à ceux que certaines
abbayes carolingiennes nous ont laissés.

Dans un grand nombre de paroisses enfin, autour de
l'église-mère, se groupent déjà des chapelles.

Dès le VIIIe siècle, et par les mêmes causes que les
paroisses, ces édifices se sont multipliés sur le sol de la
villa. Ici, les seigneurs laïques, les abbés, maîtres d'une
villa ou *portio* de *villa*, voulaient avoir sur leur terre leur

1. *Polyptyque de Saint-Remi de Reims*, p. 87.
2. Cf. notamment *Cod. dipl., Laureshamensis*, II, n° 2966 (783).
— *Cod. dipl. Fuldensis*, n° 131 (796) : « unam ecclesiam cum
sumptibus... id est duae capsae deauratae et una cum margaritis
parata... vas argenteum.

église et leur prêtre. Ailleurs, les recteurs des paroisses restauraient des églises anciennes, en bâtissaient de nouvelles [1] ; ou bien c'était quelque fidèle qui, pour abriter une relique, érigeait un autel et le recouvrait d'un oratoire [2] ; enfin, quand le district de l'église baptismale était trop vaste, l'évêque pouvait permettre la construction d'une succursale. Quelle que soit leur origine, ces chapelles se divisent en deux catégories [3]. Les unes sont élevées dans les maisons des grands ; elles ne sont guère alors que des oratoires privés. Les autres, construites dans quelque dépendance de la *villa*, une *curtis*, un *villaré*, destinées à un groupe d'habitants, sont des chapelles publiques, des succursales de la paroisse. Elles ont un autel consacré, un *atrium* pour la sépulture, un *matricularius* chargé de l'entretien [4]. Les textes carolingiens nous en signalent quelques-unes. La *villa Vaber* en possède deux [5], les *villae Madriacus* et *Vitriacus*, une [6]. Hincmar nous parle également de la *parochia Follanoebrayus*, qui, outre le titre paroissial,

1. Hincmar, *Capit. presbyteris data*. Migne, t. CXXV, p. 794.
2. *Vita Remigii*. Migne, t. CXXV, p. 1176.
3. Hincmar fait bien la distinction : 1° entre l'église de la paroisse et les chapelles ; 2° entre les chapelles privées et les chapelles publiques. Le mot chapelle, dans ses écrits, désigne toujours une église non paroissiale, mais ce sens n'est pas aussi précis dans la langue du temps.
4. Hincmar, *De ecclesiis et capellis*, p. 106. « In cujus capellae circuitu saepes sit... et tantum atrii habeat, ubi pauperculi qui suos mortuos longius efferre non possunt, eosdem ibi sepelire valeant ; sitque ibi corticule locus, ubi presbiter possit descendere et caballum suum habere, atque matricularius possit manere... »
5. *H. L.*, t. II, p. 329, preuves.
6. *Cart. de Mâcon*, p. 229-231.

possède trois églises : *Noviante, Landrici curtis, Broc-
ris*[1]. Ces usages durent se rencontrer un peu partout[2].

Comme l'église principale, ces succursales purent
avoir leur dot[3]. Hincmar réclame au moins une maison,
une cour, un arpent de terre. Mais un certain nombre
de ces chapelles étaient plus favorisées. Dans le *pagus*
de Mâcon, il y a à Sennecé une chapelle qui détient un
manse[4]. Celle de la *curtis Exenis* en possède quatre,
celle de Saint-Timothée deux[5]. Quelques-uns de ces
sanctuaires ont une dotation de cinq, six, dix manses.
La chapelle de la *villa Cavanias* reçoit en dot une
colonia, trois serfs et un champ : la chapelle de la *curtis
Attolae* possède une petite maison, un jardin et sept bonniers de terre arable[6]. Il est fréquent, dans les textes
du temps, de voir donner, échanger, léguer les chapelles avec leurs terres, vignes, prés, forêts et toutes

1. Hincmar. Migne, t. CXXVI, p. 537.

2. *Cart. de Mâcon*, p. 229, 231. P. 207 : « Capella in villa Gerii,
in curtile S. Albani sita. » Hincmar nous parle également des
chapelles *Landrici-Curtis, in Attolae curtis*. Ces localités sont des
dépendances de *villae* (Migne, t. CXXVI, p. 293, 527). Les
exemples de *villae* dotées seulement d'une chapelle sont assez
fréquents, en Bourgogne notamment. Cf. Bulliot, *ouvr. cit.*, t. II,
p. 6 : « Villam Garillis cum duabus capellis. » — *Id.*, p. 8 :
« Vitriaria villa cum capella. » P. 12 : « Villa Beliniacum... capella
una. »

3. Cela ne paraît pas nécessaire pourtant. Cf. Bulliot, p. 12.
Dans la *villa* de Bligny, il y a une chapelle « *absque dote* in
honore S. Germani ».

4. *Cart. de Cluny*, p. 708.

5. *H. L.*, t. II, p. 406, preuves.

6. *Cart. de Cluny*, p. 733. — Hincmar (Migne, t. CXXVI,
p. 293).

leurs dépendances. Ce patrimoine était souvent aussi considérable que celui de l'église principale.

Il est probable aussi qu'on leur reconnut de bonne heure le droit de posséder les offrandes, puis les prémices portées par les fidèles. Hincmar nous le fait entendre expressément [1], et, au xe siècle, cet usage nous est signalé par une foule de documents.

Comme les églises baptismales, les chapelles ont donc une existence juridique. Mais leur autonomie est restreinte. Elles restent dans la dépendance de la paroisse et sous la juridiction des curés. Elles sont « unies » ou « sujettes » à l'église principale [2]. D'abord, aucune chapelle publique ou privée ne put être ouverte sans la permission de l'évêque. Celui-ci devait consacrer les premières, comme les églises, et, dans les secondes, au moins, la pierre de l'autel [3]. Une autre règle fut que la plupart de ces chapelles eussent, comme desservants, des clercs de l'église paroissiale. Celles qui étaient fondées par un seigneur sur sa terre, dans son château, furent, il est vrai, régies par les règles du patronage; le seigneur y nomma toujours un de ses hommes, serfs ou recommandés [4]. Mais les chapelles publiques furent,

---

1. Hincmar (Migne. t. CXXVI, p. 293), oblations faites à la chapelle *Attolae-Curtis*.

2. Hincmar (Migne, t. CXXVI, p. 293 : « Capella unita fuit ecclesiae... in Juviniaca villa », et plus loin : « Capellam ecclesiae... subjectam. »

3. *Capit. presbyteris data*, c. 3 (Migne, t. CXXV; p. 794).

4. Le *Capit. de Villis* réserve aux clercs du roi les chapelles établies sur les fiscs (c. 6). — Nous voyons, par divers documents du temps, que les seigneurs agissaient ainsi sur leurs domaines *Concil. Meldens.* (845), c. 74, 75.

en principe, administrées par le recteur de la paroisse [1]. Ce dernier y célébrait le culte à jours fixés ou pouvait déléguer ses fonctions à un de ses clercs. Dès cette époque même paraissent des clercs-vicaires, perpétuels ou temporaires, qui résident à la succursale et sont chargés de la desservir.

Une dernière mesure fut appliquée. Si, dans les chapelles, on put offrir le sacrifice, dire les prières, même enterrer des morts, le culte ne fut complet que dans l'église de la paroisse. Celle-là seule eut ses fonts baptismaux ; c'est devant son autel qu'on vint échanger les serments du mariage, recevoir le pardon de ses fautes. Seul aussi, son prêtre eut juridiction et, en principe, à l'église principale la dîme dut être toujours payée.

On pensait ainsi que l'unité de gouvernement dans la paroisse ne serait pas affaiblie. Mais ces mesures devaient en partie être inefficaces contre une tendance toujours plus grande au morcellement. A certaines de ces succursales, l'Église dut d'abord reconnaître un *districtus* [2], le groupe territorial où la chapelle s'est élevée. Bientôt, ce fut la dîme elle-même qui fut partagée, malgré les prescriptions contraires des capitulaires ou des

---

1. Hincmar, *Capit. archidiaconis data*, c. 7 (Migne, t. CXXV, p. 802). — *Capit. presbyteris data. Id.*, p. 794 : « Et quia quidem presbyteri, præter ecclesiam in qua titulati sunt, etiam capellas habent. » Le curé de la *villa Follanaebrayus* dessert en outre trois églises qui relèvent de son *titulus*.

2. C'est, non pas le *districtus* paroissial, mais bien cette *altar-terminatio* dont parle Lamprecht. Elle fut rendue nécessaire pour la célébration du culte et des offices, et pour le don des dîmes quand celles-ci furent attribuées aux chapelles.

conciles. Il était naturel que le maître ou les habitants d'un domaine préférassent porter leur dîme à la chapelle où ils allaient prier et entendre la messe. En 908, par exemple, les hommes de la paroisse Saint-Pierre de Mornant, qui habitent un hameau de la *villa*, refusent leurs dîmes au curé. L'archevêque de Lyon les contraint au paiement. Or, ces faits durent être assez fréquents. Aussi, dès la deuxième moitié du IX⁰ siècle, l'usage est-il établi d'assigner aux chapelles une part des dîmes paroissiales, surtout quand ces chapelles dépendent d'un monastère, d'un chapitre ou d'un grand. Ces usages nouveaux affaiblirent l'ancienne règle et contribuèrent beaucoup à cette confusion inextricable, qui divisa les dîmes à l'infini et, presque partout, les enleva aux paroisses pour les mettre entre les mains des seigneurs [1].

Par toutes ces institutions, par le nombre de ses clercs, la richesse de son patrimoine, ses œuvres d'éducation, de bienfaisance, l'Église avait donc peu à peu transformé les conditions de la vie humaine. Ce n'est pas que la religion de ces hommes fût bien éclairée, que leurs mœurs fussent bien pures. Les textes du temps nous représentent ces paysans comme grossiers et superstitieux. A leur culte se mêlaient d'étranges dévotions,

1. Un certain nombre de ces chapelles, ainsi établies dans la paroisse, furent elles-mêmes érigées en paroisses au X⁰ siècle. Nous en avons quelques exemples : cf. *Cart. de Mâcon*, p. 33 (885-927), mais elles restèrent soumises au patronage de l'église principale. D'autres restèrent simples chapelles, quoique ayant conservé leurs dîmes. Au X⁰ siècle, ces *ecclesiae decimatae* s'opposent à l'église baptismale. M. Stutz (*ouv. cité*) a bien marqué cette distinction, p. 258, note 72.

celle des pierres, des arbres, des fontaines, la croyance aux songes, aux livres tombés du ciel, à la divination, à la sorcellerie. Ces pratiques, la législation impériale ou religieuse les combattait. Mais un autre danger, plus grave peut-être, rendait stériles toutes ces réformes. L'Eglise se transformait avec la société. Elle aussi acceptait les règles de la fidélité et du patronage. Des rapports nouveaux tendaient à s'établir entre l'évêque et son clergé, entre les grands et leurs églises. Le nombre des paroisses privées se multipliait. Nous allons voir, en étudiant ces faits, comment l'organisation de la paroisse s'est modifiée et comment l'ancienne idée de la communautéchrétienne a disparu.

TROISIÈME PARTIE

LES ÉGLISES PRIVÉES

En étudiant l'origine et l'organisation de la paroisse,
nous avons eu surtout en vue le *vicus publicus*, la
paroisse libre, autonome, fondée dans un bourg, non
dans un domaine, dotée par ses habitants, confiée, sous
la juridiction de l'évêque, à un archiprêtre ou à un
prêtre qu'ils ont choisi. Mais nous avons aussi noté
l'existence de paroisses dont le régime était différent.
A l'église *publique* s'oppose l'église *privée*. Établie dans
une *villa*, sur la terre d'un grand, d'un évêché, d'un
monastère, celle-ci ne relève pas seulement de l'autorité
épiscopale. Son origine lui a donné un maître, *dominus*,
et ce maître a sur elle certains droits. Il nomme le
desservant, il intervient dans la gestion des biens. De
plus, église et paroisse sont sa propriété. Il peut les
vendre, les engager, les donner en alleu ou en bénéfice.
Elles font partie de son patrimoine au même titre que
sa terre.

Or, dès l'époque mérovingienne, le nombre de ces
églises a été grand. Il s'étend au ixe siècle ; deux siècles
plus tard, cette sujétion est un fait général. Comme
l'évêché, comme l'abbaye, la paroisse a un seigneur.
L'histoire des églises privées nous montre donc le chan-

gement survenu dans les institutions primitives. Elle nous aide à comprendre par quelles causes et sous quelle forme l'Église est entrée dans les cadres du régime féodal.

CHAPITRE Ier

LE « PATRONAGE » DES ÉGLISES

Comment l'église, la paroisse rurale ont-elles pu devenir l'objet d'un droit de propriété? Nous avons ici à résoudre un des problèmes les plus complexes de l'histoire religieuse. Si nous examinons la formation de ce droit, nous pouvons y démêler plusieurs éléments. Le premier est le « patronage » et, par ce mot, il faut entendre un ensemble de privilèges reconnus à tous ceux qui avaient fondé ou entretenaient une église sur leur domaine. A son tour, le « patronage » s'étend; d'autres faits en altèrent la nature; il devient une véritable propriété. Nous devons, par l'analyse, séparer ces éléments divers. Nous verrons ainsi comment s'est constitué le « patronage » des églises et quelles transformations il a subies [1].

1. On se sert indifféremment des mots patronage ou patronat pour désigner cette institution ecclésiastique. Remarquons cependant que les mots *patrocinium*, *patronatus* ne se rencontrent pas dans les textes avant le ixe siècle. C'est l'époque où la théorie ecclésiastique du patronage se précise. Elle n'est bien définie qu'au xiie siècle, à la suite de la réforme grégorienne, surtout sous Alexandre III. Depuis cette époque elle n'a pas changé. On sait que le patronage des églises, tel qu'il s'est constitué alors, s'est maintenu dans certains pays jusqu'à nos jours. En France, il a disparu en 1791.

I. — DES ÉGLISES FONDÉES DANS LES DOMAINES

Nous n'avons aucun renseignement sur les origines du patronage. On a pensé qu'il avait été introduit en Gaule par les Germains [1]. Aucun document n'est cité à l'appui de cette thèse; beaucoup la contredisent. On a pensé également qu'il était d'institution ecclésiastique. Mais, pas plus que la paroisse, il n'a été créé par une mesure législative. Nous ne trouvons pas de concile qui l'établisse. Les premières lois canoniques qui en parlent le trouvent constitué.

Il semble, au contraire, que le patronage des églises ait sa genèse dans un ensemble d'usages. Nous trouvons un fait à son origine : la fondation d'un sanctuaire sur un domaine. De ce fait sont sorties peu à peu les règles juridiques qui ont formé le patronage tel que l'Église l'a reconnu.

Ce fait lui-même est très ancien. Il n'est pas spécial au christianisme. C'était une coutume païenne que chaque propriétaire élevât, dans ses domaines, des

---

1. Cette thèse a été soutenue par M. Stütz dans une dissertation ingénieuse : *Die Eigenkirche als Element des mittelalterlich-germanischen Kirchenrechtes* (Berlin, 1895). Mais il suffit de remarquer : 1º que le patronage, en général, n'est pas une institution spéciale aux Germains ; 2º que ceux-ci ont trouvé, en Gaule, des basiliques, des *oratoria* établis sur les domaines ; 3º que le patronage et la propriété des églises sont reconnus dans le droit byzantin. Ce n'est donc pas seulement dans les pays conquis par les Germains que les églises ont fait l'objet d'une appropriation individuelle. Aucun raisonnement, aucune hypothèse ne peuvent tenir devant des faits.

sanctuaires, *sacella*, dédiés à des divinités locales ou domestiques. A ces oratoires ruraux, les esclaves ou les colons venaient porter leurs vœux et leurs offrandes ; autour de ces autels privés, ils se réunissaient pour offrir un sacrifice.

Le triomphe du christianisme ne changea rien à ces pratiques. Dès le IVe siècle, les *possessores* chrétiens bâtissent des *oratoria* sur leurs terres. Il y a, dans le code Théodosien, quelques textes qui se rapportent à ces édifices, et nous savons que les catholiques n'étaient pas seuls à les construire[1]. En Gaule même, nous avons signalé l'existence de ces sanctuaires privés en étudiant les origines de l'église rurale[2]. Au moment des invasions, plus d'un grand domaine possède le sien.

Il est probable que l'*oratorium* fut d'abord un simple lieu de prières à l'usage du maître et de ses serviteurs ou de ses colons. Placé près de l'habitation ou dans l'intérieur même de la maison, il remplaça l'ancien autel domestique. Mais peu à peu son importance grandit. Il devint le centre d'un culte. Le maître cherchait, comme jadis, à réunir, dans un sanctuaire privé, les hommes du domaine. Il leur permit, en le bâtissant, d'offrir leurs dons pour l'heureux succès des récoltes, d'assister au sacrifice pour le rachat de leurs fautes et leur salut. L'Église ne pouvait s'opposer à ces usages, car ils répondaient à des mœurs anciennes et à un besoin des âmes. Ils conciliaient à la fois l'intérêt du maître et les

1. *Cod. Theod.*, XVI, 2, 33 : « Ecclesiis quae in possessionibus, ut assolet, diversorum... sunt constitutae. » (*Id.*, 5, 8, 30.)
2. Cf. 1re partie, chap. I. L'église rurale.

exigences de ses colons. Ils étaient enfin, pour la religion nouvelle, un des moyens les plus efficaces de propagande. C'est par cette foule de petits sanctuaires ruraux, *oratoria*, *cancelli*, *martyria*, élevés sur un domaine, que le christianisme a pénétré dans les campagnes et réussi à s'y établir.

Mais, en même temps, du jour où on y célébra le culte, l'*oratorium* dut être consacré. Par cela même qu'on y offrit le sacrifice, il fut « dédié » par l'évêque. Il devint chose sainte, *res sacra*; alors il fut nécessaire de régler sa condition. Quel devait être en effet l'état légal d'une église bâtie dans une *villa*? Quels rapports devaient s'établir entre elle et la paroisse? Quels droits le fondateur ou le propriétaire du domaine devait-il avoir sur cette église? A ces questions, la loi canonique devait répondre peu à peu et ébaucher toute une théorie du patronage.

La première loi relative aux églises construites sur les *fundi privati* est un canon du concile d'Orange (441). En voici le texte :

« Si un évêque se dispose à construire une église
« dans le territoire d'une autre cité que la sienne, pour
« l'utilité de son domaine ou de la religion, ou pour
« tout autre motif, qu'on lui accorde la permission de
« bâtir, car il est sacrilège de s'opposer à ce vœu. Mais
« qu'il n'en fasse pas la dédicace réservée à l'évêque de
« la cité. Toutefois, l'évêque fondateur aura la faveur de
« faire ordonner par l'évêque diocésain les clercs qu'il
« désire voir dans son domaine, et s'ils sont déjà ordon-
« nés, il obtiendra l'assentiment de l'ordinaire à leurs

« fonctions. Et tout le gouvernement de l'église appar-
« tiendra à l'évêque du diocèse où elle a été con-
« struite.

« Si un laïque vient à bâtir une église et invite à sa
« dédicace tout autre évêque que celui de la cité où a
« été bâtie cette église, qu'il soit retranché de la com-
« munion des fidèles, aussi bien que les évêques qui se
« sont rendus à son appel [1]. »

Ces dispositions sont reproduites dans un canon du
concile d'Arles (452), qui ajoute : « Si l'évêque fondateur
« a assigné quelque bien à la dotation de cette église,
« l'évêque du diocèse n'aura aucun droit à révoquer ou
« à modifier cette donation. Ce droit, nous le croyons
« réservé à l'évêque fondateur [2]. »

Examinons ces documents.

Ils nous montrent d'abord que l'église peut être fondée par un évêque ou un laïque. Mais, quel que soit le
fondateur, ils établissent : 1° que toute église fondée sur
un domaine doit être consacrée par l'évêque diocésain ;
2° que le gouvernement de cette église lui appartient.
Nous avons ici, dès l'origine, un des éléments essentiels de la théorie du patronage. Le fondateur d'une
église ne peut soustraire cette église au pouvoir épiscopal. A l'évêque de la cité est réservé le droit de consacrer l'autel et le temple, d'y déléguer à un desservant
le ministère religieux. C'est donc de lui que les clercs
tiennent leur fonction, c'est à lui qu'ils doivent obéis-

1. *Concil. Arausicanum*, c. 10 (441) (Labbe, *Concilia*, t. III,
p. 1449).
2. *Concil. Arelatense*, c. 36 (443-452) (*ibid.*, t. IV, p. 1015).

sance. Et si l'église a un patrimoine, il surveille et administre le patrimoine. L'unité de juridiction dans le diocèse est maintenue : voilà le premier principe que formule le droit.

A ce principe, nos conciles ajoutent deux autres règles.

La première, édictée par le concile d'Orange, reconnaît à l'évêque-fondateur le droit de désigner le desservant ; il peut choisir son clerc dans son diocèse, dans
le diocèse où l'église est construite, la loi canonique
n'imposant aucune limite à son choix.

La seconde lui attribue le droit d'assigner une dotation
à son église. Cette dotation est intangible. Elle n'entre
pas dans la masse de biens qui appartiennent à l'église
épiscopale. L'évêque du diocèse n'en a pas la propriété ;
il ne peut l'aliéner, la démembrer, la retenir. Ainsi,
dans la cité, dans la paroisse même, l'*oratorium* fondé
par un évêque, sur sa terre, forme déjà un organisme
spécial. Il a une existence autonome. Il possède les
éléments qui, vers la même époque, constituent la
paroisse : un prêtre et un patrimoine, et bien que
soumis à la juridiction de l'évêque de la cité, il reste
toujours, dans une certaine mesure, sous la dépendance
de son fondateur.

Poursuivons notre analyse.

Si ces privilèges sont reconnus aux évêques-fonda-
teurs, et peut-être déjà aux prêtres qui, sur leur terre [1],

---

1. Nous ne trouvons aucun texte qui nous permette d'établir
ce fait. Les églises fondées par Sulpice Sévère, dans ses
domaines, semblent bien être desservies par le propriétaire.
Nous ignorons si elles avaient un patrimoine.

construisent des églises, ils ne semblent pas, au ve siècle,
être encore accordés à des laïques[1]. Ce n'est pas que
ces *possessores* n'aient le droit de bâtir un temple, de
le faire consacrer, d'y obtenir la célébration du culte.
Sidoine Apollinaire nous signale ces *oratoria* fondés
dans les *villae* des sénateurs. Mais ce sont peut-être
de simples édicules; desservis par les clercs de la
paroisse, ils n'ont pas encore leur prêtre; dépendances
de la maison d'habitation, ils n'ont pas davantage
une « dot ». Par là, ils n'ont aucune place dans l'organisation ecclésiastique. Leur existence est reconnue, mais leur condition n'est pas définie. Retenons
seulement ce fait que l'évêque de la cité les consacre
et qu'aucune restriction n'est imposée à son pouvoir,
au profit du fondateur.

En réalité, les actes conciliaires du ve siècle nous
montrent que l'épiscopat, tout en autorisant la création
d'églises, de chapelles, de *martyria* dans les domaines,
entendait les maintenir étroitement sous sa dépendance.
Encore aux débuts du vi[e] siècle, en 511, le concile

1. Hinschius (*Kirchenrecht*, t. I, p, 620) semble, au contraire,
attribuer aux laïques, dès cette époque, un droit de présentation.
Mais le canon du concile d'Orange nous paraît réserver cette
faveur aux évêques. En Italie, à la fin du ve siècle, les laïques
fondateurs d'églises n'ont aucune prérogative spéciale. Cf. Lettres
de Gélase. Jaffé, n° 630, — Basilique fondée par Priscillianus et
Felicissimus « in proprio... » « Nihil sibi tamen fundatores ex hac
basilica praeter *processionis aditum* noverint vindicandum. » Il ne
semble pas non plus qu'en Espagne, avant le vi[e] siècle, le droit
de présentation ait été reconnu au fondateur, encore moins à ses
héritiers. La première mention de ce droit est faite au IXe concile
de Tolède (655).

d'Orléans rappelle que toutes les basiliques construites dans diverses localités demeurent « sous la puissance » de l'évêque diocésain[1]. A ce moment même, le nombre des églises privées s'était beaucoup accru, mais leur création n'était pas sans péril. Chez les Francs, beaucoup de propriétaires barbares, nouvellement convertis, n'avaient qu'une idée imparfaite du christianisme. En Burgondie, les *possessores* ariens avaient voulu organiser leur culte dans leurs domaines et y grouper des adhérents à l'hérésie[2]. On comprend que les évêques aient gardé, avec un soin jaloux, leur droit de contrôle et leur juridiction. Mais dès la première moitié du vi[e] siècle, des usages nouveaux commencent à s'établir. Les Francs sont maîtres de la Gaule : l'arianisme est vaincu. L'unité religieuse accomplie, l'organisation ecclésiastique s'achève. L'*oratorium* des laïques va y prendre place. Parallèlement à cette transformation, s'affermit le patronage. De 511 à 541, du premier au quatrième concile d'Orléans, nous pouvons en suivre les progrès.

Il fallait d'abord que l'*oratorium* fondé par un laïque eût les mêmes avantages que l'église fondée par un évêque; en d'autres termes, que l'église privée, quel que fût son fondateur, eût son prêtre ou ses clercs aussi bien qu'un patrimoine particulier. Cette évolution

---

1. Concile d'Orléans, 511, c. 17. (*M. G. H., Concilia aevi merovingici.*) « Omnes autem baselicae, quae per diversa constructae sunt vel cotidie construuntur... ut in ejus episcopi, in cujus territorio sitae sunt, *potestate* consistant. »

2. Cf. les lettres d'Avitus : *M. G. H., Auct. antiquis.*, t. VI, p. ii, p. 35-39. — Stutz, *ouv. cit.*, p. 108 et suiv.

se fit, et par les mêmes causes qui créèrent la paroisse :
le culte du saint. Le jour où l'*oratorium* eut lui aussi
ses reliques, il devint le centre d'un culte et d'un culte
régulier et permanent [1]. Il se forme alors, dans le clergé
rural, une classe nouvelle : les clercs des domaines. En
517, le concile de Saint-Romain d'Albon nous montre que
si un grand nombre d'églises privées sont encore desservies
par les clercs de l'église baptismale, beaucoup aussi ont
leur prêtre. En 535, le concile de Clermont nous parle de
ces prêtres des *villae*, et règle leurs attributions [2]. En 541,
le concile d'Orléans nous dit comment ils doivent être
nommés [3]. On peut conclure de ces faits que le nombre
de ces clercs domestiques avait beaucoup grandi puisque
l'Église jugeait nécessaire de définir leur condition.

Vers la même époque, ces églises ont aussi un patrimoine. Et elles ont un patrimoine parce qu'elles ont des
clercs ou un prêtre. En 517, le concile d'Albon déclare
expressément que les *possessores* qui voudront avoir un
clerc attaché à leur église devront lui assurer la nourriture
et l'entretien [4]. Sans doute, cette dotation est toujours
facultative puisque le propriétaire est libre d'avoir un des-

1. Aucun texte ne montre avec plus de force le rapport qui
existe entre ces deux ordres de faits : le dépôt de reliques, l'existence d'un clergé, que le canon 25 du concile de Saint-Romain
d'Albon (517) : « Sanctorum reliquiae in oratoriis villarebus non
ponantur nisi forsitan clericus cujuscumque parochiae vicinus esse
contingat qui, sacris cineribus psallendi frequentia famulentur.
Quod si illi defuerint, non ante propriae ordinentur quam eis
compitens victus et vestitus substantia depotetur. »

2. *Concil. Arvernense*, c. 15.

3. *Concil. Aurelianense*, c. 7 (541).

4. C. 25 : « Competens *victus et vestitus substantia*. »

servant qui réside ou de confier aux clercs de la paroisse le
service de son église. Mais il a tout avantage à avoir son
prêtre ; et, en fait, au vi[e] siècle, les donations aux églises
privées se multiplient. Or, ce patrimoine reste attaché à
l'*oratorium*. L'évêque le respecte au même titre que
celui des paroisses : il en laisse à l'église privée la libre
jouissance. Par là, est reconnue sa capacité juridique.
Jusqu'au vi[e] siècle, cette faculté de posséder semble
avoir été accordée aux seules églises fondées par les
évêques : au vi[e] siècle, le droit est général. Bâtie sur
un domaine ecclésiastique ou laïque, par un évêque ou
par un grand, l'église privée a désormais ses organes
essentiels : son patrimoine et son clergé.

En même temps s'affermit sur elle l'influence du propriétaire. A quel moment, à la suite de quels faits, les
privilèges reconnus à l'évêque-fondateur furent-ils attribués aux laïques? Nous l'ignorons. En Orient, une
novelle de Justinien (546) consacre le droit de présentation [1]. En Gaule, nous ne trouvons aucun texte qui le concède : dès 517, nous en trouvons un qui le suppose. Le
concile burgonde qui interdit aux prêtres ou aux clercs
étrangers à un diocèse d'y desservir, sans la permission
de l'évêque, un *oratorium* ou une basilique, semble bien
faire entendre que l'évêque ne les nommait pas [2]. Vingt-
quatre ans plus tard, le IVe concile d'Orléans (541)

---

1. Novelle 123, c. 18.
2. *Concil. Epaonense*, c. 15 : « Ne presbyter terretorii alieni
sine conscientia sui episcopi in alterius civitatis territurio praesumat *baselicis* aut *oratoriis* observare, nisi forte episcopus suus
llum cedat episcopo illi in cujus terretorio habetare disposuit.

reconnaît expressément ce droit de présentation : « Que
« les propriétaires des domaines n'introduisent pas dans
« leurs *oratoria* des clercs étrangers, contre l'assenti-
« ment de l'évêque, à qui appartient le gouvernement
« du diocèse, mais ceux-là seuls qui ayant fait leurs
« preuves sur les lieux seront autorisés par l'évêque à y
« exercer le ministère[1]. » Remarquons les termes de ce
texte. Il n'établit pas le droit de présentation, il le consacre et il le règle. Il nous montre qu'il n'est plus
exercé par des évêques, mais par des laïques, non par
le fondateur seul, mais par le propriétaire qui lui a suc-
cédé. Il est devenu à la fois général et héréditaire,
transmissible et permanent. L'*electio* du desservant est
désormais reconnue à tout fondateur d'église et à ses
héritiers.

Fondée sur un domaine, desservie par son prêtre,
ayant ses reliques, son culte, son patrimoine, l'église
privée forme donc, dès le milieu du vi° siècle, un groupe
religieux. Elle est dans la paroisse comme une enclave
qui menace de s'affranchir de la paroisse. Et déjà la hiérarchie, qui prévoit le danger, s'efforce de maintenir le lien
qui unit ces oratoires privés à l'église publique. Elle interdit d'abord aux propriétaires de confier leurs églises à
des clercs étrangers, inconnus. Elle défend à ces clercs
de s'unir au maître par des engagements personnels.
Elle limite surtout leurs pouvoirs. Le concile de Vaison (529) leur refuse le droit de conférer le baptême,
la pénitence, de prêcher[2]. Il ne leur laisse que le pou-

1. C. 7 (541).
2. C. 2 (529).

voir d'offrir le sacrifice et encore ce droit leur est-il enlevé à certains jours. En 506, une constitution du concile d'Agde oblige les habitants des *villae* à célébrer dans l'église baptismale du *vicus* les grandes fêtes : Pâques, la Pentecôte, la vigile de Saint-Jean, Noël. Le concile de Clermont, en 535, renouvelle cette prescription [1]. Par ces mesures, l'épiscopat entendait maintenir l'unité primitive. Mais déjà l'oratorium se détachait de la paroisse, comme la paroisse s'était détachée elle-même de l'église épiscopale. N'avait-il pas, lui aussi, son saint et son culte, son clergé et ses biens ? Il fallut reconnaître ces démembrements, et le patronage fit un nouveau progrès le jour où ces églises privées purent, à leur tour, devenir le centre d'une paroisse.

Ici encore, ce n'est point par un texte formel que cet usage fut reconnu. Dès le ve siècle, certaines *villae* paraissent bien avoir reçu l'organisation paroissiale. Il est probable que l'Église autorisa d'abord l'établissement de ces paroisses sur la terre ecclésiastique. Celles de Ceyreste et de Garguier, dont il est question en 417, sont fondées sur les *agri* de l'église d'Arles [2]. Les *villae Epponiacus, Varciacus, Corvallis*, qui forment également des paroisses au vi^e siècle, appartiennent à l'église d'Auxerre [3]. Ailleurs peut-être quelques églises baptismales furent-elles fondées dans une *villa* découpée en parcelles. A l'origine, le nombre de ces *dioceses* dut

1. *Concil. Agathense*, c. 21 (506). *Arvernense*, c. 15 (535).
2. *M. G. H., Epistolarum*, t. III, p. 6.
3. *Gesta episcoporum Autissiodorensium* (Migne, t. CXXXVIII, p. 244).

être restreint. L'Église cherchait, nous l'avons vu, à concentrer la vie religieuse dans le *vicus* formé de petits propriétaires, d'artisans, d'hommes libres. Mais, dès le milieu du vie siècle, d'autres usages commencent, et nous voyons qu'une paroisse peut être fondée dans un domaine privé.

C'est également le IVe concile d'Orléans qui nous marque cette transformation : « Si quelqu'un, dit-il, a « ou veut avoir une *dioecesis* dans son domaine, qu'il « lui assigne d'abord des terres en quantité suffisante « pour que les clercs qui y sont attachés puissent rem-« plir leur office et que le sanctuaire soit traité avec « tout le respect qui lui est dû [1]. » Cette constitution est la première qui nous parle des paroisses fondées sur un domaine laïque. La première aussi elle règle les conditions de leur établissement.

Au fondateur ou au propriétaire, l'Église impose le devoir de donner une « dot ». Ici, la donation n'est pas facultative, elle devient obligatoire. Et, conformément aux canons, ce patrimoine, comme celui des paroisses, doit être remis au gouvernement de l'évêque de la cité. Il devient ainsi terre ecclésiastique. La *cartula dotis* confère à l'Église une propriété irrévocable, perpétuelle, que le donateur et ses héritiers ne peuvent reprendre [2]. Toutefois l'Église, qui l'affranchit de la propriété du *dominus fundi*, la place encore sous sa « défense ». Cette règle ne se trouve pas, il est vrai,

1. *Concil. Aurelianense*, c. 33. Cf. également c. 26 : « Si quae parrociae in potentum domibus constitutae sunt... »
2. Cela ressort des canons 26 et 33.

dans les conciles francs. Elle est formulée par des conciles espagnols, le IVe et le IXe de Tolède (633-655) [1]. Mais ces décisions, qui prirent place dans les recueils gallicans, complétèrent leur doctrine. Nous les retrouverons plus tard.

En laissant s'établir des paroisses dans les *agri privati*, l'épiscopat n'entendait pas changer le caractère de la *dioecesis*, et, moins encore, affaiblir le lien qui l'unissait à l'église de la cité. Ces créations avaient été rendues nécessaires par le nombre croissant des fidèles; la grande paroisse était trop vaste; l'église du *vicus* trop éloignée. Les évêques espérèrent en tirer parti dans l'intérêt même de leur gouvernement. L'*oratorium* finissait par être une menace. Les clercs, qui le desservaient, étaient bien plus les serviteurs du grand propriétaire que les représentants de l'évêque. Groupés autour de lui, enfermés dans son domaine, et, une fois ordonnés, n'ayant plus aucun rapport avec leur chef religieux, il leur était facile de refuser l'obéissance. Ils pouvaient se passer de leur évêque, ils ne pouvaient se passer du maître qui les faisait vivre. Et déjà grandissaient, dans

1. Le IVe concile de Tolède (633) déclare que le fondateur d'une église, lorsqu'il vient à être réduit à la misère, doit recevoir une pension alimentaire de cette église. Cette règle fut conservée. — Le IXe met les biens et l'église fondée sous la « défense » du fondateur. — C. 2 : « Quia ergo fieri plerumque cognoscitur, ut ecclesiae parochiales... ita quorumdam episcoporum, vel insolentia vel incuria horrendam decidant in ruinam, ut graviter ex hoc oriatur aedificantibus moeror, quam in construendo gaudii extiterat labor, ideo... decernimus ut quamdiu earumdem fundatores ecclesiarum in hac vita superstites extiterint; pro eisdem locis *curam permittantur habere sollicitam...* »

cette classe du clergé rural, les idées d'indiscipline et de
révolte que tant de conciles ont combattues.

Par. l'institution des paroisses dans les *villae*, les
évêques firent rentrer les clercs indépendants dans la
hiérarchie régulière. Si nous lisons avec attention les
canons du concile d'Orléans, nous voyons avec quel soin
l'épiscopat affermit son autorité sur ces paroisses nouvelles [1]. En exigeant une dot, les évêques se réservent
ainsi le droit d'intervenir dans la gestion du patrimoine,
par suite, dans le domaine. En faisant du clerc un chef
de paroisse, ils le rattachent plus étroitement à l'église-
mère de la cité. Comme tel, n'oublions pas en effet qu'il
doit se rendre chaque année au synode diocésain,
demander à l'évêque le chrême consacré, lui rendre
compte et de la prédication qu'il fait et des sacrements
qu'il administre. En même temps, l'Église le protège
contre les agents du domaine, contre le propriétaire
même. Elle déclare qu'il ne peut être qu'un homme
libre, non un colon ou un affranchi. Mesurons les conséquences de ces lois. Le clerc de l'église n'est plus le
client du *possessor* qui l'a choisi. Sa dignité nouvelle lui
confère de nouveaux droits et aussi de nouveaux devoirs.
Il devient le délégué de l'évêque en devenant le pasteur
d'une petite communauté.

L'établissement des paroisses dans les *villae* ne peut
donc être considéré comme une concession faite à l'aristocratie laïque. Il marque pourtant ses progrès, et

1. *Concil. Aurelianense*, c. 26 et suiv. : « Si ab agentibus potentum vel ab ipsis rei dominis de agendo officio ecclesiae in aliquo
prohibentur, auctores niquitiae a sacris cyremoniis arceantur... »

nous en verrons les conséquences très opposées à celles qu'attendait l'épiscopat. Au VIe siècle, ces résultats ne se dégagent pas encore. Par ces mesures, l'Église avait pensé maintenir l'unité dans la juridiction, l'ordre dans la hiérarchie, par-dessus tout, les attributs de la puissance épiscopale. Elle avait enfin établi le « patronage » des églises, dans ses éléments essentiels, tels qu'ils se retrouveront toujours. Or, si nous les résumons, nous voyons :

1° Que le propriétaire d'un domaine peut fonder sur sa terre un *oratorium* ou une église ;

2° Que cette église peut avoir un desservant, un patrimoine, et devenir le centre d'une paroisse ;

3° Que l'église, son prêtre, sa dot restent soumis à la juridiction de l'évêque qui confère aux clercs leurs pouvoirs et garde l'administration des biens ;

4° Que le fondateur et ses héritiers ont le privilège de présenter à l'ordination épiscopale le desservant et d'être les *défenseurs* de cette église. S'ils tombent dans la misère ils peuvent être entretenus sur son patrimoine.

Telles sont les règles formulées par la législation ecclésiastique. Il nous suffit ici de les constater. Nous allons voir, dans l'anarchie sociale du VIIe et de la première moitié du VIIIe siècle, ce qu'elles sont devenues.

II. — DES ÉGLISES PLACÉES SOUS LA « PROTECTION » D'UN GRAND

La fondation d'une église sur un domaine, telle est la genèse première et générale du « patronage ». Que cette église soit érigée en paroisse, le patronage s'étend à la paroisse. Ce sont là faits normaux, réguliers, acceptés par la législation canonique elle-même. Mais ils ne suffisent pas à expliquer la diminution progressive des églises libres. Au VIIe siècle, nous voyons déjà le *vicus publicus*, la paroisse de l'archiprêtre, tomber entre les mains d'un grand.

Quelles causes ou quels faits expliquent cette conquête des grandes paroisses par l'aristocratie terrienne? Il est difficile de les retroüver dans l'obscurité ou le petit nombre des textes. Mais l'idée qui se dégage de leur étude, c'est qu'elle se fit surtout par ce besoin de protection qui, dans cette société troublée, anarchique, constitue peu à peu le séniorat. Dans ce désordre des temps, à une époque où le droit individuel n'est pas une garantie, où l'homme cherche à vivre en renonçant à vivre libre, les liens sociaux se transforment, toujours plus lâches, entre l'individu et l'État, plus étroits entre le riche et le pauvre, le puissant et le faible.

Or, plus que toute autre, l'Église a besoin d'être protégée, car, exposée à toutes les convoitises, elle est par elle-même impuissante à se défendre. Elle, surtout, doit chercher des défenseurs, pour ses biens, pour ses clercs. Elle avait trouvé dans la royauté le premier de tous. Et, dès le VIe siècle, elle lui demande des chartes de protection ou d'immunité. C'est ainsi que le roi et, plus tard, le maire du Palais ont pris dans leur mainbour les évêchés, les abbayes, qu'ils accordent des diplômes individuels à des évêques, abbés, simples clercs qui se « commendent » à leur personne. Mais le roi est-il le seul protecteur? Et sur ce petit groupe, la paroisse, sa

protection ne serait-elle pas trop éloignée pour être efficace? Dès lors, n'y eut-il pas, dans les *pagi*, des contrats
analogues entre la paroisse et le puissant propriétaire de
la région? Les prêtres ou clercs du *vicus* ne se sont-ils
pas recommandés à un grand? N'ont-ils pas obtenu une
charte pour eux-mêmes ou pour leur église?

Nous possédons, à l'époque féodale, pour les xe et xi[e]
siècles, un certain nombre de ces contrats, contrats
de sauvement ou de commande. Nous n'en avons aucun
pour l'époque mérovingienne. Nous ne trouvons aucun
diplôme de cette nature, ni dans les formules de Mar-
culf, ni dans les autres recueils du vi[e] ou du viie siècle [1].
Nous devons donc chercher dans les documents s'il
n'est pas fait allusion à ces usages et si quelques faits
historiques ne supposent pas leur existence.

Il y a un premier fait que nous signalent les textes
conciliaires. C'est la recommandation individuelle des
clercs ou des prêtres ruraux. Ils recherchent le patronage, *patrocinium*. Il n'est pas douteux que ces contrats
individuels ne soient semblables à ceux qui unissaient
les laïques au roi ou à un grand et qu'ils ne marquent
une sujétion libre et volontaire. Le clerc qui se « recommandait » devenait ainsi le fidèle, l'homme d'un *possessor*; il entrait dans sa clientèle, recevait peut-être de

1. Mais nous avons à l'époque carolingienne des chartes spéciales de mainbour octroyées par le roi à un clerc. Cf. *Trad.
Sangallenses*, p. 38, diplôme de Charlemagne pour le prêtre
Arnald (Roth., *Feudalität*, p. 270). Nous voyons également dans
les *Trad. Wizemburgenses* (p. 43) une église rurale placée « sub
mundeburdo vel defensione » du monastère. (Acte de la fin du
viie siècle.)

lui quelque terré ou tout au moins sa protection, et,
quoique les textes ne le disent pas, nous pensons bien
que ce *possessor* est surtout le grand propriétaire voisin
du *vicus* ou habitant de la *villa*. L'Église condamna ces
usages. Elle interdit, par ses lois, ses anathèmes, le
patronage des ecclésiastiques. Mais la fréquence même
de ces décisions prouve l'inutilité de ses efforts.

Au vi[e] et au viie siècle, on peut suivre par les canons
des conciles les progrès du patronage. Pour le combattre,
l'Église songea d'abord à interdire l'ordination des
esclaves ou des affranchis [1]. Elle redoutait toujours l'influence de leur maître. Le clerc, colon ou serf, était
l'homme du propriétaire plus que le sien. Elle défendit
en outre aux prêtres et aux clercs de condition libre de
se recommander. Dès 535, le concile de Clermont nous
fait entrevoir la fréquence de ces engagements individuels [2]. En 538, le concile d'Orléans nous parle de ces
prêtres qui vont chercher la protection des riches, pro-
mettre leurs services, sacrifiant les devoirs du ministère
aux devoirs du patronage [3]. Le concile d'Éauze (551)
excommunie le clerc qui recherche la mainbour d'un
laïque et le laïque qui accorde sa protection contre le
gré de l'évêque [4]. En 614, l'assemblée de Paris interdit

1. *Concil. Aurelianense* (549), c. 6. L'Église n'osa point cependant décider que l'ordination était par elle-même une cause d'affranchissement.

2. *Concil. Arvernense*, c. 4 (535).

3. C. 12 : « Si qui clerici ministeria suscepta... agere... detrac-
tant et excusationem de *patrociniis* quorumcumque, ne officium
impleant, praetendunt... »

4. *Concil. Elusitanum* (551), c. 4 : « Si quis spreto suo pontifice

aux ecclésiastiques de se rendre auprès du roi ou des *potentiores* et d'entrer dans leur clientèle [1]. On peut dire que, pendant tout le vi[e] siècle, la hiérarchie lutta contre ces efforts du clergé rural pour obtenir le patronage des grands.

C'est que le patronage n'était pas une protection théorique. Il engageait à des devoirs et des services [2]. En revanche, à celui qui le demandait, il assurait l'indépendance. Il permettait aux clercs de résister à leur évêque, de braver ses censures, de se liguer contre lui, et, sans doute, de garder malgré lui les bénéfices ecclésiastiques que l'évêque leur avait cédés et cherchait à leur reprendre. On comprend donc que l'Église l'ait combattu, mais, avec le temps, elle dut le reconnaître. Elle-même réclamait pour ses évêchés et ses monastères la mainbour du roi ; elle ne pouvait interdire aux clercs inférieurs celle du seigneur local. Vers 665, le concile de Bordeaux autorisa les prêtres, diacres, simples clercs à se mettre dans la mainbour privée. Il les obligea seulement à obtenir le consentement de leur évêque. Cette décision prouve bien les progrès du patronage. Elle nous autorise à croire qu'un grand nombre de prêtres ruraux étaient entrés alors dans la clientèle de l'aristocratie [3].

On devine combien, par ces contrats, par ces pro-

ad laici *patrocinia* fortasse confugerit, cum fuerit a suo episcopo repetitus et laicus eum defensare voluerit... »

1. *Concil. Parisiense* (614), c. 5.

2. Cela ressort des canons que nous avons cités. Cf. également le concile de Mâcon (583), c. 10.

3. *Concil. Burdegalense* (633-675)... c. 2. « Cum convenientia episcopi. »

messes, s'affaiblirent les liens de la discipline, combien
aussi dut être troublé le gouvernement intérieur des
paroisses. Tout homme qui se recommandait n'engageait
pas seulement ses services; le plus souvent, il « com-
mendait » sa terre. Nul doute que les clercs ruraux
n'aient dû aussi « commender » leurs biens propres.
Firent-ils de même pour les biens ecclésiastiques qu'ils
administraient ou tenaient en bénéfice? Le patrimoine
paroissial fut-il placé sous la mainbour d'un grand? Il
semble que quelques faits nous laissent entrevoir cette
transformation.

Nous avons, dans le recueil de Wissembourg, une
charte du viie siècle qui nous montre une église placée
sous la mainbour d'un couvent [1]. Le couvent, pour prix
de sa protection, reçoit la moitié de cette église et
quelques terres. Comme protecteur également, il nomme
le prêtre, mais il est tenu d'acquitter envers l'évêque
toutes les charges qui pèsent sur l'église. Nous pouvons
conclure de ce texte qu'une église peut être placée *sub
defensione* et que ce patronage assure au protecteur des
privilèges analogues à ceux qui sont reconnus au fondateur d'une église sur un domaine.

Vers la même époque, d'autres églises baptismales se
placèrent ou furent placées par leur fondateur sous la
mainbour spéciale de l'évêque. Nous lisons dans une
formule qu'un laïque fonde un hospice ou un monastère,
le dote de ses biens. Il met sa fondation sous la « défense »
spéciale de l'évêque [2]. Ici, il s'agit d'une communauté :

1. *Trad. Wizemburgenses*, p. 43.
2. Marculfe, II, 1 : « de conlatis ac superius prenotatis rebus

maïs il est conforme aux mœurs du temps de supposer qu'un certain nombre d'églises publiques ont recherché le patronage épiscopal ou que les évêques ont imposé leur patronage. — Aussi bien des contrats de ce genre ont-ils pu intervenir entre des paroisses libres et des grands.

Par ces contrats seuls, nous expliquons la sécularisation des paroisses qui commence au viie siècle. Voici d'abord un concile qui nous montre des laïques ayant dans leur garde les biens des paroisses et en usurpant l'administration [1]. D'autres documents précisent encore cette sujétion de l'église rurale à l'aristocratie. Dans beaucoup de *dioeceses*, les grands propriétaires prennent le titre presbytéral. Ils sont archiprêtres, comme, au ixe siècle, les comtes ou les seigneurs seront abbés des monastères. Nous avons peine à comprendre aujourd'hui ces usages que nous signalent pourtant des textes formels. Dès 614, un concile interdit aux séculiers d'être archiprêtres [2]. Cette interdiction est renouvelée aux synodes de Clichy (620-625), de Reims, de Chalon (639-654), au *concilium Latunense*. Ces mesures répé-

omnia ad curam et sollicitudinem aut *defensionem* rerum vel gubernationem ipsorum pauperum... episcopo... committo. » (Zeumer, p. 73.) — Cf. des diplômes de 704 et 721. Pardessus, n°s 475, 514.

1. *Concil. Cabilonense* (639-654), c. 5 : « Saeculares viri qui necdum sunt ad clericato conversi res parrochiarum vel ipsas parrochias minime ad regendum debeant habere commissas. »

2. Clichy, c. 21. Reims, c. 19. Chalon, c. 5. — Latunense, c. 9 (*M. G. H., Concilia aevi merovingici*, p. 200, 205, 209, 218). Il semble qu'il ne s'agisse pas dans ces canons de laïques ordonnés directement archiprêtres *absque praemissa conversione*. Le canon 5 de Chalon nous montre bien que des laïques occupent ces fonctions.

tées montrent toute la force des mœurs nouvelles.
Presque partout, le gouvernement des paroisses rurales
est passé entre les mains de l'aristocratie.

Assurément, en prenant le titre, les grands n'exercent
pas le ministère. Ils laissent aux membres du *presbyterium* le gouvernement spirituel, car ils ne peuvent
offrir le sacrifice, administrer le baptême, la pénitence,
enseigner les fidèles. Mais ils ont retenu une part de la
juridiction des archiprêtres, celle qui consiste à surveiller le clergé et surtout à administrer les biens. Et ainsi
peuvent-ils s'emparer des revenus du patrimoine, mettre
la main sur les offrandes des fidèles. Peut-être enfin
ont-ils part au recrutement du clergé rural, choisissent-
ils les desservants des chapelles soumises à l'église du
vicus. Les plaintes des conciles sur la vénalité des
charges ecclésiastiques semblent bien indiquer que les
fonctions n'étaient pas données au plus digne et que les
laïques disposaient des *tituli* ruraux en faveur du plus
offrant.

Or, c'est par les habitudes du patronage que la sécularisation des paroisses se fait au viie siècle. Un concile
le fait entendre clairement. Il nous montre qu'en accep-
tant ces archiprêtres laïques, le clergé et le peuple du
vicus voulaient surtout avoir des protecteurs. On confiait
ainsi à un grand le gouvernement de la paroisse qu'il
était appelé à défendre [1]. Si nous rapprochons ce docu-

____

1. *Concil. incerti loci*, c. 11 (v. 614) : « Ne saecularis archipresbyteri ponantur : forsitan si talis fuerit quem pro merito perso-
nae in solacium ecclesiae pontifex necessarium ecclesiae judicit,
sene corum defensione parreciani illi se defensare non possunt... »

ment des constitutions anciennes par lesquelles l'Empire avait interdit le patronage des *vici*, nous pouvons dire que les habitudes sociales n'ont pas changé. Seulement, au viie siècle, le *possessor* a étendu sa protection et sur le bourg et sur la paroisse. Il a ainsi, dans sa mainbour, tout le petit groupe social et religieux qui, plus tard, à l'époque féodale, sera presque toujours le centre d'une seigneurie.

On voit par là comment le patronage ecclésiastique s'étend par les habitudes du patronage privé. L'un et l'autre nous amènent ainsi à constater un même fait : la sujétion d'une église à une communauté ou à un homme. Voyons maintenant de quelle nature est cette sujétion.

III. — LE « PATRONAGE » SE CONFOND AVEC LA PROPRIÉTÉ.

En étudiant l'origine du « patronage », nous avons dit que l'Église lui avait fait place dans sa législation. Au fondateur, aux héritiers, elle reconnaît le droit de présentation ; à l'église, un patrimoine ; à l'évêque, le gouvernement de ce patrimoine. Or, vers le viie siècle, apparaît une autre transformation. L'église rurale devient une *res privata*. Elle est possédée au même titre que la terre. Simple chapelle ou église baptismale, elle peut être donnée, vendue, léguée. Contrairement au principe du droit romain qui fait de toute *res sacra* une chose publique, elle entre dans la propriété individuelle ; elle a un maître.

Les plus anciens documents qui nous attestent ce

droit de propriété sont des chartes de donations faites à des abbayes ou à des évêchés. Nous y lisons qu'un tel donne sa terre avec l'église ou la basilique qui y est construite. Voyez cette charte du diacre Grimo en 636[1]. Il donne à l'église de Verdun le *locus Domo*, le *castrum Teulegia* avec les églises qu'il y a fondées. En 646, Dagobert II confirme une donation faite par sa fille Irmina à un couvent de Trèves ; cette donation comprend *Loosa* et sa basilique, *Aneia*, plus une chapelle[2]. Or, église et chapelle sont dites *allodium*. Voici d'autres chartes de l'époque mérovingienne. En 680, Nicet et Ermintrude donnent à Moissac un certain nombre de *villae* et de *curtes*. Quelques-unes de ces *villae* ont leurs églises ; parmi elles, se trouve l'église Saint-Saturnin, qui a été achetée par les donateurs[3]. Une autre charte de 695 mentionne un procès devant le roi. Ebbo a donné une église à Saint-Denys, cette église est revendiquée par son fils Bottharius. Une enquête est faite et des témoins sont cités devant le tribunal. L'église est adjugée au monastère[4]. Lisez encore ces documents de la première partie du viiie siècle : « Nous donnons, » disent Robingus et Bebelina, « l'église (d'Anvers) à toi Wille-« brord... acquise, par échange, d'un tel, abbé, avec les « terres, les maisons... à cette condition qu'on lui

1. Beyer, *U. B.*, n° 6 : « Locum... Dom et castrum Teulegio... ubi... loca sanctorum aedificavi. »
2. *Id., ibid.*, n° 7. Cette charte n'est peut-être pas authentique.
3. Pardessus, *Diplomata*, n° 393.
4. *Id., ibid.*, n° 434 (695).

« envoie le luminaire et l'encens et que les prêtres qui
« y sont attachés prient Dieu pour nos péchés..., que
« toi, Willebrord, tiennes et possèdes cette église, tous
« les biens qui en dépendent, et aiès le pouvoir, la
« liberté de la donner, échanger ou d'en faire ce que tu
« voudras [1]... » — « Je donne, dit un autre, ma villa
« avec l'église Saint-Pierre que mes parents y ont con-
« struite, en toute intégralité et avec toutes ses dépen-
« dances, de plus, l'église Saint-Pancrace, qui est notre
« propriété [2]. » On ne saurait marquer en termes plus
forts la pleine propriété. A l'époque carolingienne,
ces concessions, ventes, échanges ou donations se rencontrent fréquemment.

On ne saurait dire si ces églises sont toutes des *tituli*.
Parmi elles se rencontrent pourtant des églises baptismales qui sont déjà ou deviennent des paroisses. Nous
voyons aussi que ces édifices appartiennent à des maîtres
divers; ils peuvent être possédés par une communauté
ou par un homme, par un monastère ou par le roi, par
un évêque, un clerc, un laïque. Voilà donc un ensemble
de faits très différents des règles du patronage; nous
devons en chercher l'explication.

Un premier fait à retenir, c'est qu'un grand nombre
de ces églises rurales sont fondées sur la terre d'un
évêché ou d'une abbaye. Ici, le droit de propriété de

1. Pardessus, *Diplomata*, n° 538 (726).
2. *Id., ibid.*, n° 559. *Testamentum Abbonis* (739) : « Domus...
cum edificiis... una cum ecclesia Sto Petro, quem parentes nostri ibidem construxerunt... ecclesia Sto Pancrasio proprietatis
nostrae. » Cf. nos 562 (741), 587 (746).

l'église cathédrale ou du couvent s'explique sans peine.
Il s'est maintenu sur cette portion de leur domaine où
l'édifice a été construit. L'évêque ou l'abbé a concédé
quelques terres à l'église rurale, pour l'entretien des
clercs, les frais du culte, mais il n'a pu en aliéner la
propriété. La condition de ces terres ne change pas ;
elles restent toujours sous le « pouvoir » du saint ; ce
dernier continue à posséder et, par lui, l'évêché ou le
monastère qui le représente. La dotation de l'église
est une simple assignation de biens, analogue au bénéfice ecclésiastique donné par l'évêque ou l'abbé à un
de ses fidèles. Seulement, l'assignation est perpétuelle,
tandis que le bénéfice est viager.

Une seconde catégorie d'édifices religieux reste aussi
naturellement entre les mains des *possessores* qui les
ont élevés. Ce sont d'abord ces édicules, *oratoria*, *cancelli*, construits dans le *praetorium* de la *villa*, comme
autrefois le *lararium* dédié aux divinités domestiques.
Le maître y réunissait sa famille et ses serviteurs et
s'y adonnait à la prière ou aux chants religieux. Ailleurs, sur le tombeau d'un martyr, en l'honneur d'une
relique, le propriétaire d'un champ ou d'un domaine
pouvait construire un *martyrium*, dont il confiait la
garde à un clerc ou à un de ses hommes. Mais le gardien se contentait d'y chanter les offices du saint ou
d'y entretenir le luminaire. Oratoire domestique, *martyrium*, n'étaient pas des sanctuaires. Ils n'étaient pas
consacrés et on n'y offrait pas le sacrifice. On comprend que ces petits édifices fussent toujours incorpo-
rés au domaine. L'évêque n'avait pas à en permettre la

création; il n'avait sur eux aucun contrôle. Le propriétaire était libre de les établir; il en gardait naturellement la propriété.

Nous arrivons ainsi à une dernière catégorie d'églises
ou de chapelles. Bâties sur un domaine privé, par un
particulier, ecclésiastique ou laïque, elles sont devenues
le centre d'un culte public. Il a fallu, pour y célébrer
les mystères, une *dedicatio* spéciale de l'évêque. Mais
ce caractère sacré de l'édifice change sa condition.
Comme l'église du *vicus*, il a son prêtre et son patrimoine : il passe sous la juridiction épiscopale. Précisément, au viie siècle, cette église, chapelle, basilique ou
paroisse, nous apparaît comme une propriété privée.
C'est la genèse de ce droit de propriété que nous avons
à découvrir.

Une première explication qui se présente à l'esprit est
que la législation l'avait reconnu; qu'elle avait attribué
à tout fondateur d'une église, à ses héritiers, la propriété de cette église.

Mais aucune concession semblable ne se lit dans les
textes. Nous avons étudié la théorie canonique du
patronage. Nous avons vu que l'Église exigeait du fondateur la constitution d'une « dot », que cette dotation
entrait dans le patrimoine ecclésiastique dont l'évêque
avait la garde. Sur elle, il est vrai, le fondateur conserve un droit de protection, mais cette protection n'est
pas une propriété. Propriété et patronage sont distincts.
En assignant à l'église fondée une partie de son domaine,
le propriétaire a dû faire une véritable donation. Or,
les conciles nous montrent bien que cette donation est

perpétuelle, irrévocable. Ils la garantissent contre toute reprise ; ils la protègent contre toute usurpation. Sur ces biens qu'il a donnés, le *dominus fundi* n'a aucun droit ; il ne peut ni les confisquer, ni en disposer à son profit, ni les grever de redevances ou de services [1]. L'église de là *villa*, dans la législation ecclésiastique, nous paraît bien avec ses terres, ses prés, champs, vignes, colons, comme un organisme distinct dans la *villa* même, et, nulle part, les conciles n'en attribuent ou n'en font supposer la propriété au maître du domaine.

Nulle part, il est vrai, il n'est dit que l'église ainsi fondée possède elle-même. Mais nous pouvons croire que, comme l'église du *vicus*, l'église de la *villa* est propriétaire des biens qu'elle a reçus. Disons mieux : dans cette impuissance des esprits à comprendre toute idée abstraite, toute création artificielle du droit, de même que l'évêché, de même que le monastère, elle possède un propriétaire apparent, le *saint*. Il est probable, en effet, que l'Église essaya d'étendre cette conception aux paroisses. Le nom même d'un saint donné à l'*oratorium*, à la basilique rurale [2], le dépôt des reliques, prouvent au moins cette tendance. Remarquons qu'on dit alors l'église de tel saint, comme la

---

1. *Concil. Aurelianense* (541), c. 26 : « Quisquis etiam aut majo-'rum aut mediocrium... quodcumque muneris vel facultatis sacer-dotibus aut clericis aut quibuslibet locis sanctis... contulerit, aut ea quae a parentibus donata noscuntur... auferre praesumpserit...» Cf. Tours (557), c. 26. Paris (556-573), c. 1. Mâcon (583), c. 4.

2. Voy., dans les *Formulae Senonenses*, la forme des donations : *Cessio ad ecclesiam*, 14, 15, 16 : « Ecclesiae sancti illius qui est constructa in pago illo, in loco qui dicitur ille, etc. »

villa de tel maître. La constitution de dot prend ainsi les caractères d'un véritable transfert de propriété fait en faveur d'un saint. Assurément, cette prise de possession ne fut ni partout ni toujours réelle. Elle nous montre au moins la pensée de la hiérarchie d'affranchir l'église rurale, et par son caractère sacré, et par ses biens, du pouvoir de son fondateur.

Ce n'est donc pas dans la législation religieuse qu'il faut chercher la genèse du droit de propriété. La trouverons-nous dans la nature même de la concession faite par le fondateur? Peut-être, en effet, celui-ci, en dotant son église, s'est-il réservé sur la terre une nue propriété, un domaine éminent. Cherchons si les textes confirment cette hypothèse.

Nous n'avons, de l'époque mérovingienne, aucun acte relatif à la fondation d'une église ou d'une paroisse. Nous possédons, en revanche, quelques chartes qui nous parlent de la fondation de monastères; deux diplômes, l'un de 709, l'autre de 721, et une formule. Si nous lisons ces documents, nous voyons que les fondateurs dotent le couvent, mais sans réserve pour eux-mêmes d'aucun droit ou titre de propriété : « Nous vous « donnons, dès ce jour, disent-ils, nous transférons de « notre propriété en la vôtre, pour que vous puissiez « jouir, posséder... » Voilà bien des termes qui marquent un changement de propriété. Lisez surtout la formule : «. Je donne, » dit le fondateur..., « pour le luminaire, la « nourriture, le vêtement, l'entretien des pauvres et « des clercs attachés à l'oratoire; je donne, transfère et « transmets à jamais, de ma propriété en leur propriété,

« de mon pouvoir en leur pouvoir, les champs tel et
« tel situés dans tel territoire, pareillement, tout ce que
« je possède dans ce territoire, ma *porcio* avec ses
« esclaves, édifices, vignes, terres, prés, forêts et tous
« les droits qui s'y rattachent, les *colonicae* et leurs
« dépendances, telles que je les possède, soit par légi-
« time héritage, soit de toute autre manière, intégrale-
« ment, absolument... Que ce bien qui a été possédé par
« moi jusqu'à ce jour demeure la propriété de l'oratoire
« de Sainte-Marie et des pauvres... Je confie tous ces
« biens, dont j'ai parlé, à la garde, à la surveillance, à
« la protection de l'évêque et de ses successeurs, et je
« remets entre ses mains la charte par laquelle je place
« le patrimoine sous sa défense... Quant à moi, je ne
« me réserve aucun titre de propriété [1]. »

Examinons attentivement cette charte. Nous n'y trouvons aucun mot qui nous montre que le fondateur
retienne quelque droit sur le monastère. Bien qu'établi
sur son domaine, celui-ci est déclaré indépendant et
libre. Sur les biens qu'il cède, le fondateur ne stipule
également aucune servitude, aucune réserve. La donation
est irrévocable, perpétuelle, immédiate. Il se dessaisit
de la propriété ; il la transfère, intégrale, absolue, avec
tous ses droits [2].

En fut-il de même pour les églises ? Il n'est pas douteux que les évêques n'aient obligé les fondateurs à
insérer des clauses analogues dans la charte de dota-

1. Pardessus, *Diplomata*, n°s 475 (709), 514 (721).
2. Zeumer, *Formulae aevi merovingici*, p. 70-74 (Marculfe, II, 1).

tion [1]. Voici une charte de l'époque carolingienne, une des plus anciennes, celle de l'église de la *villa Sentolatus* [2] (830). Les fondateurs Lepteus et Agiloïs déclarent qu'ils donnent et concèdent à l'église, « pour le lumi-
« naire et l'entretien des clercs, tout ce que nous pos-
« sédons dans notre *villa* dite *ad Subricas* et dans celle
« qui est appelée *Caleffianum*, en maisons, jardins,
« vignes, arbres à fruit ou autres, prés, pâturages,
« forêts, eaux et aqueducs..., nous le livrons et transfé-
« rons de notre propriété et de notre pouvoir au pouvoir
« et à la propriété de l'église fondée par nous dans
« notre *villa Sentolatus...*, nous instituons, pour tous
« ces biens, notre église comme héritière à titre perpé-
« tuel, ne permettant à personne d'en aliéner, vendre,
« échanger la moindre parcelle... Dans les cessions, il
« est manifeste que la seule volonté suffit, mais nous
« avons ajouté à ces dispositions une clause pénale. Si
« donc, ce qu'à Dieu ne plaise, nous-mêmes, nos héri-
« tiers ou nos parents, ou directement ou par un tiers,
« nous venions à porter atteinte aux droits de l'église,
« à usurper ses biens, si tout autre les contestait ou les
« revendiquait, que celui-là ne puisse obtenir ce qu'il
« demande, mais qu'il soit tenu de payer à l'église et à
« ses ministres une livre d'or... et que la présente lettre
« de concession... ait de tout temps un caractère invio-
« lable. » Si nous comparons cette charte à la formule

---

1. Lettre de Zacharie à Pépin (Migne, t. LXXXIX, p. 935). — L'église doit être consacrée... « percepta primitus *donatione legitima.* »

2. Cart. de l'église de Grenoble, nº vii (p. 13).

de Marculfe, nous trouvons des expressions analogues. Ici encore, la propriété est transférée ; le droit de l'église se substitue au droit du fondateur. Aucun mot ne fait penser que ce dernier garde un domaine éminent ; aucune réserve n'est faite en sa faveur.

Ainsi, ce n'est point par une série d'actes juridiques que les églises rurales sont entrées dans le domaine privé. Rappelons-nous qu'à l'époque mérovingienne les terres données par les rois à leurs fidèles sont données en toute propriété, que ces concessions ne sont pas des bénéfices. Il en est de même des terres données aux églises par les grands : comme l'église, elles sont déclarées libres. En consacrant le sanctuaire, l'évêque ne reconnaît au fondateur qu'un droit de patronage, non un droit de propriété.

Il faut donc chercher, hors de la législation, dans un ensemble de faits, d'idées où d'usages, l'origine de ce *dominium*.

Assurément, la première est, dans bien des cas, l'usurpation et la violence. Qu'on lise les textes du temps. Ils nous montrent combien nombreux étaient les attentats au patrimoine sacré. Aucune société n'eut moins le respect du droit de propriété ni des liens créés par le contrat. Il suffit de voir, dans Grégoire de Tours et dans Frédégaire, avec quelle facilité les rois se croyaient affranchis des plus solennelles promesses. Ces despotes, besoigneux et cupides, qui dilapident leur trésor, dépouillent aussi les églises et s'emparent des domaines sacrés pour les donner à leurs fidèles. Ils cassent les testaments. Eux-mêmes concèdent des terres

du fisc sans condition et sans réserve, mais ils les
reprennent quand ils veulent et comme ils veulent.
Leurs bénéfices ont toujours, en fait, un caractère révocable et temporaire.

Or, dans son coin de terre, le leude où le seigneur
n'agit pas différémment. Comme le roi, il prend là où
il peut, sur la terre du paysan ou sur celle de la
paroisse. Lui aussi, à la mort de chaque prêtre, envahit
le patrimoine ecclésiastique. Lui aussi met la main
sur les donations [1], enlève le champ ou la vigne laissés
par les mourants à leur église. Surtout, sur celle qu'il
a fondée ou que ses pères ont établie, il se permet
toutes les violences. En droit, la dotation est irrévocable ; en fait, elle ne l'est pas. Il reprend, aliène,
détient ce qu'il donne ; il n'a nul respect de sa parole ou
de son écrit [2], de la volonté de ses devanciers ou de ses
ancêtres : il considère la terre de son église comme tou-

1. Voy. les plaintes des conciles du viie siècle contre ces spo-
liations fréquentes. Clichy (626), c. 12. Reims (627-630), c. 20.
2. Les constitutions du concile d'Orléans (549) nous montrent
combien sont fréquentes ces révocations de dons aux églises. Cf.
Chalon (639-654), c. 14 : « Nonnulli... detulerunt quod oratoria
per villas potentum jam longum constructa tempore et facultates
ibidem collatas ipsi quorum villae sunt, episcopis contradicant...
quod convenit emendare ita... ut in potestate sit episcopi et de
ordinatione clericorum et de facultate ibidem collata. » Ce texte
est significatif. Nous savons que les rois agissaient de même.
On voit également par les canons des conciles espagnols, III
Tolède, c. 19 (589); IX Tolède, c. 1 (655), que les fondateurs des
églises ou leurs héritiers n'entendaient pas renoncer à leur droit
de propriété sur les terres qu'ils assignaient à leur église. Ils
prétendent en disposer et contestent même à l'évêque le droit
d'en avoir la surveillance et l'administration.

jours sienne, car il est le maître, il a la force et il en use. Enclavée dans sa *villa*, élevée le plus souvent sur le manse, dans la *curtis* qu'il habite, l'église est dans la dépendance visible du château. Il tient la terre comme le prêtre. Et, encore moins que lui, ses héritiers se croient-ils liés par ses promesses. L'église a beau avoir une charte et un titre ; charte et titre sont sans pouvoir contre les convoitises. Dans une société où la notion du droit et de la liberté s'affaiblit chaque jour, où ceux-là seuls obtiennent le respect qui inspirent la crainte, on comprend que les grands, par ces rapines, ces brigandages, aient retenu ou fait tomber nombre d'églises entre leurs mains.

Ces usurpations violentes se continuent au ix° siècle, après le ix° siècle. Mais, si nombreuses qu'elles soient, elles ne suffisent pas à expliquer un fait aussi général : l'appropriation des églises. Comment un clerc ou un laïque a-t-il pu maintenir ou faire entrer dans son domaine l'église de la *villa* ou du *vicus* ? Comment cette prétention s'est-elle conciliée avec les règles établies par la législation ecclésiastique ? Comment cette propriété même a-t-elle été reconnue par le droit ? Il semble que nous devions chercher l'origine de ce fait dans la transformation du patronage, et cette transformation, ce n'est pas seulement dans l'Église, c'est dans la société tout entière que nous pouvons la signaler.

Le patronage n'avait pas été seulement la protection de la personne. Dès le iv° siècle, il était devenu la protection de la terre. On se « commende », mais on « commende » aussi son champ, sa vigne, son domaine.

Or, quelle forme juridique devait revêtir ce contrat? Il n'en avait aucune qui lui fût propre. La loi romaine ne l'avait pas reconnu. Elle avait même combattu le patronage. Les mœurs, il est vrai, avaient été plus fortes que les lois. Le patronage triompha avec les invasions, mais il resta un fait social, non une création du droit. En l'absence de toute règle juridique, de toute définition précise, il fut ce qu'il devait être, un engagement de la personne, une tradition réelle de la terre. Le protecteur eut naturellement la propriété du champ, remis par le protégé même en son pouvoir.

Ce droit de propriété s'établit d'autant plus aisément qu'il ne changea rien au fait de la possession. C'est une chose digne de remarque qu'à la fin de l'empire la notion de la propriété tendait à se transformer, que l'on démembrait de plus en plus le droit et l'usage, le titre et la jouissance. La création des baux perpétuels, de l'emphytéose, sur les *fundi publici*, avait été une application de cette idée. Déjà l'emphytéote pouvait vendre, aliéner sa terre, « sauf le droit de l'État », reconnu, affirmé par une redevance. La distinction si fréquente, si féconde au moyen âge entre le domaine éminent et le domaine utile commençait ainsi à se faire jour. A l'époque des invasions, elle fut introduite dans les rapports privés. Si nous lisons, en effet, les recueils juridiques de cette époque, les formules de Tours, d'Angers, les plus anciennes, nous voyons des terres vendues, engagées, échangées, données en dot, réserve faite des droits du saint ou du propriétaire laïque [1]. Nous avons peine à

1. Zeumer, *Formulae aevi merovingici* (*Form. Andecavenses*, 21, 25, 40, 54, 58).

comprendre aujourd'hui ces usages. Mais ils nous montrent nettement la notion que les hommes de ce temps avaient de la propriété. Ils supposent qu'un bien peut avoir deux maîtres, celui qui exerce tous les droits du *dominium*, celui qui en possède le titre, l'homme qui use de sa terre et le saint ou l'homme dont elle dépend.

M. Fustel de Coulanges a bien montré que cette conception du droit de propriété se rattachait aux habitudes du patronage [1]. C'est surtout par la *commendatio* de la terre à une église ou à un grand qu'elle s'est établie. Ainsi a pu se concilier l'apparente contradiction « entre la propriété de l'homme qui dispose de la terre « et celle de l'église ou du riche à qui il l'a donnée ». D'une part, le contrat de patronage n'enlève aucun droit réel à celui qui « commende » sa terre, de l'autre, le droit supérieur du protecteur est garanti, puisque, quel que soit le détenteur du sol, sa redevance est assurée. En réalité, le contrat est favorable au protégé. Il garde la disposition de sa terre ; en l'incorporant au grand domaine, il est sûr que le *possessor* la défendra comme son bien propre. Il a ainsi tous les avantages de la propriété sans être exposé aux dangers qui la menacent. Il possède, sauf le droit de propriété de celui qui le défend.

Par la force des choses, le patronage des terres se transformait donc en propriété. Devait-il en être de même du patronage des églises ? Nous avons montré, en étudiant l'investiture épiscopale, comment, à l'époque féodale, la protection du roi sur les évêchés ou les

____

1. Le Bénéfice, *Histoire des institutions politiques*, p. 262 et suiv.

abbayes était devenue un domaine éminent[1]. Beaucoup
plus tôt, dès le viie siècle, le patronage des grands sur
l'église de leur domaine, sur celle du bourg se transforme
en propriété. Mais les causes sont identiques : elles se
ramènent à l'idée que les hommes de ce temps se font
du patronage. Il semblait naturel que le grand propriétaire qui avait dans « sa défense », sous sa mainbour,
l'église de sa *villa*, celle du *vicus* voisin, avec ses terres,
ses revenus, son clergé, les gardât dans sa dépendance ;
à une époque où les idées juridiques sont simples, où
les rapports entre les hommes sont mal définis, cette
protection se traduit par une propriété[2]. Et si dans la
paroisse, entre le patronage et le *dominium*, la confusion
est rapide, c'est qu'aux prétentions du *possessor* qui
protège, l'Église ne peut opposer aucun titre assez fort
pour faire valoir son droit.

Ce titre, elle l'avait alors contre le roi dans les évêchés où les monastères. Là, elle peut invoquer, elle invo-
quera longtemps encore la propriété du saint. Celui-ci
est toujours présent dans son église ; ayant son tom-

---

1. *Les Élections épiscopales dans l'Église de France du IXe au
XIe siècle*, liv. Ier, chap. V.

2. Rien ne marque mieux cette confusion qu'une charte du
ixe siècle (Cart. de l'église d'Autun, p. 73). Un laïque fonde une
église à Montbeugny (850), il en concède à l'église d'Autun la
propriété : il en garde la mainbour « ...ut dum nos vel unus
legalium haeredum propinquior superstites apparuerimus, non
tam de jure dominationis et haereditatis quam *defensionis* et *pro-
tectionis in mundeburdum* omni tempore vitae nostrae habere
valeamus... Dum vero nos aut quilibet ex successoribus... capellam cum omni integritate rerum suarum ad honorem ecclesiae
possedendo conservaverit et custodiendo possiderit. »

beau, il y réside. Il y réunit des prêtres et des fidèles ;
par ses miracles, il se défend lui-même ; il entretient
cette idée que nul ne peut impunément toucher à son
domaine. Ainsi a-t-il pris possession de la terre ou des
hommes ; autour de lui se sont groupés les intérêts et
les croyances. Établi enfin dans une cité, au milieu
d'une population libre ou au centre de grands domaines
dont il dispose, riche en terres, en clients, puissance
morale et économique tout ensemble, l'organisme religieux qu'il a créé est assez puissant pour résister longtemps à toutes les convoitises. Il n'en est pas de même
dans la paroisse. Théoriquement, il est vrai, toutes sont
placées sous le vocable d'un saint ; beaucoup ont leurs
reliques. Mais la plupart des hommes qui sont groupés
dans ces limites, ont au-dessus d'eux un homme ; ils
vivent sur la terre ou dans la clientèle d'un grand.
Dans cette petite localité rurale, souvent peu habitée,
peu accessible, le défenseur visible, que tous con-
naissent, c'est encore le grand propriétaire. Ou bien il a
fondé l'église, ou bien il en est le protecteur. Il demeure
près d'elle ; ses possessions entourent de tous côtés sa
possession. C'est à lui que les clercs se sont « commendés », c'est lui qui veille sur le patrimoine. Comment,
s'étonner que, conformément aux mœurs du patronage,
il garde ce patrimoine dans son domaine ? Celui-ci est
sien, souvent par son origine et par la nécessité même. Il
le protège en le possédant ; il le possède pour le défendre.

Et par la conception nouvelle qui se fait de la propriété, sa prise de possession peut très bien se concilier
avec le droit supérieur, théorique, du saint. Celui-ci

n'est pas dépossédé, car son titre est permanent, la dotation de l'église est perpétuelle. Dans le grand domaine,
fisc ou villa, elle formera toujours un organisme
distinct. L'évêque même pourra en avoir le gouvernement; ses revenus pourront être affectés au service des
clercs, du luminaire ou des pauvres. Au moins à l'origine, le propriétaire ne retiendra, comme sur les terres
de ses « commendés », qu'un cens; ce sera le signe
extérieur, la marque de son droit. Sa propriété sera pour
l'église un avantage et une garantie; ni l'autonomie de
la paroisse, ni ses institutions, ni sa vie religieuse n'auront à en souffrir.

La théorie ecclésiastique du patronage avait donc pu
se concilier avec cette conception nouvelle, très souple,
très large du droit de propriété. La nécessité même où
l'Église se trouvait d'accepter la protection lui en imposa
toutes les conséquences, dès le milieu du viie siècle. Ruinée par les guerres civiles, affaiblie par la faiblesse de la
royauté, privée des organes essentiels de son gouvernement, les synodes, qui ne se réunissent plus, le pouvoir
métropolitain, qui est en décadence, elle est impuissante
à enrayer une transformation si grave pour son avenir.
Cette confusion du patronage et de la propriété était
inévitable. L'Église ne la reconnut pas, mais elle ne
put la combattre et dut se résigner, dans l'impuissance
d'y mettre fin.

En résumé, c'est par le patronage que nous pouvons
expliquer comment les églises, fondées sur un domaine,
ont pu devenir propriété individuelle. C'est également
par les habitudes du patronage que nous voyons, dès le

viie siècle, les églises des *vici* tomber entre les mains
des grands. Au viiie siècle, le droit de propriété est bien
établi. *Oratorium*, basilique ou *titulus* baptismal, l'église
rurale peut avoir un maître, *dominus*. Et ce maître, les
textes lui donnent déjà le nom qu'il portera pendant
tout le moyen âge, *senior*, seigneur. Au « patronage »
des églises que la législation canonique avait voulu établir, succède donc le « séniorat » des églises [1]. Ainsi se
forme, dès l'époque carolingienne, la cellule sociale,
politique et religieuse qui s'appellera, deux siècles plus
tard, la seigneurie.

IV. — LE SÉNIORAT DES ÉGLISES EST RECONNU PAR LA LÉGISLATION

Le régime social qui nous montre la conquête des
paroisses par le séniorat devait être enfin reconnu par la
royauté. Les Carolingiens lui font sa place dans le droit :
il devient une institution publique.

Ce n'est pas, qu'à ses débuts, le gouvernement nouveau n'ait hésité à le maintenir. Il semble bien que, dans
la réforme religieuse faite par Pépin et saint Boniface,
l'existence des églises privées ait été mise en question.
Peut-être les ducs francs songeaient-ils alors à enlever
aux laïques les paroisses comme ils venaient de leur
enlever les évêchés. La requête de Pépin à Zacharie
semble nous marquer cette tendance [2]. Mais tout retour

1. L'expression *seniores ecclesiarum* se trouve pour la première
fois dans un capitulaire de 810, a. 3 (Boretius, p. 178).
2. Migne, t. LXXXIX, p. 935 : « De laicis qui ecclesias in suis
proprietatibus construunt, quis ipsas debeat regere aut guber-

aux règles primitives était impossible. Les Carolingiens comprirent qu'il valait mieux accepter le séniorat et définir les rapports nouveaux qu'il allait créer entre le propriétaire, l'église et les clercs.

Ils reconnurent d'abord au *dominium* du seigneur une existence légale. Dès 794, le capitulaire de Francfort décide qu'il est permis aux hommes libres de posséder des églises, de les aliéner, de les vendre, pourvu que l'édifice sacré ne soit pas détruit et soit toujours affecté au culte [1]. Cette disposition entra dans le recueil d'Anségise, et d'autres capitulaires attestèrent à nouveau ce droit de propriété. Une loi de 802 nous apprend que les biens des églises et les paroisses même peuvent être acquis par prescription [2]. Le capitulaire de 818 confirma et précisa la nature du droit de propriété. Ce droit, la royauté l'exerçait elle-même. Nous voyons dans le capitulaire *de villis* les règlements établis par Charlemagne pour les églises ou chapelles bâties sur les terres du fisc.

Avec non moins de netteté, la législation rappela les

nare, a sanctis Patribus ita statutum est... ut si in quolibet fundo cujuscumque juris oratorium sive basilica fuerit constructa; pro ejus devotione in honorem cujuscumque sancti, in cujus episcopi parochia fuerit fundatum oratorium, percepta primitus donatione legitima... praedictum oratorium... consecravit... »

1. *Capit. Franconofurtense*, a. 54 : « De ecclesiis quae ab ingenuis hominibus construuntur, licet eas tradere, aut vendere, tantummodo ut ecclesia non destruatur, sed serventur quotidie honores. » — Salz (803-804), a. 3 : « Quicumque voluerit in sua proprietate ecclesiam aedificare, una cum consensu et voluntate episcopi in cujus parrochia fuerit licentiam habeat. »

2. *Capit. anni* 802, a. 17 : « Ut qui possessionem ecclesiae vel parrochiam per triginta annos sine alicujus interpellatione tenuerit... » (Borétius, p. 107).

privilèges concédés au propriétaire. A plusieurs reprises, son droit de présentation fut maintenu. Il fut interdit aux évêques de rejeter sans motif les candidats qu'il proposait. D'autres mesures affermirent le lien qui unissait le prêtre à son seigneur [1]. Il ne put quitter la *villa*, abandonner l'église sans une permission. Le capitulaire de Francfort déclare que le clerc fugitif doit être retenu par le propriétaire du domaine où il se réfugie et rendu à son maître [2]. On recommanda enfin à ce clergé rural l'obéissance et le respect. « Que les évêques, » dit un capitulaire de 810, « veillent à ce que les clercs « ruraux rendent à leur seigneur l'honneur qui lui est « dû, » et cette prescription est renouvelée sous Louis le Pieux et Charles le Chauve. La loi proclama ainsi, formellement, leur dépendance.

Cependant, en reconnaissant l'existence des églises privées, les Carolingiens n'entendirent pas rendre le droit de propriété absolu et sans limites. Ils lui imposèrent des restrictions. Ils prétendirent d'abord maintenir le séniorat religieux, les églises et les paroisses privées dans la dépendance des évêques. Une foule de dispositions rappelèrent les règles de l'ancien droit. Nul ne put construire une église sur son domaine sans l'autorisation de l'évêque diocésain, et l'église ne put être consacrée, ouverte au culte, sans une dotation préalable faite par le fondateur [3]. Si le seigneur put choisir le des-

1. *Capit. Franconofurtense*, a. 27.
2. Boretius, p. 178, a. 3.
3. Boretius, p. 144 (cap. 801-814, *Id.*, a. 6) : « Ut qui oratorium consecratum habet vel habere voluerit, per consilium episcopi de suis propriis rebus ibidem largiatur... » *Cap. de Salz* (803), a. 3.

servant, l'assentiment de l'évêque fut nécessaire à ce choix. Dès 769, ce principe est inscrit dans la législation[1]; Charlemagne, Louis le Pieux et Charles le Chauve le rappellent dans leurs capitulaires [2]. En 865, le capitulaire de Toucy, en 869, l'édit de Pitres déclarent encore que les prêtres ne peuvent être institués dans une église ou privés de leurs fonctions sans la volonté de l'évêque diocésain [3]. Enfin, comme les recteurs des paroisses publiques, les clercs seigneuriaux restent soumis au pouvoir de leur chef religieux. Ils reçoivent de lui leurs lettres d'ordination, sont tenus de paraître à ses synodes, de rendre compte de leur ministère, de l'entretien du uminaire et de l'église, de se soumettre à ses règlements. Eux-mêmes doivent être libres ou affranchis. Et peu importe qu'ils soient établis sur la terre du roi, d'un grand, d'une abbaye. Sur tous, l'autorité de l'évêque est identique. Il surveille et il commande. Sa juridiction n'est pas supprimée par la propriété du maître. Celui-ci peut bien désigner le titulaire de son oratoire ou de sa paroisse. Là s'arrêtent ses prérogatives. Comme les canons, la loi soustrait à son pouvoir arbitraire le clerc qu'il a choisi.

1. *Capit.* 769 (a. 9) : « Ut nemo accipiat ecclesiam intra parochiam sine consensu episcopi sui. »

2. *Capit ecclesiastica* (810-813) : « Ut nullus laicus presbyterum in ecclesia mittere vel eicere praesumat, nisi per consensum episcopi » (Bor., p. 178). Cf. *Capit. missorum* (v. 813), a. 7; *Id.*, p. 182, et *Capit. Wormatiense* (829), a. 1.

3. Capitulaires (éd. Krause, t. II). — *Capit. Tuciacense*, 865, a. 11. — *Capit. Pistense* (869), a. 69 : « Et non sine auctoritate vel consensu episcoporum presbyteri in quibuslibet ecclesiis constituantur vel expellantur. »

Limité sur le clergé de son église, le droit du maître est également défini sur l'église et son patrimoine. Il ne possède qu'à certaines conditions. Si l'église, en effet, fait partie du domaine, elle forme, dans le domaine, un organisme distinct, que la loi, civile ou religieuse, rend intangible et permanent.

Avant tout, il faut maintenir l'unité de la dot. Dès 802, une instruction donnée aux *missi* rappelle qu'il est interdit de partager les biens des églises (*dividere*), par héritage ou autrement, de retenir les donations qui leur sont faites, de les détourner de leur emploi [1]. Ces règlements se précisent encore sous Louis le Pieux dans la période de réformes marquée par les capitulaires d'Aix (818-819) et de Worms (829). La question du partage successoral avait été agitée à Aix, sans être résolue. A Worms, Louis reconnut la légalité de la *divisio* en la soumettant à certaines conditions. Les héritiers durent s'engager à reconnaître le contrôle de l'évêque, à maintenir l'église dans ses biens et dans ses droits. Si la loi était violée, l'évêque pouvait enlever les reliques et interdire le culte [2].

Cette garantie ne suffisait pas. Le capitulaire d'Aix

1. Boretius, p. 92 : «...de rebus ipse basilicae nemo ausus sit in divisione aut in sorte mittere. Et quod semel offeritur, non revolvatur... Et si autem aliter praesumpserit, persolvatur et bannum nostrum componat. » Nous pensons que par les mots *dividere, in sorte mittere*, il faut entendre surtout un partage successoral.

2. Worms (829), c. 2 : « de ecclesiis quae inter coheredes divisae sunt, considerandum est, quatenus, si secundum *providentiam* et *admonitionem* episcopi ipsi coheredes eas voluerint *tenere* et *honorare* faciant. »

promulgua une constitution célèbre, bien des fois renouvelée, qui assura à chaque église seigneuriale la propriété
d'un manse au moins, *mansus integer*, libre de toute
charge, de tout service, de toute redevance. Ainsi sont
assurées à la fois l'existence et la durée de l'église seigneuriale. Le seigneur qui l'a fondée ou qui la possède
peut bien la vendre, l'engager, la transmettre ; il ne
peut la détruire. Il peut s'y réserver certains avantages ;
il ne peut démembrer le patrimoine, ni mettre la main
sur tout le patrimoine. L'église et ses biens forment, dans
son domaine, comme une tenure spéciale, perpétuelle,
irrévocable, dont l'évêque a la garde, le prêtre la jouissance, lui-même la propriété [1].

Il est facile de voir dans ces mesures l'application de
tout le système économique et social du gouvernement
carolingien. Elles se rattachent d'une part à l'organisation domaniale que les princes francs ont achevée ; de
l'autre, à l'institution régulière, publique, du séniorat et
du patronage. Faire de la *villa* la véritable cellule de
l'organisme social, religieux, économique ; y tenir les
hommes groupés par le travail, par leur condition même,
par la religion, affermir sur ce groupe l'autorité du
maître, mais en même temps maintenir le séniorat dans
les cadres de l'Église et de l'État, le soumettre à l'autorité religieuse, comme ils entendaient le soumettre à
l'autorité royale, voilà bien quel fut le sens de leurs
réformes. Elles sont une transaction. La royauté a cru

1. Voir dans Stutz, *ouv. cit.*, p. 216-234, l'analyse détaillée des
capitulaires de Pépin et de Charlemagne concernant les églises
privées.

concilier tous les intérêts contraires qui s'agitaient
autour d'elle : l'organisation religieuse, telle que l'Église
l'avait établie, et les formes nouvelles du patronage,
telles que le temps les avait faites. En réalité, ces
mesures marquent une conquête du séniorat. Par elles,
dans la société religieuse, il se fait sa place, comme il
s'est fait reconnaître dans la société civile. Une idée,
très contraire à la théorie canonique, entre dans le droit :
celle qu'une église peut être la propriété d'un homme,
et cette idée seule nous montre les progrès du laïcisme.
La reconnaissance de ce droit de propriété, le nombre
croissant des paroisses, fondées sur les terres du roi, des
grands, ne pouvaient être, en effet, qu'une des formes
de la sécularisation. Au début du ixe siècle, l'Église vit
le danger, et dès les premières années de Louis le Pieux
s'accuse et grandit son opposition au séniorat des églises.
Elle n'avait pu empêcher ses conquêtes ; essaya-t-elle au
moins de les arrêter, de les combattre ? Il est intéressant de signaler l'attitude qu'elle prit à son égard.

On ne peut être surpris que, dans cette question des
églises privées comme dans celle des élections ou des
bénéfices, des tendances diverses ne se soient fait jour.
Qu'il y eût d'abord un parti intransigeant, qui rêvait
l'autonomie complète du clergé et son absolue indépendance de l'État, les événements de 829, les lettres et les
écrits d'Agobard, la rédaction des textes faux, vers
845, en prouvent l'existence. Ce parti s'est attaqué au
séniorat religieux. Déjà Agobard signale tous les abus
de l'institution et en prédit les conséquences : le
désordre dans l'Église, la décadence de la discipline,

l'abaissement du sacerdoce [1]. Il déplore que les laïques aient des prêtres dans leurs domaines et abandonnent « les églises mères et les offices publics ». Ailleurs, il se plaint violemment de la prise de possession des églises : « Ce ne sont pas, dit-il, seulement les biens « ecclésiastiques, ce sont les églises même qui sont la « propriété des séculiers. » — A son tour, s'inspirant de ces idées, l'auteur des Faux-Capitulaires ébauche toute une théorie du patronage. Il rappelle qu'aucune église ne peut être ouverte au culte sans la permission, sans la consécration de l'évêque. Celui-ci doit planter une croix sur le terrain où l'édifice va être construit et, avant même sa construction, obtenir le don d'un patrimoine. Or, par la consécration, l'église est affranchie ; par la constitution de dot, elle a un titre intangible, irrévocable, véritable transfert de propriété. Si le seigneur prétend la retenir ou en disposer, l'église doit être réunie au domaine épiscopal. Aussi n'a-t-il aucun droit sur les choses sacrées, aucun pouvoir sur le prêtre. Que lui reste-t-il ? le patronage ; un simple titre d'honneur qui n'assure à celui qui le possède que des avantages spirituels et des marques de respect [2].

Cette théorie, expression pure de l'ancien droit, est la négation du séniorat religieux. Elle inspire, sous Louis

1. Agobard, *Liber de dispensatione ecclesiasticarum rerum*, 16 : « Nunc non solum possessiones ecclesiasticae sed ipsae etiam ecclesiae cum possessionibus venundantur. » Lire tout le passage (Migne, t. CIV).

2. *Faux Capitulaires*, I, 382, 383 ; II, 202, 207 : « Ut seculares de rebus Deo dicatis ecclesiaeque facultatibus ad se nihil putent pertinere praeter *reverentiam* tantum. » *Id.*, III, 292 (éd. Baluze).

le Pieux, les mesures hostiles : le capitulaire réformiste
de 818, les décisions des grandes assemblées de Worms
et de Paris, en 829. Dans certaines régions, celles où
dominait l'influence d'Agobard et du parti rigoriste,
les évêques essayèrent même d'appliquer ce programme
radical[1]. Ils insérèrent dans les chartes des églises
fondées par les particuliers quelques clauses spéciales,
affranchissant de tout droit de propriété le sol et l'édifice.
Lisez la charte de la *villa Sentolatus* : « Que, pas plus que
« nous-mêmes, nos héritiers n'aient aucun droit de
« vendre, aliéner, transmettre…, n'ayant, sur cette
« église, que l'honneur qui est dû au patronage. » Remarquons aussi que les écrivains de ce parti commencent
à employer le mot de *patrocinium* pour définir les droits
des fondateurs ou de leurs héritiers ; ils l'opposent à la
propriété, au *dominium* des seigneurs.

Mais ces idées ne prévalurent pas. L'Église groupée
autour de la royauté, surtout depuis 840, monarchique et
officielle, n'osa s'attaquer ouvertement à une institution
reconnue par la loi, consacrée d'ailleurs par les faits et
par les mœurs. Ce qu'elle voulut surtout, ce fut maintenir les églises, les paroisses privées sous le gouvernement de l'épiscopat. Elle accepta la transaction faite par
les capitulaires ; elle reconnut le droit de propriété, mais
elle affirma de nouveau l'immunité de la dot et la juridic-

---

1. Fondation d'une église dans la villa Sentolatus. Cartul. de
Grenoble (n° vii), p. 13. Les fondateurs n'ont que « honorem…
loco patrocinii, » ne se réservant pour eux et leurs héritiers aucun
droit. Ils laissent même à l'évêque la nomination du titulaire
ecclésiastique.

tion de l'évêque sur le patrimoine ecclésiastique et sur le desservant.

On peut voir, dans les écrits d'Hincmar, et surtout dans son traité *de ecclesiis et capellis* ces tendances de l'épiscopat. Lui-même possède, dans les diocèses voisins, des églises dont il nomme les titulaires. Il accepte le séniorat. Il recommande aux prêtres attachés à une église seigneuriale l'obéissance et le respect envers leur maître. Il reconnaît, il rappelle le droit des seigneurs de choisir leurs clercs, de les présenter à l'ordination [1]. Mais sur ces églises il maintient avec énergie la juridiction ecclésiastique. Il veut que le choix du seigneur soit conforme aux canons; il se réserve le droit de juger l'*electio*, de la confirmer ou de ne pas la reconnaître. Il refuse d'ordonner les clercs choisis par simonie ou par faveur, illettrés et incapables. Il déclare enfin que le droit de présentation est enlevé au seigneur qui en use mal et dévolu à l'évêque diocésain [2].

Même vigilance sur les biens de l'église. Il les met spécialement sous la surveillance de l'archidiacre, réclame pour l'évêque seul le droit d'en disposer, d'en surveiller l'emploi. Lisez ses instructions à Hedenulfe [3] : « L'évêque, dit-il, ne doit pas réunir à son église les « églises établies dans les domaines des hommes libres « et de leurs héritiers; mais, conformément aux capitu-

---

1. Flodoard, III, 28. Lettre d'Hincmar à un prêtre, Sigloard... : «Colludium quod habebat factum... celaverat, videlicet ut alumnus ejus sine consensu senioris sui in loco ipsius ordinaretur... »

2. Flodoard, III, 27.

3. *Letterae canonicae Hedenulfo datae* (Migne, t. CXXVI, p. 274).

« laires synodaux et impériaux,... il.doit veiller à ce que
« les églises gardent l'immunité de leur dot et contrôler
« l'usage que les hommes libres font de leur droit de
« propriété.. » Conséquemment, il refuse au seigneur
toute ingérence dans l'administration du patrimoine,
toute part à ses revenus ; il revendique pour le prêtre
la liberté de recevoir, de donner librement à son église ;
il proteste contre l'usurpation des dîmes, des offrandes,
l'abus des redevances ou des services, l'usage des dépouilles qui commence à s'établir. S'il ne nie pas le
droit de propriété, il le limite ; ce qu'il veut, c'est maintenir le prêtre et l'église sous l'autorité de l'évêque.
Cette doctrine d'Hincmar est aussi bien celle de l'épiscopat [1].

Nous la trouvons, en effet, dans les « placites » ou
synodes réformistes du règne de Charles le Chauve :
Meaux (845), Pitres (864 et 869), et enfin, au commencement du Xe siècle, dans les canons du concile de
Trosly, la dernière des grandes assemblées carolingiennes [2] (909). Après avoir protesté contre les charges.
et les cens dont les laïques grèvent les églises, la spo-

---

1. Déjà l'assemblée de Paris, en 829, recommande aux prêtres
des églises seigneuriales : « ... senioribus suis debitam reverentiam. » *Episcoporum relatio* (Krause, *Capit.*, t. II, p. 33).

2. Trosly (909), c. 6 : « Nequaquam seniorum ab eis tollimus
dominium, quasi ipsi nomen senioratus in rebus sibi a Deo con-
cessis habere non debeant aut non possint, sed potius ecclesiae
episcoporum esse debeant. Designamus denique *gubernationem
episcopi*, non nobis vindicamus *potestatem domini*... Presbyteri
eis in quorum ditione suae consistunt ecclesiae... honorem et
obsequium impendant debitum, id est spiritale atque ecclesiasticum. »

liation des dîmes, des offrandes et des biens, le synode
ajoute : « En exposant ces faits, nous ne prétendons
« pas enlever aux seigneurs leur droit de propriété,
« quoique, sur les biens qui leur ont été concédés par
« Dieu même, ils ne doivent et ne puissent avoir de
« seigneurie, et que ces biens relèvent plutôt des évêques.
« Et, par ces mots, nous entendons la juridiction épis-
« copale, nous ne demandons pas les droits d'un proprié-
« taire. Quant aux prêtres, qu'ils rendent à ceux dont
« dépendent leurs églises l'honneur, les services qui
« leur sont dus, c'est-à-dire les droits spirituels qui
« leur sont reconnus par les canons. » — Ainsi un
domaine éminent, un droit de propriété théorique sur
les biens et la dot de l'église, un droit de présentation
limité, dévolu en certains cas à l'évêque, des privilèges
spirituels, voilà les seuls avantages que la hiérarchie ait
reconnus au séniorat.

Par d'autres mesures elle s'efforça d'entraver ses
progrès.

La première fut, sous Louis le Pieux, de rattacher
étroitement les églises de *villae* à l'église libre, l'*ecclesia
senior*. Agobard nous montre nettement cette tendance
dans ses écrits [1], et c'est à ce dessein qu'il faut attribuer les prescriptions qui interdisent le partage des
dîmes, recommandent le baptême public et enfin l'institution des *decaniae* et le groupement des paroisses [2]. Déve-

---

1. Agobard, *De Privilegio et jure sacerdotii* (Migne, t. CIV,
p. 138). Les laïques cherchent à avoir « presbyteros proprios,
quorum occasione descrant ecclesias seniores et officia publica ».
2. Cf. *Capit. excerpta de canone* (806), a. 21. Obligation pour le

lopper la vie religieuse dans les grands centres ruraux, fortifier l'autorité des archidiacres et des doyens était sans
doute le meilleur moyen d'affaiblir l'indépendance des
églises privées.

On peut croire aussi que les règlements du capitulaire
de 818 relatifs à l'ordination des serfs furent dirigés
contre les seigneurs. En n'instituant dans les paroisses
ou les chapelles que des clercs de condition libre, les
évêques affranchissaient ainsi le prêtre seigneurial,
choisi généralement parmi les colons ou les serfs, des
liens étroits qui l'unissaient à son maître. Ils lui donnaient l'indépendance en lui donnant la liberté.

Mais surtout, le haut clergé essaya d'englober les
églises privées dans le domaine ecclésiastique:

Il se fit rendre d'abord, pendant le ixe siècle, la plupart
des *villae*, paroisses, chapelles données en bénéfice. Nous
avons des exemples de ces restitutions à Reims, en
826, en 845 et 847 ; à Vienne, en 831 ; à Autun, Lyon,
Auxerre, etc... [1]. Pendant le ixe siècle, ces libéralités
royales se continuent [2]. Or, elles ne suffisent même pas à
mettre fin aux réclamations ou aux doléances. La hiérar-

peuple de se rendre au *vicus publicus* aux jours de grandes fêtes.
— *Capit. anni* 801-814 (Bor.; p. 144), a. 6 : « Ut qui oratorium
consecratum habet vel habere voluerit, per consilium episcopi
de suis propriis rebus, ibidem largiatur, ut propterea illi vici
canonici non sint neglecti. »—*Concil. Meldense* (845), c. 48 : « Et
vici auctoritatem et privilegia debita et antiqua retineant. »

1. *H. F.*, t. VI, p. 543 ; t. VIII, p. 478, 492 ; — t. VI, p. 570 ;
— t. VIII, p. 443, 384, 389.

2. *H. F.*, t. IX, p. 338 (885), Toul. —*Id.*, p. 339 (885), Lyon ;
p. 456 (888-896), Autun.

chie s'attaque directement aux églises privées, les dispute
à leurs seigneurs, les revendique pour ses domaines. Déjà,
à l'époque d'Hincmar, les laïques se plaignent des évêques
qui leur enlèvent leurs églises et les réunissent arbi-
trairement au patrimoine épiscopal [1]. Enfin, par donation, échange ou achat, un grand nombre d'églises
ou chapelles deviennent propriétés des évêchés et
des abbayes. Lisez les diplômes des grands monastères carolingiens, Beaulieu, Conques, Cluny, Saint-
Bertin, Savigny, Saint-Pons : beaucoup nous montrent
des fidèles cédant leur *villa*, ou une portion de leur *villa*,
avec une église. Parfois aussi, l'église seule est cédée
avec ses dépendances. Il n'est pas douteux, si l'on
rapproche toutes ces donations, que jusqu'à la fin du
xᵉ siècle, un grand nombre de paroisses privées n'aient
été ainsi incorporées à un évêché ou à un couvent. Ce
n'était pas que le droit de propriété changeât de nature,
mais la propriété même changeait de mains. L'église
rurale avait toujours un maître, mais ce maître avait un
caractère sacré.

Ces mesures n'eurent pas les résultats qu'on en attendait. D'une part, il était chimérique d'espérer la sujétion de la petite église à celle du *vicus*, d'établir dans
le clergé cet ordre et cette hiérarchie qui devaient assurer partout l'obéissance. L'épiscopat ne pouvait arrêter
le morcellement qui dissolvait la société religieuse
comme la société politique. L'union se fait de plus en

1. *Letterae canonicae Henedulfo datae* (Migne, t. CXXVI, p.
274).

plus étroite entre la paroisse et la seigneurie, dans un
milieu social où la vie économique et politique se concentre dans les limites étroites d'un domaine. D'autre
part, les donations d'églises profitèrent surtout aux
couvents, et elles rendirent plus redoutable encore à
l'épiscopat même la force des grandes abbayes. Avec
leurs chapelles, leurs paroisses, leurs biens, elles devinrent, dans chaque diocèse, un organisme indépendant, qui chercha de plus en plus à se soustraire à la
juridiction épiscopale. On peut dire qu'au XIe siècle
l'unité religieuse du diocèse n'existe plus. Au lieu d'une
grande communauté, divisée en communautés plus
petites, administrée par l'évêque et ses délégués, nous
voyons dans les cadres anciens du diocèse une foule de
petits groupes isolés, morcelés et sur lesquels très souvent le pouvoir religieux de l'évêque est nominal, intermittent ou combattu.

De ces églises, la plupart, à l'origine, ont appartenu
à la royauté. Dès le VIIIe siècle, le roi a été le propriétaire le plus riche, mais aussi le plus prévoyant. Dans
les fiscs qu'il possède, il a presque toujours fondé une
église ou une chapelle, desservie par ses clercs, dotée
de ses biens, des terres données par les colons ou par
les serfs [1]. Quel fut le nombre de ces *ecclesiac dominicae*,
il est difficile de le dire : mais nulle part peut-être l'or-

---

1. Ces églises ou chapelles fiscales étaient richement dotées.
Nous voyons, en 918, Saint-Clément à Compiègne recevoir des
manses, une part du tonlieu, des cens sur le vin, de la monnaie,
des droits de transit, la neuvième partie des produits agricoles
du fisc, blé, seigle, foin, forêts, etc... *h. F.*, t. IX, p. 538.

ganisation économique et l'organisation religieuse n'ont été plus complètes, plus étroitement liées, que, dans les domaines du roi ; à aucune époque, les donations de terres ou d'églises faites par la royauté n'ont été plus nombreuses [1]. A la longue, par ces donations répétées, en alleu ou en bénéfice, ce domaine se disperse. A mesure que diminue le nombre des églises royales, grandit celui des paroisses ou des chapelles, qui appartiennent aux monastères, aux comtes, aux seigneurs locaux. Par des fondations nouvelles, ce nombre s'accroît encore. Au Xe siècle, dans chaque diocèse, beaucoup d'églises rurales, la plupart peut-être, sont entre les mains de la féodalité.

Voyez les églises possédées par les couvents. Saint-Germain-des-Prés détient trente-six églises et trois chapelles (v. 810) ; Saint-Remi, treize (v. 850) ; Saint-Germain d'Auxerre (886), dix [2]. En 899, nous voyons l'abbaye de La Grasse propriétaire de plus de onze églises, et au Xe siècle cette propriété s'accroît [3]. En 931, à Montolieu, appartiennent quinze églises [4]. En 982, Saint-

---

1. Il serait superflu d'énumérer ici tous les diplômes du VIIIe ou du IXe siècle qui contiennent ces donations, faites le plus souvent à un évêché ou à un monastère, mais aussi à des fidèles. Ces donations étaient souvent considérables. En 819, Louis le Pieux donne, par un seul acte, neuf églises à Conques. En 899, les églises fiscales du Roussillon et du Conflans appartiennent à l'évêché d'Elne. — *H. F.*, t. VI, p. 517 ; t. IX, p. 482. — La charte de Louis le Pieux est peut-être altérée.

2. Stutz, ouv. cité, p. 180. — *H. F.*, t. IX, p. 352.

3. *H. F.*, t. IX, p. 477.

4. *H. F.*, t. IX, p. 576.

Hilaire possède treize églises dans le diocèse de Poitiers [1] ; Saint-Cyprien, plus de trente-trois [2].

Voyez maintenant les testaments, les partages des grands, comtes, vicomtes, vicaires, etc. En 961, le comte de Rouergue, Raimond, détient au moins soixante églises et chapelles dans divers diocèses de ses États [3] ; vers la même époque, le vicomte de Béziers en détient une vingtaine [4]. En 972, Garsinde, comtesse de Toulouse, donne en une seule fois sept églises et neuf chapelles à Saint-Pons [5] ; en 981, Roger, comte de Carcassonne, donne cinq églises à Saint-Hilaire [6]. On peut juger par ces libéralités du nombre d'églises que possèdent les seigneurs.

En même temps, et par une transformation parallèle, tandis que décroît le nombre des paroisses libres, grandit sur les églises privées le pouvoir de leurs maîtres.

Les règles que les Carolingiens avaient essayé d'appliquer au séniorat religieux disparaissent peu à peu, car eux-mêmes sont impuissants à les maintenir. Dans l'Église comme dans l'État, leur œuvre avait été un compromis. Charlemagne avait rétabli l'autorité publique, le pouvoir des lois, les règles du gouvernement. Mais il avait aussi affermi le patronage, fondé sur ces

1. Cartulaire de Saint-Hilaire de Poitiers, n° 289 (942).
2. Cartulaire de Saint-Cyprien (*Arch. hist. du Poitou*, n° 9. Charte de Pierre II, évêque de Poitiers (1097-1100).
3. *Histoire de Languedoc*, t. V, n° 111 (961).
4. *Ibid.*, n° 150 (990).
5. *Ibid.*, n° 126 (972).
6. *Ibid.*, n° 134 (981).

pratiques tout un système d'obéissance. Ces idées, il les avait appliquées à la société religieuse. Il avait donné à l'Église un double chef : le pape et l'empereur. Au premier, il avait uni le corps religieux par les liens étroits de la discipline ; au second, par les engagements personnels de la fidélité. Évêques et abbés se recommandaient au roi comme à leur seigneur. Il conçut enfin la paroisse comme l'image de l'État. Dans le petit centre, cellule de la vie religieuse et économique, il avait établi ou favorisé les mêmes usages. Le prêtre fut à son tour uni à son seigneur comme il l'était à son évêque ; il devint l'homme du premier comme il était le représentant du second, et il dut obéir à la fois à un maître et à un chef.

Ainsi, les Carolingiens avaient pensé établir l'ordre et l'unité dans les institutions religieuses comme dans les institutions civiles, tenir en équilibre les assises mêmes de l'État. Mais le système ne marche qu'avec des mains assez puissantes pour le maintenir. Le jour où la monarchie allait être faible, entre la force du gouvernement et la force du patronage, l'équilibre devait être rompu. Le patronage devient tout-puissant et la féodalité commence.

Nous retrouvons la même loi dans la paroisse. Comme dans la grande société, État ou Église, elle se traduit dans la petite par l'affaiblissement des pouvoirs réguliers, organes naturels du gouvernement, royauté ou épiscopat. Ici, c'est le seigneur qui met peu à peu la main sur l'église et son patrimoine. Là, choisi par lui, le prêtre rural est son homme, souvent son serf ou son recommandé. Ainsi, le pouvoir épiscopal recule peu à peu devant le pouvoir seigneurial. Le droit primitif, théorique du saint s'efface devant la prise de possession du propriétaire apparent. Quel qu'il soit, clerc, laïque, chapitre ou monastère, le seigneur est toujours un maître. Les règles abstraites du droit sont un contrepoids insuffisant à ses volontés. Au xe siècle, son droit de propriété s'accuse, s'étend, supprime toute limite. Les barrières anciennes établies par la législation tombent et la paroisse entre dans sa seigneurie. Nous allons voir ce qu'elle est devenue entre ses mains.

CHAPITRE II

LES ÉGLISES PRIVÉES AU Xᵉ ET AU XIᵉ SIÈCLE

L'étude des diplômes royaux ou privés nous a montré, dès le vııᵉ siècle, des églises possédées par des particuliers ; celle des capitulaires nous a fait voir la reconnaissance et les restrictions de ce droit de propriété. Plaçons-nous maintenant au xᵉ siècle, dans la première partie du xıᵉ. De l'examen des textes se dégage une conclusion. Il n'y a pas de différence entre la propriété d'une église et la propriété d'une terre. Le seigneur exerce sur l'église les mêmes droits que sur toute autre partie de son domaine ; il en tire les mêmes profits que des tenures données à fief ou à cens. A peu près complète est l'absorption de la paroisse privée dans la seigneurie.

§ 1. — *Nature du droit de propriété.*

Examinons d'abord la nature du droit de propriété.

Les termes qui le désignent ne diffèrent pas de ceux qui s'appliquent à la possession du sol. Notez ces expressions : *ecclesia nostra, ecclesia in dominicatu, in alodio, dare in alodem,* etc. Les mots *hereditas, dominium* s'appliquent encore aux églises rurales. Nous lisons

aussi qu'un particulier possède *ad proprium* ou *hereditario jure* telle église ou telle chapelle. Or, ces mots
ne désignent ni l'usufruit, ni le bénéfice, ni le précaire.
Ils ne s'appliquent pas davantage à une simple possession : ils marquent la pleine et complète propriété [1].

On doit se demander si toutes les églises pouvaient
faire ainsi l'objet d'une appropriation individuelle. Peut-
être sera-t-on tenté d'établir une distinction entre les
oratoria, les chapelles, d'une part, et, de l'autre, les
tituli des paroisses. A vrai dire, cette distinction existait en Italie à l'époque carolingienne. La législation
impériale y avait interdit aux laïques de posséder des
églises baptismales [2]. Mais, en Gaule, nous ne trouvons
aucune défense de cette nature. Nulle part, nous ne
voyons interdire à une communauté, à un clerc, à un
laïque d'avoir une paroisse en son domaine. Plusieurs
textes même nous font entrevoir ou nous disent que
telle église, telle paroisse est la propriété d'un homme.

1. *H. L.*, t. V, p. 268 : « Illa *mea* ecclesia de Meledo. » — Cart.
de Beaulieu, p. 52 : « Dare *in alodem* » (859). *Ibid.*, p. 57 : « Ecclesia nostra *indominicata* » (943-948). — Conques, nᵒ 571 : « Dono...
aliquid de alodio meo, quamdam scilicet ecclesiam..., quam *jure
hereditario* hactenus possideo » (1051). — *Chartae Cluniacenses*,
t. I, p. 269 : « Ecclesiam *ex suo proprio*. » — Cart. de Saint-
Cyprien (*Arch. hist. du Poitou*, t. III), nᵒ 429. « Églises possédées : *ex jure paterno*. » — Ailleurs, l'église est appelée un aleu.
Ibid., nᵒ 195 (xiᵉ siècle) ; nᵒ 514 (986-999) : « *Alodium suum*... id
est ecclesiam. » Remarquons qu'il n'y a pas de différence entre
les églises du roi et celles des seigneurs, les églises d'un particulier et celles d'un corps religieux, évêché ou monastère.
2. Capit. de causis Italiae (790), a. 2 : « De ecclesiis baptismalibus ut nullatenus eas laïci homines tenere debeant. » (Bor., t. I,
p. 200.) Cf. Capit. d'Olonne (823).

Voici d'abord, dès le ixe siècle, un diplôme de Lothaire
en faveur de l'église de Reims. Il rend à l'évêché les
tituli baptismales qui étaient entre ses mains [1]. Ailleurs,
un grand nombre d'églises mentionnées dans les actes
de donations ou de ventes sont assurément paroissiales. Telle est la condition d'une église possédée,
en 926, par un archidiacre d'Autun, Adso [2], de la plupart des églises données à Ripoll, en 888, par le
comte-Guifred [3], à Saint-Pons, en 972, par la comtesse
Garsende [4]. Celles que mentionne, au xie siècle, le cartulaire de saint Cyprien sont également des paroisses.
D'autres textes nous disent nettement que l'église rurale
est donnée avec « sa paroisse »; nous trouvons ces
expressions au xe siècle [5]. Saint-Martin est donné à
Cluny avec sa *parochia*. Même mention dans les chartes,

1. *H. F.*, t. VI, p. 543 : « ... In suburbanis... titulum Sancti
Martini... Exterius etiam... in castro Vonzensi titulum baptismalem, et titulum in eadem parochia Sancti Johannis similiter
baptismalem... »

2. *Chartae Cluniacenses*, t. I, p. 269.

3. *Marca hispanica*, p. 818, notamment Luz et Garexer citées
dans la *Liste des paroisses du diocèse d'Urgel* (acte de 888).

4. *H. L.*, t. V, p. 273 : « Dono, laudo, et concedo... totum alodium et totam potestatem et dominium de omnibus parochiis
jam dictis. »

5. Cart. de Savigny, p. 93 : Donation d'une église ; « cum *parrochia* et presbiteratu » (959). — Cart. de Saint-Sernin, n° 205 :
« Dono... alodium de tota parrochia. » En Bretagne, l'église du
plou peut être donnée avec ses dépendances. Cf. Cart. de Saint-
Maur (Marchegay, *Arch. d'Anjou*, t. I, p. 363) : « Attribuit Ano-
wareth... Sancti Mauri... monachis... in Britannia pleveiam de
Inast... et capellas septem que sunt appendices ejusdem eccle-
sie... » — Voyez également les chartes d'Anjou (Marchegay, t. I,
p. 359) : « Si aliquis... de paroechia ad nostrum jus pertinens. »

qui concèdent à Cluny, Notre-Dame de Farenx, à Savigny, Saint-Pierre de Noailly, Sainte-Marie de Breuil [1].
Il est aisé d'ailleurs de comprendre ces formules. Souvent la *parochia* est identique au domaine et le propriétaire du domaine est propriétaire de la paroisse. Surtout
s'il possède l'église, il possède au même titre ses dépendances : terres, maisons, dîmes, revenus, tout ce qui,
en un mot, constitue le patrimoine et le *districtus*
paroissial : c'est tout cela qu'il faut entendre par le mot
parochia dont parlent nos documents.

On a dit que ce droit de propriété s'appliquait seulement aux revenus fonciers de la paroisse, que, seuls,
les droits utiles du seigneur faisaient l'objet des transactions et des partages. Mais nos textes ne distinguent
pas. Ils nous montrent d'abord l'église et le sol, le
patrimoine tout entier possédé au même titre par le
maître. Nous lisons, par exemple, dans une charte,
qu'un laïque réclame un *fundus* avec l'église qui y est
bâtie en l'honneur de saint Didier. Ailleurs, dans les
chartes de donation, le donateur énumère les terres
qu'il donne avec l'église : ce sont les dépendances de
cette église [2]. Pas de différence non plus entre les revenus. Il importe peu qu'ils soient les produits de la terre

---

1. *Chartae Cluniacenses*, t. I, n° 621. — Cart. de Savigny,
n° 135.

2. *Marca hispanica*, p. 831 : Donation à Cuxa d'églises « ... cum
decimis et primitiis et omnibus oblationibus... cum terminis
earum et omnia sibi pertinentia ad integrum. » — Cart. de Savigny, p. 93 : « ... Quicquid ad ipsam ecclesiam aspicit et aspicere
videtur... » — Cart. de Saint-Sernin, n° 273. Don d'une église
« ... cum omni tenura sua » (XIe siècle).

ou les dons des fidèles, les redevances des colons ou le prix des sacrements. Quels qu'ils soient, le seigneur s'en dit le propriétaire. Ils entrent en effet dans le patrimoine de la paroisse, et il les possède, possédant ce patrimoine : « Nous vous donnons, dit l'un d'eux, « l'église Saint-Vincent, l'église Saint-Pierre, avec ses « dîmes, ses prémices, ses oblations, toutes ces églises « avec leurs limites et leurs biens » (898). L'église de Farenx est cédée à Cluny avec son « presbytère, les « biens presbytéraux..., les dîmes, terres, vignes, prés, « curtils, serfs et tout ce qui appartient à cette église [1]. » Les énumérations de ce genre abondent. Elles prouvent bien que la prise de possession est complète, qu'elle englobe l'église, ses biens, le « bénéfice » ecclésiastique, les revenus spirituels ou temporels. La paroisse forme une masse que le seigneur possède, dont il dispose, qu'il concède au prêtre et sur laquelle, sans réserve, s'exerce son droit de propriété.

Assurément, sous ce droit nouveau on retrouve encore le droit primitif : celui du saint et de l'église qui conserve sa dot [2]. Mais si le seigneur respecte le titre ancien et solennel, lui seul exerce les prérogatives du proprié-

---

1. *Chartae Cluniacenses*, t. I, p. 578 : « Ecclesiam... cum omni suo presbiteratu et parrochia vel decimis,. terris, vineis, pratis, curtilis, mancipiis, vel quidquid ad ipsam ecclesiam pertinet. »

2. Cette double propriété nous est bien montrée par quelques chartes de Brioude, p. 185, 214, 215, 303, 331, relatives à l'église rurale de Fontaines. Les propriétaires donnent à l'église un *mansus* : « ut deinceps ipsa casa Dei et rector ipsius ecclesiae habeant, possideant et jure proprio utantur..., » sauf le droit d'aliéner. Or, eux-mêmes disposent de l'église et de ses biens et les donnent au couvent avec réserve d'usufruit.

taire. Comme tel, il poursuit en justice ceux qui
usurpent, revendique les parcelles aliénées, veille à
l'intégrité du patrimoine. Comme tel aussi, il autorise
les donations faites à son église. Enfin, ecclésiastique
ou laïque, communauté ou individu, homme ou femme,
lui seul peut donner, vendre, engager, échanger, constituer en dot, léguer, en un mot, aliéner son église, comme
toute autre partie de son patrimoine. Et, dès la fin du
IX° siècle, les transactions sur les églises ou les paroisses
sont aussi nombreuses que celles qui se font sur les
domaines [1]. Nous les trouvons partout : en Bourgogne,
dans les comtés du Midi, en Bretagne, sur les terres du
roi comme sur les terres des grands, comtes, bénéficiers, sur les terres des abbayes. Charles le Chauve
donne à un de ses fidèles, Odilon, la *villa Flavige* avec
une église et ses dépendances. Charles le Simple concède également, en toute propriété, *in alodem*, des
villae royales avec les églises qu'elles contiennent [2].
Lisez surtout les chartes des abbayes, celles de Cluny
par exemple. Nous avons, au X° siècle, plus d'une

1. Exemples de ventes d'églises : Cart. de Beaulieu, p. 53 (864).
— *Chartae Cluniacenses,* p. 49 (891). — *H. L.*, t. II, p. 338 (893).
— *Marca hispanica*, p. 820 (888). — L'église peut être vendue
séparément ou avec la *villa*. — Exemple d'église donnée en dot :
Cart. de Savigny, n° 489 (1002). — De donations entre vifs : Cart.
de Brioude, p. 61. — *H. L.*, t. II, p. 384 (876). — *Chartae Cluniacenses*, p. 129 (910, 922). — Testaments : ceux de Raimond,
comte de Rouergue (961), de Guillaume, vicomte de Béziers (990).
— Les donations aux monastères sont innombrables.

2. *Chartae Cluniacenses*, t. I, p. 25 (876, 877) : « Ecclesiam
vero... de nostro jure in jus ac dominationem ejus... transferi-
mus. » — *H. L.*, t. V, p. 106.

soixantaine de chartes qui sont des donations d'églises ou de chapelles faites au monastère [1]. Ici, c'est le *man-sus indominicatus* qui est donné avec son sanctuaire; ailleurs, c'est l'église seule avec ses dépendances. Nous trouvons des concessions analogues faites aux abbayes carolingiennes, Conques, Saint-Cyprien, Saint-Julien de Brioude, Saint-Chaffre, Savigny, Cuxa, etc. Mais si nous avons conservé surtout les diplômes relatifs aux monastères, ces contrats n'étaient pas moins usuels entre particuliers. Enfin, l'usage des substitutions, si fréquent au xe siècle, s'applique également aux églises et aux chapelles privées. Nous en trouvons des exemples dans les donations ou les testaments qui nous ont été conservés.

Plus complet encore est ce droit de propriété. Comme la terre, comme les meubles, l'église et sa dot peuvent être partagées : dès le viie siècle, l'existence de ces partages nous est révélée par les documents [2].

Ils sont d'abord un effet du droit successoral. Il peut se faire que le laïque, propriétaire d'une église, ait plusieurs héritiers. A sa mort, l'église est comprise dans le partage. Les conciles carolingiens avaient vainement protesté contre ces pratiques. Celui de Chalon, en 813, interdit entre les cohéritiers la *divisio* de l'église; celui de Paris, en 849, demande aux propriétaires l'engagement de ne plus soumettre au partage les biens qui

---

1. *Chartae Cluniacenses*, t. I, p. 206, 230, 278, 368, 369, 432, 433, 435, etc... Seulement de 920 à 940.

2. *Trad. Wizemburgenses*, p. 43 : « Dono de ipsa basilica... ad monasterium Wissemburg illa medietate ad integrum... » (693-724). — *Ibid.*, p. 116. Donation d'un *pars* d'église (765-792).

seront à l'avenir donnés à leurs églises [1]. Mais ces décisions ecclésiastiques restèrent sans vigueur. La loi civile n'osa restreindre le droit successoral. Le capitulaire de Worms (829) se borne à recommander aux héritiers l'entretien de l'église, le respect de l'autorité épiscopale ; il permet à l'évêque, en cas de conflit, de retirer les reliques, de supprimer le culte : il n'interdit pas les partages. Ainsi les mêmes principes qui règlent la transmission des biens règlent la transmission des églises. Mais à ces dispositions légales s'ajoutent encore des dispositions individuelles. Le propriétaire peut, de lui-même, à son gré, « diviser » son église, en aliéner une partie, par vente, par donation, par échange, en précaire, en usufruit ou en bénéfice. Et ces démembrements partiels, nous les trouvons aussi bien sur les églises des évêchés ou des monastères que sur celles des laïques. Il n'est pas de marque plus visible de l'appropriation des églises et des extrêmes conséquences du droit de propriété.

Au xe siècle, ces partages sont un fait général. Tel possède la moitié, tel autre le quart, le sixième d'une église. Une femme, Hildegarde, donne à Cluny la moitié de l'église Saint-Christophore, le quart de l'église Saint-Pierre ; Leutarius et Regina cèdent à leur tour la *sexta pars* d'une chapelle qu'ils possèdent dans la *villa Cavaniacus* [2]. Un laïque vend à Cluny, pour 36 solidi, la « quatrième partie » d'une église [3] ; un autre donne le tiers de l'église

1. Hincmar, *de ecclesiis et capellis*, p. 108.
2. *Chartae Cluniacenses*, t. I, p. 660.
3. *Chartae Cluniacenses*, t. I, p. 230.

Saint-Martin, de la *villa Landadis*. Un prêtre, Androl-
dus, cède à Saint-Vincent de Mâcon, dans la *villa Can-
triacus*, ce qu'il possède de l'église : une part achetée
de Cerdolus, deux autres de Lanfred et de ses héritiers.
Un document nous apprend que cette partie s'appelait
portio [1]. Or, les ventes, donations, échanges, aliénations
de ces *portiones* se retrouvent partout.

Devons-nous voir dans cette *divisio* une simple attri-
bution de revenus, le fonds restant indivis entre les
propriétaires ? Mais les textes montrent bien que le partage est réel ; chaque héritier a son lot. Quelques documents nous montrent même comment le lot est composé. La quatrième partie d'une église donnée à Savigny, vers 1030, comprend la *quarta pars* du *presbiteratus* (lot réservé au prêtre), des dîmes, des offrandes,
celle « du manse qui est situé auprès de l'église avec
« un moulin [2] » ; la *medietas* d'une église concédée à
Saint-Chaffre est formée des « dîmes, des prémices,
« d'une maison avec cour et jardin, de champs, vignes,
« forêts et deux *appendariae* [3]. » Il n'est donc pas dou-

---

1. Hincmar, *de ecclesiis et capellis* : « unusquisque de sua *parte*
affligebat presbyteros. » *Chartae Cluniacenses*, p. 708 : « In Sinitiaco
portionem meam quod est medietas de ipsa ecclesia. » Cf. d'autres
exemples dans *H. L.*, t. II, p. 337 ; Cart. de Nîmes, p. 59-60 ; —
de Beaulieu, p. 50, etc.

2. Cart. de Savigny, n°⁵ 651, 659. Cf. 660, plus explicite encore.
La *tertia pars* d'une église comprend « tertiam partem altaris et...
sepulturae et... clausulae ipsius villae et... terrae quae ad... ecclesiam aspicit. »

3. Cart. de Saint-Chaffre, p. 135 : « Iterius dedit quartam partem de ecclesia S^tae Mariae cum decimis et primitiis et mansione

teux que le patrimoine et les revenus ecclésiastiques n'aient été réellement divisés; que, sur sa part, l'héritier n'ait eu tous les droits du propriétaire. Enfin, l'église même est partagée et peut appartenir à plusieurs maîtres. Abbon nous dit expressément qu'il pouvait y avoir dans un même sanctuaire plusieurs autels appartenant à des seigneurs différents. Le partage pouvait se faire ainsi ou sur les revenus ou sur la terre, ou sur les revenus, la terre, l'église tout ensemble. Or, remarquons qu'au xe et au xie siècle ces partages se continuent, qu'ils s'appliquent à toute cette masse de biens, de droits fiscaux qui composent la paroisse; remarquons en outre qu'on les trouve partout, et, qu'à l'exemple des laïques, évêques ou abbés démembrent le patrimoine de leurs églises; partant, qu'ils sont indéfinis, qu'ils émiettent de plus en plus le patrimoine primitif, on peut prévoir déjà les conséquences du droit de propriété. Nous allons voir ce que la paroisse est devenue sous ce régime et quelle est sa condition.

§ 2. — La « Commendatio ecclesiae ».

Le premier droit qui fût attribué au propriétaire d'une église était, nous l'avons vu, le choix du desservant.

cum curtis et hortis, campis, vineis et sylvis... » (xe siècle). — Lisez enfin les *Trad. Wizemburgenses*, p. 116. Donation au couvent : « ...partem meam de ecclesia illa quae est constructa in villa Thauentorf... quidquid ad ipsa aspicit de parte mea tam terris, domibus, edificiis, pratis, pascuis, silvis, aquarumque decursibus » (viiie siècle).

Ce droit était ancien : il était attaché, dès le vi[e] siècle,
au patronage. A plusieurs reprises, les conciles l'avaient
reconnu, la législation impériale l'avait confirmé. Dans
les textes du ixe ou du xe siècle, cette présentation
s'appelle ordinairement *commendatio ecclesiae* [1]. Voyons
dans quelles conditions elle se fait et sous quelle forme
l'église est « commendée » au prêtre qui la dessert.

Nous devons retenir d'abord la distinction qui existe
toujours, au ixe siècle, entre le droit de propriété et le
titre presbytéral.

Examinons les églises possédées par les laïques.

Nous avons vu qu'au viie siècle ceux-ci avaient cherché à usurper les *tituli* des paroisses, confiant à un
prêtre les fonctions spirituelles. Ainsi firent-ils dans les
monastères, à l'époque carolingienne. Bénéficiers ou
propriétaires des abbayes, ils réunirent fréquemment le
titre abbatial à leur possession. Mais si nous trouvons
des comtes-abbés, nous ne trouvons plus de seigneurs
archiprêtres. De même que dans l'évêché, dans les
paroisses la fonction spirituelle était trop unie à la juridiction pour en être séparée. Un laïque pouvait bien
administrer le patrimoine d'un couvent, donner l'habit

---

1. *Commendatio ecclesiae*, Concil. Arelat., c. 5 (813). — Concil.
Moguntinum, c. 30 (813). — *Capitula e canonibus excerpta* (Bor.,
p. 173). Il y a des expressions un peu différentes : « Presbyteros
contituere... presbyteros praesentare » (*Edictum pro presbyteris*,
v. 800). Cf. également le capitul. de 818, a. 9 : « Si laici clericos
probabilis vitae et doctrinae episcopis consecrandos suisque in
ecclesiis constituendos obtulerint. » Mais, au xe siècle, l'expression *dare, commendare ecclesiam* a prévalu. Nous verrons plus
loin à quels usages nouveaux correspond cette appellation.

religieux à un moine, nommer des prévôts : c'étaient là surtout les fonctions des chefs des monastères. Il ne pouvait conférer le baptême suivant les rites, bénir les mariages, absoudre les pécheurs ; or, ces pouvoirs étaient les attributions propres au chef de la paroisse. Seul, l'évêque pouvait les déléguer au recteur ecclésiastique d'une église, et seul, le recteur à un vicaire. Les usurpations signalées au viie siècle, si contraires à l'organisme religieux, devaient donc disparaître après la réforme carolingienne. La sécularisation des évêchés et des paroisses, dès le ixe siècle, s'étendit au patrimoine, non aux fonctions. Le titre ecclésiastique fut maintenu.

Il en fut de même, à l'époque carolingienne, dans les églises possédées par des monastères ou des chapitres. On sait que, pendant le moyen âge, les instituts religieux, propriétaires d'églises rurales, ont « incorporé » le titre, déléguant les fonctions à un vicaire perpétuel ou amovible. Cet usage n'existe pas encore au ixe siècle. Si nous parcourons les polyptyques de Saint-Germain, de Saint-Remi de Reims, les chartes de Saint-Bertin, nous voyons que chaque église a son prêtre, que ce prêtre, nommé par le couvent, exerce tous les droits reconnus au chef de la paroisse [1]. C'était une des règles, en effet, les mieux établies que chaque *titulus* fût distinct et personnel. Les abbayes et les chapitres s'y conformèrent. Les prêtres qu'ils nommèrent aux paroisses durent, sauf un privilège spécial, recevoir de

---

1. De même Saint-Maximin de Trèves (Beyer, *U. B.*, no 141), Saint-Martin de Tours (Zeumer, *Formulae*, p. 162).

l'évêque leurs pouvoirs et rendre compte à l'évêque de leur gestion [1].

Il est un autre usage qui nous est signalé au IXe siècle. Ces grands corps confièrent fréquemment à des membres de leur communauté les *tituli* de leurs églises. Les abbayes pouvaient ainsi mettre plus étroitement dans leur dépendance les paroisses qu'elles possédaient. Assurément, l'épiscopat lutta avec énergie contre ces tendances ; Hincmar juge incompatibles la profession religieuse et le ministère paroissial [2]. Mais, un concile tenu à Mayence reconnaît aux moines le droit d'administrer des paroisses [3]. Il obligea les titulaires à obtenir le consentement de l'évêque diocésain, à se rendre à son synode, à se soumettre à ses décisions. Ainsi la règle primitive fut maintenue. En réalité, le moine investi d'une église devait renoncer à son couvent.

1. *Formules.* Choix par une abbaye d'un diacre comme recteur d'une église : « Ecclesiam nostram que est in villa illa, huic diacono... nos dedisse intimamus... Volumus... quatenus diaconus jam dictam ecclesiam per vestrae auctoritatis potestatem teneat et regat. » Zeumer, p. 557. — *Id.*, p. 260 ; *indiculum* envoyé par l'abbé à l'archidiacre pour la nomination d'un prêtre dans une paroisse (VIIIe siècle). Quelques abbayes commencent à faire insérer dans leurs chartes une clause leur permettant de choisir, parmi les moines ou dans la *familia* du couvent, les prêtres de leurs églises. *H. F.*, t. VIII, p. 449, 546.

2. *Capit. ecclesiastica* (Migne, t. CXXV, p. 795) (874).

3. *Concil. Moguntinum* (847), c. 14 : « Nullus monachorum... parochias ecclesiarum accepere praesumat sine consensu episcopi ; de ipsis vero titulis in quibus constituti fuerint, rationem episcopo vel ejus vicario reddant. » Cet usage existe encore au XIe siècle. Cf. Cart. de Conques, n° 75 : « Ad istam ecclesiam decantandam, si monachus Sanctae Fidis ibi non manserit... »

On ne peut donc faire remonter au ixe siècle le système des incorporations qui devint plus tard d'un usage
si fréquent. Mais, au xe, il semble que des pratiques
nouvelles se fassent jour.

Il pouvait arriver d'abord qu'une église fût possédée
par un prêtre ou lui fût donnée à bénéfice ou à précaire.
Parfois, celui-ci unissait le titre ecclésiastique à sa propriété; il desservait sa propre église, il en était à la fois
le maître et le pasteur. — Plus souvent, les églises
appartenant à un clerc sont desservies par un prêtre,
qui porte déjà le nom de *vicarius* et qui exerce le ministère en son nom. Nous avons de ce fait quelques
exemples, dès la fin du ixe siècle [1]. Le mot même de
vicarius sacerdos se trouve pour la première fois dans
un texte de 926. Nous y lisons qu'un clerc reçoit en
usufruit l'église de la *villa Tervicus*. Il en délègue le
gouvernement spirituel à un vicaire chargé d'assurer le
service de la paroisse. Ces faits durent être assez fréquents. Ils permirent ainsi à un certain nombre de
membres du haut clergé rural, archidiacres ou archiprêtres, de réunir plusieurs églises entre leurs mains.

C'est aux xe et xie siècles, également, qu'apparaît le
système des « incorporations ». Un certain nombre d'ab-

---

1. Hincmar, *Adv. Hincmarum Laudunensem* (Migne, t. CXXVI,
p. 539) : « Seminatus... ipsam ecclesiam tenuit... et ad *illius vicem*,
usque dum ad ordinationem veniret, per annum et dimidium,
Grimo presbyter... in ipsa ecclesia cantavit. » *Chartae Cluniacenses*, p. 269-270 : « ...Per *vicarium sacerdotem* Deo dignum servitium inibi procuraret. » — Cf. *Hist. des comtes de Champagne*,
t. I, p. 471 : « Ecclesias... quas... tenebam, cujus etiam altare *sub
vicarii nomine* possidebam monachis concedo » (1034).

bayes commencent à unir à la mense abbatiale ou à la communauté des frères les *tituli* de leurs églises. Ce fut pour elles le moyen de s'emparer du patrimoine de leurs paroisses et de s'en attribuer les revenus. Nous savons, par exemple, que les églises de l'abbaye de la Couture, au commencement du XIe siècle, étaient desservies par des *vicarii*. Il en est de même des églises qui appartiennent à Elnone [1]. Toutefois, cet usage est loin d'être général. Si quelques monastères ont déjà réuni le titre au couvent, d'autres au contraire maintiennent le système des *tituli* distincts et personnels. A Cluny, pendant le Xe siècle, à Saint-Sernin de Toulouse, vers 990, à Saint-Jean-d'Angély, à Saint-Cyprien, à Bèze, encore au XIe siècle, il ne semble pas que les églises abbatiales aient été incorporées à la communauté [2]; elles sont desservies par des clercs qui les tiennent du couvent. Et, dans ces mêmes abbayes, nous savons que les églises sont données à charge de cens.

Dans les églises des laïques, dans la plupart des églises conventuelles, le titre ecclésiastique reste donc distinct de la propriété, au moins jusqu'à la fin du Xe siècle. Le propriétaire se dessaisit de son église, mais

---

1. Cf. Moreau, t. XXVIII, p. 178. Concession d'autel à l'abbaye par l'évêque de Laon : « ut annuatim per vicarios eorum sacerdotes qui curam animarum susciperent et synodos inde celebrarent. »

2. *Chartae Cluniacenses*, n° 373. — Cart. de Saint-Sernin, n° 280 (960-992). — Conques, n° 462 : « Accipiat sacerdos... de manu abbatis. » — Flach, *Les origines*, t. I, p. 209 : « Presbiterum mittent monachi in ecclesia. » — Cart. de Saint-Cyprien, n° 13 — *Chronicon Besuense* (Migne, t. CLXII, p. 943).

sous quelle forme? Et quelle est la nature de cette *commendatio* dont nous parlent les documents?

Remarquons d'abord qu'elle est attachée au *dominium*. Celui-là présente qui possède. Nous verrons toutefois qu'elle peut être reconnue au bénéficier ou au précariste. Si l'église a plusieurs maîtres, elle est exercée en indivis. Les *coheredes* doivent s'entendre pour présenter le recteur. Sinon, l'évêque peut fermer l'église, interdire les offices jusqu'à ce qu'ils soient d'accord [1].

Dans la théorie canonique, la *commendatio ecclesiae* n'est qu'une simple désignation de la personne. Comme les communautés populaires investies de l'*electio*, le propriétaire ne confère à son élu aucun pouvoir. Or, de ce principe découlent deux conséquences. La première est que le choix du propriétaire ne s'impose pas toujours au consentement de l'évêque. L'évêque, il est vrai, ne pouvait sans motifs rejeter le candidat du seigneur [2]. Mais il avait le droit et le devoir de le citer devant lui, de faire examiner par l'archidiacre et l'archiprêtre sa moralité ou son savoir et la gratuité de l'*electio* [3]. Si celle-ci était vicieuse ou si l'élu était indigne, l'évêque pouvait casser le choix, et, en ce cas, de même que les

---

1. *Capit. ecclesiasticum* (818), a. 29. — *Capit. Wormatiense* (829), a. 2 : « De ecclesiis quae inter coheredes divisae sunt. »

2. *Episcoporum ad imperatorem relatio* (829). *Capit.*, t. II, p. 35 : « ... Si laicus idoneum utilemque clericum obtulerit, nulla... occasione ab episcopo sine ratione certa repellatur. »

3. *Capit. de examinandis ecclesiasticis* (802) : « Ut nullus ex laïcis presbiterum vel diaconem seu clericum... ad eclesias suas ordinare absque licentiam seu examinatione episcopi sui » (Boretius, p. 110).

comprovinciales dans les élections épiscopales, par droit de dévolution, choisir lui-même [1]. — Une autre conséquence était que le desservant désigné par le propriétaire devait recevoir de l'évêque tous ses pouvoirs. L'église paroissiale, même privée, est toujours considérée comme un bénéfice ecclésiastique donné par le chef du diocèse. Celui-ci confère au clerc, par l'ordination, son caractère sacerdotal, et, par l'investiture, la juridiction sur l'église et les biens, le gouvernement des âmes, la *cura anima-rum*. L'Église n'avait pas reconnu d'autre investiture. A ses yeux, la *commendatio* n'était pas une *traditio*.

Telle est la doctrine. Or, à ces idées s'opposent déjà des idées différentes.

De ce fait d'abord que les églises privées ont un seigneur, que ce seigneur est tout-puissant sur son domaine, l'intervention de l'évêque dans le choix du desservant est faible, souvent nulle ou dérisoire. Le propriétaire choisit qui il veut, un serf, un illettré, un étranger au diocèse, un de ses hommes qui achète à beaux deniers la tenure ecclésiastique et qu'il impose, de gré

---

1. Hincmar, *de ecclesiis et capellis*, p. 118 : « si autem clerici quos laici offerunt, vita et scientia non fuerint inventi probabiles, episcopus domui dei dignos dispensatores provideat. — Cf. Migne, t. CXXVI, p. 264. Lettre au comte Teudulf. — Abbon (*Collectio canonum*, c. 11) reproduit une novelle de Justinien : « Si quis oratoriam domum aedificaverit et ipse vel haeredes ejus clericos in ipsa domo consecrare maluerint, sumptus administrantes ejusdem domus audiantur, si dignos nominaverint clericos, sin autem illi tales sint ut divinis canonibus non comprobentur, ad episcopum pertinebit, alios clericos idoneos eligere » (Migne, t. CXXXIX, p. 482).

où de force, à l'ordination épiscopale [1]. L'évêque refuse-t-il l'ordination, le seigneur a recours à un évêque étranger et installe son clerc dans son église. Il ne restait d'autres ressources au chef du diocèse que d'excommunier l'usurpateur, d'invoquer la justice du comte. Mais on soupçonne, dans l'anarchie des temps, combien ces conflits furent fréquents, combien la loi religieuse ou civile fut impuissante. En théorie, l'Église avait restreint autant que possible le droit de présentation. En fait, l'évêque fut presque toujours désarmé contre les mauvais choix : ce fut la volonté du seigneur qui prima tout.

De ce fait enfin que l'église est devenue l'objet d'une appropriation individuelle, le maître prétend disposer du patrimoine. Il prétend aussi s'en dessaisir. A l'investiture ecclésiastique devait donc s'ajouter une investiture séculière. Nous la trouvons déjà au ixᵉ siècle et les mots même de *commendare*, *commendatio*, appliqués à l'église rurale, la désignent suffisamment. Sous quelle forme se fait-elle alors ? Ici, les textes sont obscurs ; nos documents, assez nombreux pour les évêchés, sont très rares pour les paroisses. Essayons pourtant de les grouper et d'en dégager quelques conclusions.

Il ne semble pas, qu'à l'époque carolingienne, l'inves-

---

1. Agobard, *De privilegio et jure sacerdotii* (Migne, t. CIV, p. 138) : « Habeo unum clericionem quem mihi nutrivi de servis meis... aut beneficialibus, sive pagensibus... Volo ut ordines mihi presbiterum. » Cf. Flodoard, III, 28, exemples de clercs indignes imposés par le seigneur. Les abbayes confiaient également leurs églises à des colons ou des serfs, qu'elles affranchissaient avant de les présenter à l'ordination.

titure séculière ait eu lieu sous la forme d'une investiture féodale. Nous ne voyons pas dans les chartes de
cette époque que l'église soit donnée comme un fief.
Mais la notion de fief est alors peu précise. La tradition
féodale n'est pas la forme ordinaire des traditions. En
réalité, l'église, faisant partie du domaine, est considérée comme une tenure : tous les modes de concessions reconnus par le droit et par l'usage lui sont
donc appliqués.

Voici d'abord un certain nombre de cas où l'église
est donnée à titre de précaire. Voyez, par exemple, l'église
de la *villa Cardenacus* (952). Elle est conférée sous
cette forme à un clerc qui doit la desservir et « rendre
compte » à l'évêque [1]. En 950, un prêtre, Silvestre,
demande à l'abbaye de Savigny une église qui lui est
cédée en précaire « comme l'ont tenue ses prédécesseurs [2] ». A la fin du xᵉ siècle, il semble bien que les
moines de Saint-Sernin aient commendé leurs églises
sous cette forme [3]. Ces divers exemples montrent bien
que ce mode de tradition existait partout.

Par sa nature, au ixᵉ siècle, le précaire est devenu un

1. Cart. de Mâcon, p. 227 : « Concederent... cuidam clerico
nomine Jarlanno... quod presbyter quondam tenuerit, hoc est de
villis istis... et sepulturam... et baptisterium, offerendas (ut)
diebus vitae suae securiter ibi deserviat et hoc teneat et tempore sinodali pro ipsius loci eulogias persolvat. » Nous verrons
plus loin que la concession peut porter ou sur « l'église » inté-
gralement donnée ou sur le lot attribué au prêtre, *presbiteratus,
presbiterium.*

2. Cart. de Savigny, nᵒ 39.

3. Cart. de Saint-Sernin, nᵒ 280 (960-992) : « Ipsa ecclesia de
Sancto Amatore, Willabertus clericus usui fructuario teneat. »

véritable contrat. Il tend à se confondre avec l'usufruit.
En fait, il assurait généralement au prêtre une possession viagère. Mais souvent, pour assurer cette possession, c'est sous la forme d'un usufruit que l'église et la
paroisse sont concédées. En 937, le vicomte Bernard
donne à Vabres une église, mais le prêtre qui la dessert
« tiendra et possédera toute sa vie l'église et son
domaine [1] ». Voici, dans les chartes de Bourgogne, un
autre exemple de ces traditions : « Moi, Gundric, clerc,
« je te donne la cure qui dépend de Saint-Pierre, les
« dîmes de la *villa* et les offrandes de la paroisse pour
« que, *sauf mon service*, tu les tiennes et les possèdes
« pendant ta vie [2] ».

Il n'est pas douteux qu'un certain nombre d'églises
n'aient été également données à des prêtres sous la
forme de bénéfices [3]. Mais quels qu'ils soient, ces modes
de tradition s'expliquent aisément, car le clergé rural y
trouvait son avantage. On entrevoit dans les textes que
la grande crainte de ces desservants était d'être dépos-
sédés. La loi canonique leur assurait bien, il est vrai,
l'inamovibilité de leur titre. Mais ces garanties étaient
souvent illusoires. Le précaire, l'usufruit, le bénéfice

1. *H. L.*, t. V, p. 181.
2. *Chartae Cluniacenses*, t. II, p. 401 (972). Voir également la
charte de fondation de Sainte-Marie-de-Fenestre (947). L'église
est donnée par le fondateur à un prêtre : « Trado hanc ecclesiam...
Rodegario presbitero ita ut, *quamdiu vivit*, teneat et possideat et
praedictis altaribus fideliter deserviat » (*Marca hispanica*, p. 860).
3. Jonas, *de institutione laïcali*, c. 19 (Migne, t. CVI, p. 204) :
« Sunt etiam plerique potentes qui... basilicas possidentes, contra
fas suis aut clericis aut laïcis *beneficiario more* conferunt. »

donnaient au contraire une forme commode, usuelle, de mise en possession. Par là, le clerc avait un titre. Il tenait son église d'un contrat et le contrat pouvait être invoqué aussi bien contre l'évêque que contre le seigneur.

Ces concessions étaient-elles gratuites ? Nous ne le pensons pas. Les conciles carolingiens se plaignent fréquemment de la vénalité et de la simonie. En fait, l'église rurale s'obtenait, comme toute autre terre, moyennant certains dons ou certains services [1]. Souvent le seigneur exigeait une somme d'argent, un ou plusieurs deniers, pour le don de son église. En revanche, le desservant réclamait parfois certaines clauses qui avaient pour but de lui assurer une jouissance paisible. Il pouvait se faire en effet que l'église tombât en d'autres mains, qu'elle fût aliénée, échangée, donnée. On sait qu'en ce cas le contrat de précaire devait être renouvelé par le propriétaire nouveau. Aussi, dans l'acte de donation ou de vente, dans son testament, le seigneur stipulait-il que le prêtre, sa vie durant, garderait son *titulus* [2]. Ailleurs, entre le clerc et le maître, la *traditio* de l'église fait l'objet d'un compromis. En 920, nous voyons un prêtre, Farnulf, donner à Ethenulf et à sa

1. Le payement d'un droit, *introitus*, nous est signalé par plusieurs documents. Hincmar, *Capit. eccles.* : « Quod pro ecclesiis viduatis praemia... dari non debeant » (Migne, t. CXXV, p. 800). — *Arelatense* (813), c. 5. — *Turonense* (813), c. 14, 15. — *Concil. Viennense* (892), c. 4. — Flodoard, III, 26.

2. *H. L.*, t. V, p. 181. Charte de 937 : don d'une église aux moines avec le droit d'en faire ce qu'ils veulent : «... exceptis quod Benedictus presbiter ipsam ecclesiam et suo ecclesiastico teneat et possideat quamdiu vivit. »

femme ses biens personnels, à condition d'avoir en usufruit l'église de la *villa Celsiacus* [1]. Il ajoute que si les
héritiers du donateur lui enlèvent son titre, lui-même
reprendra ses biens. On voit combien le précaire et
l'usufruit se prêtaient à une foule de marchés et d'accords
individuels.

Il est donc impossible, du moins au IXe siècle et pendant une grande partie du Xe, de déterminer avec précision la forme juridique des concessions d'églises, bien
que la *commendatio ecclesiae* nous apparaisse surtout
sous la forme d'un précaire ou d'un usufruit, d'une
concession viagère en un mot. Ce que nous devons retenir, c'est qu'à côté d'une investiture ecclésiastique faite
par l'évêque, nous remarquons une investiture séculière,
faite par le seigneur [2]. Le premier donne toujours le
gouvernement des âmes, le second confère réellement
le patrimoine. Nous verrons plus loin comment cette
traditio crée déjà certains engagements, oblige à certains
services, comment elle devient de plus en plus conditionnelle. Nous étudierons cette transformation de
l'église rurale en fief. Pour la comprendre, examinons

1. Cart. de Savigny, n° 9 : « Propter hoc ut vos cedatis mihi
ecclesiam quae est in Celsiaco... ea videlicet ratione ut si vos aut
ullus heres vester, in diebus meis ipsam ecclesiam abstrahere
voluerit, haereditas mea absque ulla contradictione ad me rever-
tatur. »

2. Cette distinction est bien marquée par Abbon, *Epistola ad
reges Hugonem et Robertum* : « Est etiam alius error gravissi-
mus, quo fertur altare esse episcopi et ecclesiam alterius cujusli-
bet domini, cum ex domo consecrata et altari unum quoddam fiat,
quod dicitur ecclesia, sicut unus homo constat ex corpore et
anima » (Migne, t. CXXXIX, p. 465-466).

ce que le clerc a reçu par la *traditio* seigneuriale et de quelle portion de son patrimoine, en « commendant » l'église, le propriétaire s'est dessaisi.

§ 3. — Division du patrimoine.

A une époque où tout droit sur la terre et les personnes se traduit par une exaction, il fallait, pour que le *dominium* fût efficace, qu'il fût « utile », que l'église possédée rapportât à son maître des honneurs et aussi des revenus. La mainmise par les seigneurs sur la *dot* de leurs églises est donc une conséquence naturelle de leur propriété. Or, cette exploitation du capital religieux se fait sous une double forme que nous signalent les documents.

Il peut se faire d'abord que le seigneur « commende » à son clerc l'église avec toutes ses dépendances. En ce cas, la tradition se fait à charge d'un cens annuel payé par le desservant. Ce mode de concession nous est signalé, au IXe siècle, surtout dans les paroisses des monastères. Nous lisons, par exemple, dans les polyptyques de Saint-Germain, de Saint-Remi de Reims qu'un certain nombre de leurs églises doivent une redevance. Bizou paye à Saint-Germain 5 *solidi*[1], l'église de la Curtis Agutior, à Saint-Remi, une livre d'argent. L'église paroissiale de Méry et sa chapelle doivent à Saint-Maur une même somme[2]. Au Xe siècle, l'évêque de

---

1. *Polypt. de Saint-Germain*, p. 131. — *Polypt. de Saint-Remi de Reims*, p. 57.

2. *Polypt. de Saint-Germain*: Appendice, p. 285.

Clermont consacre une église appartenant à Saint-
Julien ; cette église rapporte à l'abbaye un cens annuel
de 5 sous d'or [1]. Une autre église, dans le diocèse de
Poitiers, Savigny, paye à Saint-Cyprien un cens annuel
de 12 deniers [2]. Ce sont également des cens que payent
à l'abbaye de Prüm la plupart de ses églises : celle de
Duisburg, de Worst, 30 solidi : celle d'Arneim, 1 livre.
Ces cens sont élevés ; comme ceux de Saint-Germain,
ils étaient annuels [3].

De même que les églises abbatiales, la plupart des
églises relevant d'un évêché étaient soumises à une taxe [4].
Il est probable que les particuliers donnèrent également
leurs églises à charge de cens. Nous trouvons, dans les
chartes, des exemples de ces concessions [5]. Or, ces
faits durent être assez fréquents, car l'usage des tenures
censuelles était alors très répandu. Comme les cens des
tenanciers, ceux des églises étaient perçus généralement
à une époque déterminée, à la fête du saint, du mona-

1. Cart. de Brioude, p. 333 (906).
2. Cart. de Saint-Cyprien, n° 233 (937-962). Cf. également le
cartulaire de Saint-Père de Chartres, t. I, p. 42. Le prêtre d'une
des églises dépendant du monastère paye un cens de trois *solidi*
(Xᵉ siècle).
3. *Polypt. de Prüm*. Beyer, *U. B.*, p. 190, 192. Certaines
églises pourtant sont indemnes de toute redevance ou cens. —
Cf. *Polypt. d'Irminon*.
4. G. Bulliot, *Hist. de Saint-Martin d'Autun*, t. II, p. 12. —
L'église de Vic doit à l'évêché d'Autun un cens de 50 solidi,
celles du Pratum Amblenum rendent 10 solidi.
5. *H. L.*, t. V, p. 155 : « Ecclesiam... cum suo censu. » — Voir
également : Cart. de Conques, n° 82. Don d'une église : «... et in
ipsa ecclesia damus hoc censum. » Cart. de Saint-Hilaire, n° 69.
— Savigny, n° 642.

stère ou de la paroisse. Comment étaient-ils calculés ?
Formaient-ils une redevance proportionnelle au revenu,
une redevance fixe ? Il semble que les. seigneurs aient
préféré ce second système qui leur assurait une rente.
régulière et facile à percevoir.

Les cens en argent n'étaient pas les seules charges
qui pesaient sur les églises privées. Quelques-unes
devaient aussi des dons en nature. Thaix, Villeneuve,
Emans, propriétés de Saint-Germain, lui doivent un
cheval [1], de même les deux églises d'Ettellendorf à
l'abbaye de Prüm. Ailleurs, l'abbaye ou le seigneur
exige des corvées. L'église de Morsang, par exemple,
en acquitte trois à Saint-Germain. Les hôtes de l'église
de Villeneuve-Saint-Georges sont obligés de labourer
6 perches, une ansange, dans le *mansus indominicatus*,
et de clore 4 perches de prés. Ceux de l'église du
Boulay doivent un jour par semaine [2]. Plus souvent,
quand l'église appartient à un laïque, celui-ci l'a soumise au gîte pour ses hommes, au past pour son bétail.
Il lui impose des charrois, une foule de travaux ou de
services arbitraires. Et ces redevances s'aggravèrent
avec le temps. Les conciles du IXe et du Xe siècle se font
l'écho des réclamations des prêtres. Ces remontrances
furent sans résultat. Les seigneurs continuèrent à soumettre aux diverses charges foncières les biens de leurs
églises et les donations nouvelles qui vinrent accroître
ce patrimoine.

1. *Polyptyque*, p. 202, 218, 259.
2. *Polypt. de Saint-Germain*, p. 100, 218. — Cf. Beyer, *U. B.*,
p. 150.

Ce mode d'exploitation laissait au moins intacte la « dot » de la paroisse. Mais dans un grand nombre de paroisses un second système fut suivi. La terre ecclésiastique fut divisée. Une partie fut laissée au prêtre; l'autre, quoique dépendant de l'église, fut cultivée au profit du propriétaire.

Il est difficile de noter avec précision les origines de ce démembrement. Il est probable qu'il se fit dans les paroisses riches, dotées de grands domaines. Il s'était fait, nous l'avons vu, un partage entre le manse habité par le prêtre et les manses cultivés par des hôtes ou des colons. En droit, le travail de ces hommes, leurs redevances, leurs cens étaient dus à l'église dont ils tenaient la terre. Mais, en fait, l'abbaye ou le seigneur s'attribua ces revenus. Le propriétaire de l'église fut conduit à prendre à sa charge l'entretien de l'édifice, les frais du culte, mais il exigea des tenanciers un certain nombre de redevances et une partie de leur travail.

Le polyptyque de Saint-Germain nous signale déjà, au commencement du ixᵉ siècle, cette transformation. Dans certaines paroisses, où la terre ecclésiastique est partagée, le prêtre occupe sa tenure, formée souvent de parcelles du manse seigneurial; les hôtes ou les colons doivent, en raison de leurs manses, des dons ou des journées à l'abbaye. Ceux de Villeneuve labourent neuf perches et une ansange pour le compte du seigneur[1]. Les manses de l'église de Villeneuve[2] payent pour

____

1. *Polypt. de Saint-Germain*, p. 165 : « arat perticas viii, ad *opus dominicum* et antsingam unam. »

2. *Ibid.*, p. 76, 77.

l'*hostis* 12 solidi d'argent, et, pour la capitation, 6 solidi ;
l'abbaye prélève en outre 35 boisseaux d'épeautre,
54 poulets, des œufs, 700 lattes et esseaux. Quant à
l'église, les hôtes ne lui doivent qu'un jour de travail,
si elle les nourrit [1]. Les cinq manses de l'église de Boissy
sont grevés de charges analogues. L'un d'eux doit
8 deniers pour l'*hostis*, les autres doivent 9 moutons ; ils
payent en outre 3 solidi et 8 deniers pour le *carnaticum*,
9 boisseaux d'avoine, 500 esseaux, 26 poulets, des
œufs, des douves et des cercles pour les tonneaux. Ils
doivent encore des corvées, des charrois pour le vin, des
journées de labour ou de travail pour la moisson, les
clôtures des jardins et de la *curtis* seigneuriale [2]. En
réalité, la condition de ces manses est analogue à celle
des autres tenures relevant directement du monastère.
Leurs hommes payent un cens, travaillent pour l'abbaye. Une portion du patrimoine ecclésiastique est ainsi
affectée à l'entretien du couvent [3].

1. Cette réservé en faveur de l'église se retrouve dans un autre
passage du *Polyptyque*. Les hôtes de l'église de Mareuil qui
payent des redevances, donnent une partie de leur temps aux
cultures de l'abbaye et ne doivent à l'église qu'un jour par
semaine, sans doute pour la culture du manse affecté au prêtre.

2. *Polyptyque*, p. 176.

3. M. Stutz, p. 176, 177, a critiqué cette théorie. Mais il me
semble difficile d'expliquer autrement les textes du polyptyque.
Le passage cité plus haut, relatif à l'église de Villeneuve, est formel. On comprendrait mal également que l'*hostilitinm*, la *capitatio*
eussent été payés au prêtre ou à l'église par les hôtes et les
colons. Lisez surtout le texte relatif à Boissy. La division est
très nette entre la part du prêtre et les manses. Parmi les
charges dont ces manses sont grevés se trouvent les charrois du
vin, des redevances de douves et de cercles. Nous ne voyons pas
que l'église ait eu des vignes dans son domaine.

Ici, le partage entre la tenure du prêtre et celle des colons ou des hôtes est régulier. Il laisse au moins la jouissance d'une partie du patrimoine à l'église et au desservant. Mais ailleurs, dans les églises possédées par des laïques, la confusion dut être complète. Que ces derniers aient mis la main sur la « dot » de leurs églises, qu'ils l'aient détournée à leur usage, à leur profit, c'est un fait que les plaintes des conciles, que les écrits des évêques montrent suffisamment. Dès le VIIe siècle, l'épiscopat accusait les seigneurs de dilapider les biens des paroisses [1]. Ces abus résistèrent aux réformes des premiers Carolingiens, et, sur les plaintes de l'Église, le gouvernement impérial dut intervenir.

Dans le capitulaire ecclésiastique de 818, la question des biens des paroisses fut réglée. Une constitution célèbre, qui fut bien des fois invoquée au IXe et au Xe siècle [2], reconnut cette division des revenus ou du patrimoine, mais détermina la part qui devait être laissée, franche de tout droit, de toute charge, à l'église ou au desservant : « Que chaque église ait un manse intact, affranchi de « tout service, que les prêtres qui y sont établis ne « soient tenus sur les dîmes, les oblations des fidèles, « les maisons, les *atria*, les jardins établis près de « l'église, à aucun service, sauf le service prescrit par

---

1. *Conc. Cabilonense*, c. 14 (639-654). — Sur cette mainmise des seigneurs, voir Agobard, qui en parle en termes précis et énergiques.

2. *Capit. ecclesiasticum*, 818, a. 10 (Bor., p. 277). Le *mansus immunis* est le manse sur lequel l'église est construite (Zeumer, *Formulae imperiales*, p. 318).

« les canons. Si l'église a une dotation plus consi-
« dérable, que les prêtres s'acquittent alors envers leur
« seigneur du service qui lui est dû. » Cette théorie du
mansus integer entra dans le droit impérial ou canonique [1]. Elle fut renouvelée à Worms en 829, à Servais
en 853, à Toucy en 865 ; nous la trouvons dans les écrits
d'Hincmar ou les *capitula* attribués à Hérard de Tours.
Elle est une des règles les mieux établies, les plus fréquemment répétées de la législation.

Ainsi, un manse entier est garanti à chaque église.
Quelle devait être sa composition ? Les capitulaires ne
le disent pas. En 855, le concile de Valence exige que
la dotation libre comprenne une *colonica* garnie de trois
esclaves. Nous lisons, dans un document postérieur [2],
que le manse devait avoir 12 bonniers, sans compter le
cimetière et la *curtis* où s'élèvent l'église et la maison du
prêtre. Ajoutez à la terre les revenus ecclésiastiques, les
dîmes, les offrandes, les prémices, les droits de sépulture, les taxes des sacrements. Voilà ce qui forme l'*im-
munitas dotis*, dont il est question dans quelques textes,
la portion inaliénable et intangible du domaine sacré.

Cette garantie édictée par le capitulaire de 818 fut-elle
observée ? Entraîna-t-elle dans toutes les églises privées

1. Boretius, p. 333, extrait d'un capitulaire de Louis le Pieux.
2. *Concil. Valentinum*, 855, c. 9. — Hincmar, *Capitula decanis
data*, 2 (Migne, t. CXXV, p. 778). Reginon, *De ecclesiasticis
disciplinis* (Migne, t. CXXXII, p. 187) : « Investigandum si habeat
ipsa ecclesia mansum habentem bunuaria XII praeter cimiterium
et curtem ubi ecclesia et domus presbyteri continetur, et si
habeat mancipia IV, quot mansos habeat ingenuiles et quot ser-
viles, aut accolas unde decima reddatur. »

une division régulière du patrimoine? Nous ne le savons
pas. Il faut remarquer qu'un certain nombre d'églises
continuèrent à n'avoir qu'une dotation insuffisante : leurs
seuls revenus se composent des dîmes, des offrandes,
des taxes des sacréments [1]. Beaucoup aussi de ces sanctuaires eurent un domaine foncier trop restreint,
une *curtis*, la maison presbytérale, quelques arpents de
terre, de prés ou de vignes, pour donner lieu à un partage. Ces églises sont toujours concédées à charge de
cens. Mais il semble aussi que dans un grand nombre de
paroisses les prescriptions de la loi aient été suivies.
Dès le ixe siècle, on voit mentionner dans une foule de
documents le « manse ecclésiastique ». C'est proprement
le manse exigé par les capitulaires, le sol sur lequel
sont construits l'église, le presbytère et ses dépendances,
et que cultive ou qu'occupe le desservant.

Le manse ecclésiastique nous apparaît d'abord dans
un grand nombre de paroisses dépendant d'une abbaye
ou d'un évêché. Nous lisons, par exemple, dans la
polyptyque de Saint-Remi de Reims que la dotation
d'une église abbatiale, Vic, se compose de deux manses :
l'un, servile, est laissé à la disposition du prêtre ; l'autre,
ingénuile, semble retenu par le couvent. Même partage
dans les églises de la *villa Villare* et de Saint-Hilaire [2].

1. *Episcoporum relatio* (v. 820), c. 5 : « Cum sint pleraeque
ecclesiae aut nihil aut parum quid exterius habentes. — Cf.
Frothaire de Toul (*H. F.*, t. VI, p. 390) : «Quaedam... basilicae in
providentia nostra consistunt, quae nec mansorum subjectione
fulciuntur... » Jonas, *de institutione laicali*, c. 19 (Migne, t. CVI,
p. 204) : « basilicas... rebus tenues, fidelium vero largissimis decimis abundantes. »

2. *Polyptyque de Saint-Remi de Reims*, p. 78, p. 39.

Nous trouverions, dans d'autres abbayes carolingiennes, à Cluny, par exemple, à Savigny, au x⁰ siècle [1], à Saint-Julien-de-Brioude, etc., ou dans des paroisses possédées par un évêché, la même division [2].

Vers la même époque, ces usages furent introduits dans les églises possédées par les laïques. Les capitulaires qui exigent que le manse soit libre nous font entendre que, dans la plupart des paroisses privées, il était distinct des autres terres ecclésiastiques. Hincmar nous parle de ce partage. Il rappelle aux prêtres seigneuriaux que si le manse ecclésiastique doit être affranchi de toute charge, ils ne doivent pas refuser, pour tous les autres, les dons ou les services que réclame le seigneur [3]. Nous lisons encore qu'une église est donnée, avec toutes ses dépendances, le manse sur lequel elle est bâtie, « sa cour, le jardin..., les champs cultivés ou non qui en dépendent [4] ». — Ce n'est pas que ce partage ait été partout effectué. Nous voyons quelques églises avoir, dans leur dot, plu-

1. Cart. de Savigny, n° 145. Constitution d'un *dotalicium* à l'église d'Azola... « mansum in quo sedet et quidquid ad ipsum mansum pertinet... » Cart. de Conques, n° 22 (904-930) : « ecclesia... cum... manso qui est de ipsa ecclesia. » Brioude, n° 330 : dotation de l'église de Blaneda... « in ipsa villa... mansum unum ad ecclesiam adhaerentem. »

2. Cart. de Nîmes, n° 60 (961) : « ecclesia... cum omnibus ajacentiis suis et cum ipsum mansum qui ibidem est. »

3. Hincmar, *de ecclesiis et capellis*, p. 135 : « ut debitum servicium quisque presbiter suo seniori, si aliquid supra mansum ecclesiasticum habuerit... valeat et debeat exhibere. » La constitution du *mansus immunis* se fait également dans les églises du fisc. Cart. de Mâcon, n° 61 : Cession à Saint-Vincent, par Louis le Bègue d'une église... « cum immunitate sua. »

4. Cart. de Nîmes, n° 60 (961).

sieurs manses, que le propriétaire ne paraît pas avoir retenus [1]. Mais la division du patrimoine est un fait normal. Le manse ecclésiastique est fréquemment distingué des autres parties du domaine paroissial. Au xe siècle, il donnera naissance à une tenure encore plus précise qui portera le nom d'*honor ecclesiasticus*, *fiscus presbiteri*, *presbiteratus*. Ce sera la tenure du prêtre, bien distincte des autres portions du patrimoine et que nous signalent une foule de documents.

Ainsi l'Église, obligée de transiger avec le séniorat, avait dû consentir à un démembrement du domaine ecclésiastique. Mais elle posa ses conditions. Elle voulut d'abord que la part du propriétaire fût aussi petite que possible. Elle enleva aux redevances, aux services qu'elle lui accordait, tout caractère obligatoire et permanent. Hincmar compare les dons ou les services aux eulogies ; il en fait une concession volontaire du prêtre [2]. Surtout, l'Église avait entendu comprendre dans le *mansus immunis* les donations nouvelles. Le concile de Meaux (845) avait interdit l'établissement de cens sur les terres offertes pour la sépulture [3]. Le concile de Paris (849) avait stipulé que les terres ultérieurement données aux églises ne seraient pas comprises dans les partages et

---

1. Cart. de l'église Notre-Dame de Chartres, p. 80 (949) : « ecclesiam... cum novem mansis et dimidio... ecclesiam... de Alona... cum tribus mansis et dimidio ad eam pertinentes. »

2. Hincmar, *de ecclesiis et capellis*, p. 125 : « obsequium non pro *consuetudinario* ac debito censu sed juxta possibilitatem pro voluntaria oblatione ac eulogiarum... gratia suo seniori sine ecclesiae dispendio... exhibere. »

3. *Concil. Meldense*, c. 63 (845). *M. G. H.*, Capit., t. II, p. 13.

resteraient indemnes de tout service [1]. Le capitulaire de
Toucy (865) avait rappelé l'immunité accordée par le
concile de Meaux aux oblations des fidèles [2]. A plus
forte raison, les revenus spirituels, dîmes, offrandes,
prémices, taxes pour l'administration des sacrements,
durent-ils être rattachés au patrimoine libre de l'église
et laissés au gouvernement de l'évêque où à la disposition
du desservant [3]. Mais ces garanties devaient être illusoires, et jusqu'à la fin du XIe siècle, les seigneurs
usurpent peu à peu tous les revenus de leurs églises et
les appliquent à leur usage particulier.

A une époque où toute contribution, en nature ou en
argent, se transforme en une « coutume », il était
d'abord chimérique d'espérer que le seigneur se conten-
tât de redevances volontaires. S'il laisse au manse ecclésiastique sa liberté, il lève sur les autres parties du
patrimoine tous les droits qu'il lève sur son domaine.
Comme les hôtes, les colons ou les serfs des tenures
domaniales, les tenanciers de la terre ecclésiastique lui
doivent des cens, des services, des corvées, le charroi
pour ses blés ou son vin, la clôture de son jardin, la
levée de ses récoltes, les redevances qu'il réclame pour le

---

1. Hincmar, *de ecclesiis et capellis*, p. 108 : « ...firmarent ut nec
ipsi nec illorum heredes *illa quae tradita erant* ipsi ecclesiae
postea in proprium dividere possunt nec servitium aliquod nisi
spiritale inde exigerent.

2. *Capit. missorum Tusiacense* (865), c. 11 (Capit., t. II, p. 331).

3. Hincmar, *de ecclesiis et capellis*, p. 118 : « Omnia quae sunt
ecclesiae, id est et dotem et decimam vel reliqua quaeque ad episcopi ordinationem et potestatem pertinere debere. » Hincmar
revient à plusieurs reprises, dans cet écrit, sur cette question.

service militaire, la capitation qu'il leur impose comme marque de leur dépendance. Nous avons vu dans la polyptyque d'Irminon la nature de ces charges qui grèvent les *hospicia* des églises abbatiales. Au xe siècle, quel que soit leur nombre ou leur diversité, on les comprend sous un mot : *consuetudines* [1]. Ce terme seul explique leur caractère. Quand nous lisons qu'une église est vendue ou cédée avec ses « coutumes »; nous devons entendre qu'elle est cédée avec les cens ou les services que ses hommes ou ses terres doivent au seigneur.

Il peut se faire également que le seigneur cède en précaire ou en bénéfice la portion du domaine ecclésiastique qui s'est détachée de l'église. Nous lisons, par exemple, dans une charte du xie siècle, qu'un laïque donne à l'abbaye de Conques son église, un marché, « les *champs ecclésiastiques que tient de lui Nizezius*; » des prés, un jardin « et la moitié de la tenure ou fief « ecclésiastique que tient de lui le prêtre Rainaldus et « dont il lui doit le service [2] ». Ici, la séparation est complète entre les diverses parties du patrimoine primitif. Les terres non comprises dans la tenure privilégiée sont bien données par le seigneur comme toute autre partie du sol qui relève de lui.

Tout au moins, maître d'une portion du patrimoine, le seigneur eût-il pu laisser le mansé ecclésiastique s'étendre, s'agrandir par les donations des fidèles.

Mais l'Église lutta en vain pour obtenir cette liberté

---

1. Cf. *Chartae Cluniacenses*, t. III, p. 104, délaissement par Bernard des *consuetudines*, levées sur l'église de Saint-Gengoux.
2. Cart. de Conques, n° 12.

des donations. De ces dons, beaucoup d'abord étaient faits par les hommes de la *villa* ou de la seigneurie, les tenanciers ou les vassaux. Or, nul ne pouvait disposer de sa tenure ou de son bénéfice sans l'assentiment du seigneur [1]. Et donnée à *son* église, la terre change de destination ou d'usage, non de maître. Le propriétaire la garde dans sa main : son droit suit sa terre, et s'il consent à en laisser à l'église la possession, lui-même en a toujours la propriété. Quoi d'étonnant alors que sur la donation faite par ses hommes il continue à prélever sa rente ou à réclamer son dû. — Et de même sur les biens donnés par les étrangers. En entrant dans le domaine de l'église, ils entrent dans le sien; ils s'agrègent à son capital religieux. Ces donations, qu'il autorise [2], sont

---

1. Cette autorisation du seigneur s'appelle, dès le xᵉ siècle, *auctoramentum*... Elle est nécessaire aussi bien aux libres qu'aux hommes du seigneur. Cf. d'Arbois de Jubainville, *Hist. des comtes de Champagne*, t. I, p. 505. Charte d'Étienne-Henri pour Pont-levoy : « Et quidquid servi mei vel liberi in vita sua vel ad vitae decessum pro animabus suis ecclesiae S. Joannis donare voluerint... assentio... » Le roi autorise de même les *fiscalini* à donner leurs biens aux églises du fisc : *H. F.*, t. IX, p. 529, diplôme de Charles le Simple (916); *id.*, *ibid.*, p. 562, de Raoul, pour Saint-Symphorien d'Autun (924); Cart. de Saint-Père, p. 127, diplôme d'Henri Iᵉʳ (1061).

Ces concessions n'étaient pas toujours gratuites. Le seigneur, parfois, n'autorisait les dons aux églises qu'à certaines conditions : il gardait une part de la donation. Cf. Cart. ms. de Saint-Jean-d'Angély (Archives de La Rochelle), nᵒ 107 : Accord entre un seigneur et l'abbaye au sujet d'une église (1060-1070).

2. *Marca hispanica*, p. 837. Diplôme du comte Guifred : « Et sic consentimus... ut ullus homo qui donare vult alodem suum ad ecclesiam Sancti Michaelis qui est in Exeduce, liberam habeat potestatem. »

faites entre ses mains. Enfin, si le prêtre est un colon ou un recommandé, en vertu même des règles du droit public, il se croit libre de retenir les biens achetés par le desservant, donnés, laissés par testament [1]. En réalité, les seigneurs s'emparent des donations, en disposent à leur gré ; ce sont ressources nouvelles qui viennent grossir leur capital. Agobard dénonce déjà ces maîtres injustes, qui ne se contentent pas de revendiquer les biens donnés à leur église par les fondateurs, mais ceux mêmes qu'offrent les fidèles, par dévotion, pour leur sépulture [2]. Les conciles de Meaux (845) et de Paris (849), de Valence (855), essayent à leur tour de garantir la volonté des donateurs [3] ; Hincmar la défend contre les usurpations des seigneurs qu'il menace d'excommunication [4]. Ces mesures furent vaines. Un capitulaire nous montre même quelques-uns de ces maîtres provoquer les libéralités des fidèles, les contraindre à porter leurs offrandes, à donner leurs biens à l'église seigneuriale [5]. Pas plus au IXe, au Xe siècle qu'au VIIe, les donations faites aux églises ne furent respectées.

1. Hincmar (Flodoard, III, 26), lettre au comte Theudulf : « pro praesumptione ecclesiastici ministerii, qua defuncto quodam presbytero abstulerat quae idem presbyter in eleemosyna pro se dari praeceperat, et insuper usurpaverat quae ad ipsam ecclesiam rite relicta fuerant... Mandat... ut... quidquid de facultatibus ipsius ecclesiae acceperat... ecclesiae reddat ».

2. Agobard, *Liber de dispensatione rerum ecclesiasticarum* (Migne, t. CIV, p. 236).

3. *Concil. Meldense*, c. 62 (*Capit.*, t. II, p. 413). — Hincmar, *de ecclesiis et capellis*, p. 108. — *Concil. Valentinum* (855), c. 9.

4. Lettre au comte Theudulf, Flodoard, III, 26.

5. Capitulaires, t. I, p. 163 : « basilicas construunt et quoscumque potuerint, ut res suas illic tradant, instantissime adhortantur.

Ce qui est plus grave, le mansé ecclésiastique, tel que la loi l'avait établi, devait être lui-même démembré. Une partie de son fonds et de ses revenus allait tomber entre les mains des seigneurs.

C'est d'abord l'église, de pierre ou de bois, qu'ils revendiquent. Son caractère sacré, les dispositions légales qui la placent sous la surveillance de l'évêque, dans la part libre de la dotation ecclésiastique, ne suffisent pas à la garantir d'une prise de possession individuelle [1]. Les seigneurs possèdent l'édifice aussi bien que le sol sur lequel il est construit. A ce titre, ils le partagent comme la terre. L'église peut avoir trois ou quatre maîtres différents : un seul autel appartient quelquefois à plusieurs [2]. A ce titre encore, ils enlèvent les matériaux, changent leur église de place, la reconstruisent selon leurs convenances personnelles, et, sans même attendre le consentement de l'évêque, transfèrent dans ces églises nouvelles les reliques sacrées [3]. Sous une autre forme ils marquent encore leur droit de

1. Sur les droits que s'arrogent les laïques dans leurs églises, cf. *Episcoporum ad Hludowicum relatio* (v. 820), c. 5 (*Capit.*, t. I, p. 367) : « Haec vero omnia quae exigere solent non de suo aliquo beneficio sed solummodo de altari et parietibus ecclesiae ab episcopo Deo dicatis dari sibi agunt. »

2. C'est, au ixe siècle, une conséquence des partages successoraux. Ces usages se continuent à l'époque féodale. Cart. ms. de Saint-Jean-d'Angély, n° 20 (1066-1076) : autel possédé par l'abbé, l'évêque, le seigneur. Dans un certain nombre d'actes, nous voyons donner une *medietas* d'autel ou toute autre *pars*.

3. Capitulaires (Boretius, t. I, p. 163) : « Quid de his dicendum qui... ossa et reliquias sanctorum corporum de loco ad locum transferunt ibique novas basilicas construunt. »

propriété. Ils réclament une place privilégiée, dans le sanctuaire, avec le prêtre, à l'écart des fidèles [1]. Enfin, ils veulent leur tombeau dans l'édifice qu'ils ont construit. C'est là un droit qu'ils prétendent héréditaire, inhérent à leur propriété [2]. Ils ont fixé eux-mêmes leur sépulture près de l'autel, sous les dalles, comme pour montrer ainsi que leur prise de possession est éternelle.

Cette mainmise sur l'édifice entraîna, au xᵉ siècle, une distinction entre l'église et l'autel, *ecclesia, altare* [3]. Les évêques essayèrent, en abandonnant les églises aux laïques, de maintenir l'autel dans leur dépendance [4]. A l'autel, ils rattachèrent alors tous les revenus purement spirituels, les dîmes, les offrandes, les sépultures,

1. *Capitula Herardi.Turonensis*, c. 24, 82 (Migne, t. CXXI, p. 764 et suiv.).

2. *Concilium Meldense* (845), c. 72 : « Ut nemo quemlibet mortuum in ecclesia quasi *hereditario jure*... sepelire praesumat. » Ces prescriptions sont renouvelées dans les capitulaires épiscopaux.

3. Cette distinction fut favorisée par l'établissement de plusieurs autels dans les églises. Elle est visible surtout dans les chartes du Nord, de Terouánne, Paris, Sens, Rennes, Châlons, Chartres, etc. Moreau, t. XXVIII, p. 124 : donation par l'évêque de Laon à Elnone... « altare Saint-Remigii de ecclesia ca que est in Carisiaco villa », *id.*, t. X, p. 168. — Cart. de Saint-Jean-d'Angély nº 20, nº 63, etc. Abbón, *Epistola ad reges Hugonem et Robertum* (Migne, t. CXXXIX, p. 465). Les exemples sont très nombreux. Elle existe aussi, plus rarement, dans le Midi. Cf. *Marca hispanica*, p. 955 (1090) : « ecclesiam parochialem... cum intra edita altaria... cum decimis et primitiis et oblationibus suis. »

4. Certains évêques, en consacrant des églises seigneuriales, retiennent l'autel sous leur juridiction: — Cf. d'Arbois de Jubainville, *Hist. des comtes de Champagne*, t. I, p. 489. Fondation d'une église rurale par les comtés Thibaut et Eudés (1063), consacrée par l'évêque, qui déclare : « altare ipsius supradictae quod nostri juris videbatur esse. »

les sacrements. Mais le démembrement du manse
ecclésiastique ne fut pas arrêté par ces mesures. Il était
une conséquence du droit de propriété qui englobait
tout. Dès le ixᵉ siècle, les laïques songent à s'emparer
des revenus spirituels, et ce fut par les dîmes que cette
usurpation commença [1].

La loi civile ou religieuse qui avait établi la dîme
l'avait, dans chaque paroisse, réservée à l'église de la
paroisse. Mais, les premiers, les rois comme les
évêques, firent brèche à ce principe. Dans le capitulaire *de Villis*, Charlemagne avait, nous l'avons vu,
contraint les hommes des fiscs royaux à porter leur
dîme à la chapelle du fisc [2]. Voilà une première dérogation. L'épiscopat s'en permit d'autres. En fondant ou
en consacrant un *oratorium* sur le territoire d'une
paroisse, l'évêque assigna souvent à cette chapelle une
part des dîmes [3]. Un partage s'établit ainsi fréquemment entre le *titulus* et les succursales, l'église baptis-

1. Sous Louis le Pieux, un capitulaire rappelle que le prêtre
ne doit payer aucun cens sur ces revenus comme sur le manse :
« Ut... de agro ecclesiastico et manso ac mancipiis, vel si quilibet
pro loco sepulturae aliquid ecclesiae largitus fuerit, neque de
decimis, et oblationibus fidelium presbyter aliquem censum per-
solvere cogatur... »

2. *Capit. de Villis*, a. 6 (Bor., p. 83). — Cf. *Formulae imperiales*
(Zeumer, p. 317). Chapelles du fisc données à une abbaye *cum decimis*.

3. Exemple de chapelles fondées sur le territoire d'une
paroisse et dotées d'une portion des dîmes. — Cart. de Brioude,
nᵒ 16. Dédicace de la *capella* située *in villa Caneco*. Le concile de
Meaux (845) avait interdit aux évêques de diviser, *dividere*, les
dîmes, mais cette règle ne fut pas observée. — Cf. *Hist. des comtes
de Champagne*, t. I, p. 452. Don par Frotger, évêque de Châlons,
d'une *capella cum omnibus decimis*.

male et les chapelles publiques où la célébration de la messe était autorisée. Enfin, le principe de l'union des dîmes et de la paroisse fut plus gravement atteint le jour où, comme le roi, l'évêque et l'abbé retinrent la dîme de leurs terres et la levèrent à leur profit, au profit de leur église, dans les paroisses fondées sur la terre de l'évêché ou du couvent.

Il n'est pas aisé de déterminer avec précision l'origine de cet usage. Mais, au IXe siècle, nous le trouvons établi surtout dans les églises qui appartiennent à une communauté[1]. Dans le polyptyque de Prüm[2], par exemple, nous lisons qu'à Basténach la dîme est partagée entre l'abbé et le prêtre. L'abbé prélève deux parts de la dîme, du foin et du blé ; il laisse la troisième au desservant. A Novelle, c'est la dîme entière du blé et du foin qui est levée par le monastère[3], sans doute la dîme des autres produits du sol ou du tra-

---

1. Déjà, dès 803, les évêques et les abbés prélèvent les dîmes de leurs domaines situés dans des paroisses. Il semble, au moins, qu'on doive tirer cette conclusion d'un article du capitulaire de Salz (Bor., p. 119, a. 2). En 869, par l'édit de Pitres, Charles le Chauve obligea les évêques à payer à l'église paroissiale les dimes des manses héréditaires ; il leur permit de retenir ceux du *mansus indominicatus*, des terres données à bail ou à cens. *Edictum Pistense* (869), c. 12 (Capit., t. II, p. 336). Ces dispositions furent appliquées probablement aux abbayes, mais elles restèrent sans effet. Les abbayes retinrent les dîmes de leurs domaines. Cf. cart. de Saint-Père, p. 38 : « Decima hujus villae nostra est quamvis ad aliam accclesiam pergant, non habentes propriam. (Xe siècle).

2. *Polypt. de Prüm.* Beyer, *U. B.*, p. 173 : « De decima de annona et feno duas partes recipit senior, terciam vero presbiter. »

3. *Ibid., id.* : « Decimam ibi aspicientem accipit senior de feno et annona. »

vail est-elle maintenue à la paroisse. Dans les paroisses de Cluny, au x⁰ siècle, la dîme est abbatiale. En 938, une charte de l'évêque Mainbod nous donne la liste des églises possédées par le couvent : Cluny, Coptus, Galoniacus, Solustriacus, Blanuscus, Lancus, Binzo, Vallis. L'abbaye y détient les dîmes, à charge, pour elle, d'entretenir les églises et de veiller à la célébration du culte. En 983, l'abbaye obtient également d'un autre évêque, Gautier, la concession des dîmes dans quatre églises desservies par ses moines [1]. On trouverait aisément, pour d'autres monastères, des concessions semblables. A Saint-Julien de Brioude, à Montiéramey, à Saint-Père de Chartres, à Conques, au xe siècle, la dîme, dans une foule de paroisses, est perçue par le couvent [2].

Ce n'est pas que cet usage ait été établi par une loi. Il fallait au couvent, pour chaque paroisse, un privilège spécial de l'évêque. Quelquefois, au privilège de l'évêque s'ajoute un diplôme royal. Ce n'est pas, non plus, que cet usage ait été général. Quelques abbayes, Wissembourg, Saint-Germain-des-Prés, Corbie semblent, par exemple, avoir laissé à leurs paroisses la

---

1. *Chartae Cluniacenses*, t. I, p. 467 ; t. II, p. 664.

2. Cart. de Brioude, p. 34. — Pour Montieramey, cf. *Mélanges Monod*, p. 135. — Cart. de Notre-Dame de Chartres, t. I, p. 81. Cession d'églises par l'évêque à Saint-Père avec les dîmes (949). — Cf. Cart. de Saint-Père, p. 29 (954). — *Marca hispanica*, p. 873. Don par l'évêque de Girone à Banyuls : «... decimas, et primitias et oblationes fidelium de villa Agemalo cum ecclesia ibi sita » (957).

disposition intégrale ou partielle de ces revenus [1]. Mais, de plus en plus, les abbayes se firent donner les dîmes de leurs églises, comme les évêques retinrent les dîmes des paroisses épiscopales, les donnant en bénéfice ou en précaire, les détournant en un mot de leur usage primitif.

A leur tour, les laïques prétendirent avoir les mêmes droits et, malgré la résistance de l'épiscopat, réussirent à imposer leurs prétentions.

Dès 803, nous lisons dans un capitulaire de Charlemagne que les fondateurs d'une église ou d'une chapelle privée essayaient de lui attribuer les dîmes dues à la paroisse [2]. Cet abus fut interdit, mais la législation fut impuissante. Dans les paroisses libres, elle commença par autoriser les propriétaires des chapelles à donner à leurs *oratoria* les dîmes du *mansus indominicatus* ; elle réserva à l'église baptismale les dîmes des autres manses. Dans les paroisses seigneuriales, la dîme fut, malgré la loi, levée par les seigneurs [3]. Ici, ils prélèvent un cens sur les oblations ou les dîmes des fidèles et obligent le prêtre à un partage. Ailleurs, ils gardent

---

1. *Trad. Wizemburgenses*, p. 280, 291, 293. Pour Saint-Germain-des-Prés, nous ne voyons nulle part que la dîme soit payée à l'abbaye. Pour Corbie, cf. *Statuta Corbeiensia* (Guérard, *Polyptype*, App., p. 336). Les bénéficiers qui ont quatre manses doivent leurs dîmes à l'abbaye ; ceux qui ont moins de quatre manses, à l'église paroissiale.

2. Capit. de Salz, (803-804), a. 3.

3. Les bénéficiers des chapelles royales commencent ces usurpations. Capit. (829), a. 1 : « De decimis quae ad capellas dominicas dantur et hominibus qui eas habent et in suos usus convertunt » (t. II, éd. Krause, p. 6).

tout [1]. Les réclamations des conciles de Meaux (845), de Trèves (893), de Trosly (909), d'Ingelheim (947) nous montrent que ces usurpations sont un fait constant et général [2]. Et, en réalité, contre elles, l'Église était désarmée. Pour obtenir, dans les domaines, le payement des dîmes, elle avait dû s'adresser au propriétaire, demander son concours et sa contrainte. Le seigneur ne tarda pas à lui faire regretter ce service. Obligé de pressurer ses colons ou ses serfs, il trouva plus naturel de les exploiter à son profit. Obligé enfin d'entretenir, de restaurer son église, il eut un prétexte à retenir au moins la partie des dîmes affectée à cet usage. Au xe siècle, presque partout, les dîmes des églises seigneuriales sont confisquées par les propriétaires, détournées de leur emploi. Cette redevance ecclésiastique se transforme peu à peu en redevance seigneuriale. Elle est levée par le propriétaire, mais pour son compte, et, de ce fait, les exemples sont fréquents.

Nous voyons une église vendue, donnée, engagée avec ses dîmes. Parfois, l'impôt est partagé entre le seigneur et son prêtre ; parfois, le seigneur le retient tout entier et il vend les produits qu'il lui rapporte. Quand une église est partagée entre plusieurs maîtres, la dîme est fréquemment répartie entre chaque lot. Tel possède la moitié des dîmes d'une église, tel autre le tiers ou le quart. Ici, le propriétaire enlève les dîmes à sa paroisse

1. *Episcoporum relatio* (c. 820), a. 5. — *Capit.*, t. I, p. 367.
2. Au commencement du xie siècle, les évêques essayent de reprendre les dimes aux abbayes. Ils échouent (Concile de Saint-Denys, 997).

pour les donner à une église voisine [1] ou à un couvent.
Là, il distrait la dîme du patrimoine pour la donner ou
la céder en bénéfice. Ailleurs, il la fait lever par un de
ses agents, *decimator*, et cette fonction devient bien
vite un petit office rural qu'il inféode comme la plupart des
offices. Au XIe siècle, ce commerce est général. La dîme
est devenue une redevance foncière qui s'est ajoutée
aux autres et fait l'objet d'une foule de transactions.

Ce démembrement du patrimoine ecclésiastique ne
s'arrête même pas à l'usurpation des dîmes. Dès le
IXe siècle, les seigneurs commencent à s'emparer des
oblations en terre, argent, fruits, cire, offertes par les
fidèles pour l'entretien de l'autel, du luminaire, l'assistance des pauvres, leur sépulture [2]. Le concile de Francfort
en rappelant que ces offrandes doivent rester à la disposition de l'évêque montre bien que ce dernier n'en con-
trôlait pas toujours l'emploi [3]. Malgré les prescriptions
du capitulaire de 818, les offrandes continuèrent à
être retenues par les seigneurs. Les plaintes d'Agobard,
d'Hincmar, les menaces des conciles de Meaux (845) et
Valence (855) furent vaines. Les seigneurs ne renonçaient

---

1. Cart. de Saint-Cyprien, n° 423 (938).

2. *Marca hispanica*, p. 875. — Cart. de Saint-Sernin. Don de
l'église de Martres : «...cum... decimas vel offerenda vel primicias
qui ad ipsa ecclesia pertinent... Sic teneant totum et ad integrum
usque ad quinque annos.. Et. quinque annis expletis, retineamus
ipsa medietate de decimo... » (fin du xe siècle).

3. *Concil. Franconofurtense*, c. 48 : « de oblationibus quae in
ecclesia vel in usu pauperum conferuntur : canonica observetur
norma et non ab aliis dispensentur nisi cui episcopus dispensa-
verit. »

pas aisément à leurs meilleurs revenus. Ils obligeaient
leurs clercs à un partage, prélevaient une taxe sur les
oblations et ne « commendaient » leurs églises qu'à la
condition de percevoir une part des offrandes [1]. Au xe
et au xie siècle, nous trouvons ces usages partout. Le seigneur garde, par exemple, les offrandes de certaines
fêtes, ou bien encore de certaine nature ; ailleurs, sur
la masse, il se réserve le quart, la moitié ; en tout cas,
presque toujours, il se taille la plus grosse part, ne laissant au prêtre que les menus profits [2].

Aux offrandes il ajoute les prémices et bientôt les
droits perçus pour les sacrements, *baptisterium*, *pœni-
tentia*. Ces taxes levées par le prêtre, malgré les canons,
passèrent entre ses mains. C'est lui encore qui retint
les droits de sépulture, *sepultura* [3], le produit des

1. *Episcoporum relatio* (v. 820), a. 5 (Borctius, t. I, p. 367) :
« *de... oblationibus* fidelium census et diversos pastus presbyteri...
reddere compellantur. « Cf. Jonas, *de institutione laïcali*, c. 19
(Migne, t. CVI, p. 204) : « Cupiditate ducti solent dicere : ille presbyter multa de mea acquirit ecclesia, ad votum meum mihi serviat,
sin alias meam ultra non habebit ecclesiam... Sunt... plerique
potentes qui... hujuscemodi basilicas possidentes, rebus tenues,
fidelium vero largissimis decimis abundantes, contra fas suis aut
clericis aut laicis beneficiario more conferunt, ut de hujuscemodi
oblationibus et decimis serviant. »
2. Abbon. *Collectio canonum*, c. 2 (Migne, t. CXXXIX, p. 477) :
« De redditibus, de oblationibus maximam portionem interci-
piunt. » — Sur le nombre des oblations, cf. Cart. de Savigny,
n° 731 (acte de 1046).
3. Les droits de sépulture étaient assez élevés. Dans certaines églises, le seigneur fixa un maximum. Cart. de la Couture,
p. 19 : « Quod presbyter et ejus successores habebunt partem
sepulturae quae nunquam ultra quatuor denarios crescat » (v.
1050).

cierges, de la cire, etc..., et parfois les honoraires des messes. Tous les revenus des églises privées tombèrent en son pouvoir.

On voit donc, après toutes ces usurpations, ce qui reste de l'ancien manse ecclésiastique. De tout le patrimoine primitif de sa paroisse, le prêtre ne détient plus qu'une part, le *presbiteratus* ou *beneficium presbiteri*, très inégalement composée d'ailleurs, suivant la volonté du maître, les aliénations ou les réserves qu'il a faites : ici, comprenant une partie de la terre ; là, la moitié, le tiers, le quart des dîmes, des offrandes ; ailleurs, les revenus des sacrements ou simplement la sépulture [1].

Ainsi, le titre presbytéral est devenu un office auquel certains biens ou certains revenus sont affectés [2]. Et encore ce lot même n'est-il pas à l'abri des redevances, des corvées que les maîtres imposent. Englobé dans leur domaine, il est à son tour soumis à tous les droits utiles qui s'attachaient au droit de propriété. Dès le IXe siècle,

---

1. Une charte de Saint-Jean-d'Angély montre bien au XIe siècle ce démembrement des diverses parties du patrimoine paroissial. (Cart. m^t, n° 63) : « ecclesiam... et omnia quae ad illam pertinebant, hoc est fœdium presbyteri et terram quae pertinet ad altare et... decimam. »

2. Exemples de composition du *beneficium presbiteri*. Celui de Brion (Cart. de Saint-Cyprien, n° 343) comprend des terres, des prés, les dîmes. — Le *presbiterium* de Sainte-Marie *de Alogio* se compose de l'autel, des offrandes, des dîmes, de la sépulture (Cart. de Saint-Père, n° 214) (1069) ; celui de l'église de Brommat, de la totalité des sépultures, des offrandes, des taxes ecclésiastiques, d'une partie des dîmes ; celui de Prades-Ségur, des sépultures, du baptistère, « des pénitences et des offrandes. » Cart. de Conques, n° 42 (1065-1090) ; n° 12 (1031-1059).

malgré les prescriptions de la loi, les capitulaires des évêques, les canons des conciles, les seigneurs réclament des cens ou des services. Au xe et surtout au xie siècle, leur fiscalité oppressive est plus lourde encore. Sur la part du prêtre, ils levèrent des cens, des redevances en nature, établirent l'albergue ou le gîte, soumirent le prêtre ou ses hommes à des prestations et à des corvées [1]. Le *presbiteratus* devint une tenure exploitée comme toutes les autres. Souvent même les revenus sont partagés ; le seigneur en retient le tiers, le quart, la moitié, aussi bien qu'il profite des améliorations faites par le prêtre sur le sol ou dans la culture [2]. Et, si on ajoute à ces ressources celles qu'il tire de l'investiture féodale, l'*introitus*, celles que lui rapportent, le plus souvent, l'exercice de la *vicaria*, amendes, compositions pour délits commis dans l'église, le cimetière ou l'*atrium* [3], les taxes des sacrements,

1. Les exemples sont fréquents, au xie siècle surtout Le fisc presbytéral de l'église de Juillac doit six setiers à blé (Cart. de Saint-Jean-d'Angély, n° 137) ; celui de La Pommeraye, un cens annuel de 24 *solidi* (Marchegay, *Arch. d'Anjou*, t. II, p. 74. Le prêtre de Saint-Pierre-de-Tiern doit douze deniers de cens et l'*hospitalitas* (Cart. de Saint-Jean-d'Angely, n° 249). — Cf. d'autres exemples dans le Cartulaire de Conques, n°s 12, 42, 474, 508, etc. Ces faits se rencontrent partout. Nulle part, l'immunité de la tenure ecclésiastique n'a été respectée.

2. *Concil. Bituricense* (1031), c. 31. — Cart. de Saint-Jean-d'Angély, n° 418, don à l'abbaye par un laïque : « Quidquid ego possideo de ecclesia sancti Bibiani... et complantationem vineaarum quas plantavit presbiter et quartem partem sacerdotalis fisci de ecclesia sancti Petri Gaudeacensis et dimidietatem sacerdotalis fisci ecclesiae Alpiniacensis. »

3. Ces amendes avaient été établies au profit du roi et des églises par un capitulaire de Louis le Pieux que nous avons cité

enfin les *consuetudines* levées sur le bourg construit autour de l'église, on peut se rendre compte des bénéfices qu'il trouve à son droit de propriété.

Qu'on mesure maintenant les conséquences économiques et sociales de cette transformation. Par elle, la grande propriété achève de se constituer dans l'Église comme dans le monde laïque. De même que le champ du paysan libre disparaît, de même le patrimoine de la paroisse rurale s'agrège à un grand domaine. Ici, il est réuni à la terre d'un évêché, d'un chapitre, d'un couvent ; là, à la *villa* d'un grand, comte, vicaire, simple seigneur. Mais partout le *saint* est dépossédé et sa dot est entre les mains d'un homme. Or, remarquons que cette dotation grandit toujours. De plus en plus, tous les actes de la vie religieuse, baptême, mariage, confession, sépulture, se traduisent par des taxes, et ces taxes vont en s'aggravant. De plus en plus, le domaine ecclésiastique s'étend. Par les donations des fidèles, du colon, de l'homme libre, le champ, la vigne viennent s'ajouter au patrimoine. On voit ainsi ce que rapporte au seigneur l'église qu'il possède. Sa richesse s'enrichit de ses richesses, son territoire s'accroît de ses conquêtes. Par son église, il draine autour de lui toutes les fortunes privées.

L'histoire des paroisses nous sert ainsi à expliquer une des origines économiques de féodalité : la concen-

---

(*Capit.*, ann. 818, 819). Au xıᵉ siècle, elles sont levées par le seigneur, mais à son profit. Cf. Cart. de la Couture, p. 9. L'évêque du Mans lève, dans les églises qu'il possède, «... fracturas et cimeterii violaciones. »

tration des terres, l'établissement de la fiscalité seigneuriale. Elle a encore sa place dans la formation du
régime bénéficiaire, et, de ce fait, la paroisse subit un
nouveau démembrement.

§ 4. — *Des églises données en usufruit, en précaire ou en bénéfice.*

Le démembrement de la paroisse entre le propriétaire
et le prêtre, entre plusieurs héritiers, n'est pas le seul
que nous ayons à signaler. Comme les terres, les
églises peuvent faire l'objet de concessions viagères ou
conditionnelles. Elles sont données en usufruit, en précaire, en bénéfice. Au xe et au xie siècle, ces modes de
concession sont fréquents. Nous les trouvons dans les
diplômes royaux, dans les chartes des évêchés ou des
abbayes, dans une foule d'actes. Ils tendent d'ailleurs à
se confondre [1]. Voyons à quelles conditions le seigneur
abandonne à un tiers la jouissance totale ou partielle de
son église.

Examinons d'abord les tenures en usufruit et en précaire.

La concession a une double origine. Voici la première.
Le propriétaire d'une église donne cette église, ou spon-
tanément, ou sur la demande de celui qui la reçoit.

Nous avons, dans les chartes de Cluny, un exemple

---

1. Voir la clause finale d'un précaire du ixe siècle (Cart. de
Beaulieu, p. 51) : « Obtineant firmitatem quasi de quinquennio
in quinquennium fuissent renovatae vel factae. » — Sur l'identité
qui s'établit entre le précaire et l'usufruit, cf. Roth, *Feudalität,*
p. 137 et suiv.

de ces donations[1]. Elle est faite par un évêque de Mâcon, Mainbod, à un laïque (938-939) : « A tous les « fils de l'Église catholique, nous faisons savoir qu'un « homme noble nommé Acbert, se rendant en pré- « sence du seigneur Mainbod, très pieux évêque de « l'église de Mâcon, l'a prié humblement de lui concé- « der une des églises établies sur sa terre dans la *villa* « appelée Sociacus, à savoir l'église principale dédiée « à saint André, apôtre, avec deux chapelles qui en « dépendent, l'une en l'honneur de saint Jean, l'autre, « de saint Marcel, à condition que ledit Acbert les « possède sa vie durant, ainsi que sa femme Agia et son « fils Acbert. En conséquence, le seigneur Mainbod, « avec le conseil de ses fidèles, lui a concédé ce qu'il « demandait, la possession intégrale de cette église avec « ses biens et ses dîmes... La concession a été faite avec « cette clause que l'évêque conférait à un prêtre le gou- « vernement des âmes et tout le service spirituel..., et « il a fait rédiger cet acte de précaire qu'il a confirmé, « sauf le service qui lui est dû, et présenté à la signa- « ture de ses fidèles. »

Ici, la concession est faite par un évêque. Dans d'autres chartes, nous lisons qu'elle est faite par un abbé. Cette donation d'églises épiscopales ou conven- tuelles est la plus fréquente. En ce cas, elle a toujours une forme solennelle, est consentie dans une assemblée, celle des chanoines et des vassaux de l'évêché ou celle des moines de l'abbaye. Elle peut être faite en faveur

---

1. *Chartae Cluniacenses*, t. I, p. 478.

d'un clerc ou d'un laïque, mais toujours à certaines conditions. Le précariste ou l'usufruitier doit s'engager à un service personnel ou au payement d'un cens[1]. La non-exécution de ses engagements est une clause de retrait.

Nous trouvons, dès cette époque, des précaires perpétuels. Souvent une église est donnée, *jure precario*, par un évêque à une communauté. Il est dit alors que celle-ci devra la posséder, en tout temps, *omni tempore*, avec ses biens, ses dîmes, ses dépendances, mais l'évêque retient les droits fiscaux payés par l'église, le *synodus*, les *paratae*, les *eulogia*. En 981, un évêque de Mâcon, Milon, confirme aux moines de Cluny la jouissance perpétuelle de deux églises. Cette charte est un précaire[2]. Elle ne stipule pas un cens payable à l'évêché, mais ailleurs nous voyons que cette condition est imposée, outre les redevances dues à l'évêque et qui restent à la charge du couvent.

Comme les évêques ou les abbés, les rois, sur leurs domaines, les seigneurs, sur leurs terres, ont cédé des églises en précaire ou en usufruit. Mais, plus fréquemment, ces concessions de laïques se font sous la forme

---

1. Le cens est assez élevé, mais diffère, bien entendu, suivant la nature et les biens de l'église. — *Chartae Cluniacenses*, t. II, p. 168. Concession en précaire ; cens de 5 solidi, — p. 552 ; cens annuel de 8 deniers. — Beaulieu, p. 51. Cens de 7 solidi. — Cart. de Savigny, n° 31, donation d'une église *sub integritate* : cens de 2 *solidi*.

2. *Chartae Cluniacenses*, t. II, p. 600 (981) : « Ut omni tempore habere potuissent... ut omni tempore teneant atque possideant... salvo servitio sinodali, paratis et eulogiis... hanc precariam fieri jussit. »

du bénéfice, qui obligeait presque toujours le donataire à engager personnellement sa foi au donateur et à se recommander à lui.

Voici maintenant une autre origine du précaire ou de l'usufruit des églises.

Un particulier donne une église à un évêché ou à un couvent. Il cède le droit de propriété, mais il réserve pour lui-même ou pour d'autres l'usufruit de cette église.

Ces contrats sont très fréquents au xᵉ et au xıᶜ siècle. Nous en trouvons un grand nombre dans les chartes de Cluny, de Conques, de Savigny, de Saint-Cyprien, de Saint-Florent. On voit que, dans toute la France, à la même époque, ce mode de formation de l'usufruit ou du précaire était très répandu.

Souvent, le donateur stipule pour lui-même ; à sa mort, l'église revient à l'évêché ou à l'abbaye [1]. Souvent aussi, l'usufruit survit au donateur : il est constitué en faveur de sa femme et de ses enfants. Nous voyons, par exemple, un comte de Flandre, Arnulf, donner à Saint-Bertin son fisc et son église de Merk : il retient l'église pendant sa vie et celle de son fils [2]. Ailleurs, Girard et sa femme donnent leur église et leur patrimoine à Cluny, mais ils se réservent l'usufruit pour eux-mêmes ; à leur mort, l'église devra être laissée à chacun de leurs fils, à la mort du dernier d'entre eux, s'ils n'ont pas d'enfants, à deux prêtres, Gualpert et Fulcher ; au décès de ceux-ci, l'église fera enfin retour

1. Cf. Moreau, t. IX, p. 68. Don d'une *parrochia* à Elne et réserve d'usufruit (959). — *Ibid.*, id., p. 72 (959).

2. Guérard. Cart. de Saint-Bertin, p. 142 (v. 950).

au couvent [1]. Parfois enfin, le donateur se dépouille
entièrement. Il divise le droit et l'usage, la propriété
et l'usufruit ; mais il concède l'une à un couvent, il
réserve l'autre à un tiers. Un évêque de Langres donne
à l'abbaye de Flavigny l'église de Saint-Martin, mais il
stipule que l'abbé et son neveu en jouiront pendant leur
vie. Une clause semblable se lit dans une charte de
Nîmes ; un donateur donne son église au chapitre, tout
en constituant un usufruit en faveur de son neveu [2]. On
voit ainsi, par ces clauses diverses, le précaire ou l'usufruit s'étendre à plusieurs générations d'hommes, et se
rapprocher d'une possession à long terme.

Comme le précaire direct, le précaire en reprise donne
lieu au payement d'un cens. Seulement ce cens semble
moins élevé. Il est fréquemment de 8 à 12 deniers [3].
Parfois, il est payé en nature, en huile, en cire pour le
luminaire [4]. Notons aussi que dans une foule de chartes,
l'abbaye retient ou se fait donner en outre, *pro vestitura*, une somme d'argent ou une pièce de terre. Nous
voyons un clerc, Adon, qui donne à Cluny plusieurs
medietates d'églises et les garde en usufruit, céder, pour

1. *Chartae Cluniacenses*, t. I, p. 647.
2. Cart. de Nîmes, p. 49 (v. 945) : « Ut neptus meus Geiraldus
ecclesia cum ipso alode habeat et teneat dum vivit, una cum
censo. » — Cf. également Cart. de Savigny, n° 642 (v. 1030).
3. Cens de 12 deniers (Cart. de Beaulieu, p. 233) (925). Ailleurs
(Beaulieu, p. 228), le cens est de 3 solidi (971).
4. Cart. de Brioude, p. 251. Cens annuel «... de cera num-
matas IV super altare. » Parfois aussi le cens est indéterminé.
— Cart. de Savigny, n° 642 (v. 1030) : « De censu ecclesiae et
mansionibus quae ipsi ecclesiae appendunt... medietas. »

l'investiture, un champ et une vigne [1]. On rencontre des stipulations semblables dans d'autres documents.

Quels étaient les droits du précariste ou de l'usufruitier ?

Ils variaient beaucoup suivant l'importance et l'étendue de la concession.

Il pouvait se faire d'abord que le seigneur se dessaisît complètement, que l'église tout entière fût cédée en usufruit ou en précaire. Nous lisons dans quelques chartes que telle église est donnée, *cum integritate*, ou bien *cum omnibus appenditiis suis, cum rebus et decimis et omnibus ibi pertinentibus*, ou *cum parrochia et presbiteratu*. Retenons ces expressions. Elles marquent bien que l'usufruitier s'est substitué au propriétaire dans la jouissance complète et totale. Comme le seigneur, il peut mettre la main sur tous les revenus, ceux de la terre et ceux de l'autel, les cens et redevances, les dîmes, les offrandes, le bénéfice même presbytéral. Assurément, il doit pourvoir à l'entretien du prêtre ; mais la concession ne dit pas dans quelle mesure et sous quelle forme il y pourvoit. Peut-être, sauf le consentement du seigneur, lui-même fixe-t-il la part qui revient au desservant [2].

Mais ces concessions générales ne sont pas les seules.

1. *Chartae Cluniacenses*, t. I, p. 708 (28 août 949). — Parfois l'investiture se confond avec le cens. — Cart. de Brioude, p. 72. Donation d'une église, retour en usufruit ; l'usufruitier : «... annis singulis de censu (et) vestitura, de vino optimo sestarios IV persolvat. » — *Ibid.*, p. 106 (941). Cens de 12 deniers, *in vestitura*. En ce cas, l'investiture est payée tous les ans. — Cf. Cart. de Savigny, n° 643 : « Dono... in vestitura omni tempore... quantum ad ipsam ecclesiam exierit. » Sans doute les oblations.

2. Partage entre le précariste et le desservant (Cart. de Mâcon, p. 227 (952).

Souvent l'usufruit ou le précaire est partiel. Le seigneur n'abandonne que la moitié, le quart, le sixième de son église. Nous lisons, par exemple, qu'un homme donne une chapelle à Cluny ; il reçoit en usufruit la moitié de cette chapelle [1]. Ailleurs, la concession ne porte que sur les terres et les dîmes. Parfois même la dîme est partagée. Un évêque de Mâcon cède, en précaire, à Théotbert, la moitié des dîmes de la *villa Genoliacus*, la moitié des dîmes de Saint-Martin et les dîmes de la *villa* de Fleury [2]. Dans le cartulaire de Saint-Cyprien, nous voyons un seigneur céder son église et garder le tiers des dîmes et des cierges de Noël et de la Toussaint [3]. Ces clauses sont fréquentes au XIe siècle. C'est sous la forme de précaires qu'une partie des dîmes passa entre les mains des seigneurs.

Bien que les textes ne le disent pas, on peut penser que l'usufruitier ou le précariste était tenu d'entretenir l'église, de subvenir aux frais du luminaire et du culte, d'acquitter, sauf clause contraire, les droits divers perçus par l'évêque sur les paroisses. Était-il subrogé au propriétaire dans la présentation du desservant ? Aucune charte de précaire ne lui attribue la *commendatio* de l'église. Mais la charte de Mainbod, citée plus haut, ne dit pas non plus que l'évêque se réserve le choix du titulaire : elle laisse même supposer qu'il ne l'avait pas. Nous lisons, en outre, dans le cartulaire de Mâcon, qu'un prêtre, Bodo, qui tient en précaire, de Saint-Vincent, l'église de Saint-Germain de Chardenay,

1. *Chartae Cluniacenses*, t. II, p. 66.
2. Cart. de Mâcon, p. 159 (971-977).
3. Cart. de Saint-Cyprien, n° 582 (v. 1025).

demande aux chanoines leur agrément au choix du desservant[1]. Si nous observons enfin que dans les églises données en bénéfice, le bénéficier présentait le clerc de cette église à l'ordination épiscopale, on peut croire que le même privilège était reconnu au précariste. Il est difficile d'admettre qu'un clerc eût été institué dans son église sans sa volonté. Mais nous croyons aussi que le consentement du propriétaire venait s'ajouter à son consentement.

Examinons maintenant les églises données en bénéfice.

Il faut remonter aux premières années du IXe siècle pour trouver l'origine de ces concessions. On sait quelle est la nature du bénéfice carolingien. Constitué sur les terres du fisc ou les terres ecclésiastiques, il ne paraît d'abord avoir compris que le domaine et ses dépendances. La plus ancienne mention d'églises données en bénéfice est un article d'un capitulaire d'Aix (v. 813) relatif aux églises du fisc. Un peu plus tard, un capitulaire de 829 parle également des églises données en bénéfice par « l'autorité royale[2] ». Vers la même époque, Agobard se plaint de cet usage. Les réclamations des conciles

____

1. Cart. de Mâcon, p. 227 : « Ut... concederent per suum consensum cuidam clerico... Jarlanno... quod presbiter quondam tenuerit. »

2. *Capit.*, t. I, p. 170, a. 1. *Capitula de missis instruendis* (*Capit.*, t. II, p. 8) : « Similiter et de ceteris ecclesiis nostra auctoritate *in beneficio* datis. » — Il est probable pourtant que certaines chapelles étaient données en bénéfice dès le VIIIe siècle. Cf. Pardessus, *Diplomata*, n° 587 (745-746).

d'Attigny (822), Compiègne (823), Paris (829), Aix (836) nous montrent bien qu'il était établi.

Il est facile de retrouver ces églises dont parlent les documents. Ce sont d'abord les *capellae dominicae,* celles des fiscs royaux, données avec le domaine [1]. Nous avons, au ixe siècle, quelques exemples de ces concessions. Ce sont aussi les églises appartenant à une abbaye ou à un évêché, données par le roi, *per praeceptum,* avec la *villa* ecclésiastique [2]. L'église rurale et son patrimoine entrèrent ainsi dans les *divisiones* faites à plusieurs reprises sous Pépin, Charlemagne, Louis le Pieux et Charles le Chauve. Il est possible que ces concessions aient porté d'abord sur de simples chapelles privées ou publiques. Mais, dès le premier tiers du ixe siècle, elles englobèrent les *tituli* ou les églises baptismales. Les prescriptions des conciles à ce sujet restèrent sans résultat. La paroisse, comme la *villa,* fut « bénéficiée » à un fidèle.

Les rois ne furent pas longtemps seuls à aliéner ainsi leurs églises ou celles des évêchés et des abbayes. Les évêques, les abbés suivirent cet exemple, et, pour

---

1. *Concil. Meldense* (845), c. 78. — Bulliot, *Hist. de Saint-Martin d'Autun*, t. II, p. 26. Don à l'abbaye d'une chapelle par Raoul : « deprecante nos nostro fideli Berengario qui eam a nobis habebat in beneficium » (924).

2. On peut juger, par les restitutions faites au ixe siècle, du nombre d'églises données en bénéfice par le roi. Cf., à la fin du ixe siècle, un exemple d'église donnée ainsi *per praeceptum regis* (*Synodus Attiniacensis* (874), c. 3). *Capit.*, t. II, p. 460 : « Quia Gotus quidam Madascius fraude atque subreptione *per praeceptum* ecclesiam Sancti Stephani... impetravit... » Cette église appartenait à l'évêché de Barcelone.

se créer une clientèle de vassaux, commencèrent, à leur tour, à donner leurs églises, *beneficiario more*.

Nous voyons Hincmar, au ixᵉ siècle, donner en bénéfice l'église et la terre de Follambraye à un certain Osverus, et à sa mort, à Sigebert [1]. En 938, un évêque de Langres donne en bénéfice une église située à Tonnerre [2]. Mêmes concessions aussi dans les monastères. Nous en trouvons des exemples notamment dans le cartulaire de Savigny, au xᵉ siècle [3] : « Nous vous « cédons en bénéfice, dit un abbé, quelques biens de « notre couvent, à savoir une église dédiée à saint Jean, « située *in Exarto Petro*, avec un manse et un curtil, « et, dans ces limites, tout ce qui dépend du *presbite-* « *ratus* de Saint-Jean, une chapelle en l'honneur de « sainte Marie et ses dépendances, une autre cha- « pelle, etc. (919). » En 925, une église est donnée *cum parochia* et *presbiteratu* ; en 927, une troisième est cédée avec « sa paroisse et ses dépendances [4] ». On trouve dans d'autres cartulaires carolingiens des exemples analogues [5]. Il n'est pas douteux que chaque

1. Migne, t. CXXVI, p. 538.

2. Quantin, Cart. de l'Yonne, p. 142. Parfois même le bénéfice pouvait être donné par un évêque à un autre évêque. Une formule carolingienne nous signale le fait.

3. Cart. de Savigny, nᵒ 6 (919).

4. Cart. de Savigny, nᵒ 7 (925) ; nᵒ 8 (927).

5. *Trad. Wizemburgenses*, nᵒ 263 : « Habet ipse Waltheri... in villa Tatastat ecclesiam unam » (viiiᵉ siècle). — Chartes de Saint-Maixent (Moreau, t. VII, p. 167). Églises tenues par le comte de Poitiers, *ex beneficio*, de l'abbaye. Le comte cède lui-même cette église à charge de cens à un religieux. — Cf. Cart. de Beaulieu, p. 98 (938). Le vicomte des Échelles tient en bénéfice

évêché, chaque grand monastère n'ait eu ses vassaux
dotés avec les terres, les églises de l'évêché ou du couvent.

Les chartes relatives aux laïques sont beaucoup plus
rares, il est vrai, mais on peut croire que les seigneurs
cédaient leurs églises, *beneficiario jure*, comme toute
autre partie de leur domaine. Quelques textes nous
montrent bien que les comtes, tenant en bénéfice des
églises royales, concédaient à leur tour, sous cette
forme, leurs propres églises [1]. Les propriétaires en firent
autant sur leurs domaines. Au IXe siècle, Jonas d'Orléans,
au XIe, les conciles nous signalent les églises données ou
reçues en bénéfice, puis en fief, par des laïques. Or, ce
dernier mode de possession a son origine dans le bénéfice ; au siècle précédent, il le suppose établi.

Comme l'usufruitier et le précariste, le bénéficier peut
recevoir l'église tout entière, avec ses biens, ses dîmes,
ses dépendances, ou une partie de cette église. Comme
eux, il prélève les revenus, sauf la part laissée au prêtre.
Comme eux aussi, il présente le recteur ecclésiastique
ou intervient dans sa nomination [2]. Comme le précaire

plusieurs églises de l'abbaye de Tulle. — Cf. enfin Cart. de Saint-
Hilaire, le statut de 1016 relatif aux églises données en bénéfice
par le couvent (n° 71).

1. Cart. de Saint-Hilaire, n° 71 (statut de 1016). — *H. F.*,
t. IX, p. 772. Don d'églises en bénéfice par Hugues le Grand
(939). Cart. de Saint-Père, p. 72 (986).

2. Le droit des bénéficiers de choisir les desservants de leurs
églises est attesté par plusieurs documents. Pour les bénéficiers
des églises du fisc : Capit. de Toucy (865), a. 11 : Obligation pour
les évêques d'accepter le choix fait par les *vassi dominici* dans
leurs églises. Capit. de Pitres (869), a. 9 : « Ut si abbates, vel

ou l'usufruit, le bénéfice enfin est constitué ou par une concession directe du seigneur ou par la reprise d'une église aliénée. Mais la tenure en bénéfice est soumise à quelques règles qui ne permettent pas de la confondre entièrement avec le précaire ou l'usufruit.

Et d'abord, les obligations du bénéficier sont nettement déterminées.

1° Pour l'église qu'il tient, il doit à celui qui la concède, roi, évêque, abbé ou seigneur, le service militaire. Ce devoir était strict. Les capitulaires le rappellent ; Hincmar le mentionne expressément [1]. Il sera un peu plus tard attaché au fief.

2° La possession, *beneficiario jure*, d'une église ou d'une terre, donnée par le roi sur le domaine ecclésiastique, entraînait le payement d'une redevance à l'évêché ou au couvent propriétaire. Le bénéficier devait d'abord une double dîme (*nona* et *decima*), la première payée sans doute à l'église, la seconde à l'abbé ou à l'évêque [2].

---

abbatissae aut comites aut *vassi nostri* aut ceteri laïci... clericos... episcopis canonice consecrandos suisque in ecclesiis constituendos obtulerint. » — Pour les bénéficiers des églises épiscopales : Hincmar (Migne, t. CXXVI, p. 538, 539) ; l'église et la *villa* de Follambraye : « Sigebertus cui illud beneficium dederam... clericum petiit qui in ipsa ecclesia... ordinaretur. »

1. *Pro Ecclesiae libertatum defensione* (Migne, t. CXXV, p. 1050) : « Episcopus... cum de rebus ecclesiae *propter militiam* beneficium donat. »

2. *Capit. Haristallense* (779), c. 13 : « De rebus vero ecclesiarum unde nunc census exeunt decima et nona cum ipso censu sit soluta. » — Cf. Hincmar (Migne, t. CXXVI, p. 14). Lettre à Louis le Germanique : « Pippinus... precarias fieri ab episcopis... petiit et nonas ac decimas ad restaurationes tectorum et de unaquaque casata XII denarios ad ecclesiam unde res erant beneficiatae... dari constituit. »

A cet impôt en nature s'ajoutait parfois la prestation d'une somme d'argent (*hibernaticum; census*) et de redevances diverses, notamment de la cire[1]. Le non-payement de ces redevances était une clause de retrait.

Au xe siècle, l'usage des bénéfices constitués par le roi sur les terres d'Église disparaît. Les évêchés ou les couvents donnent directement leurs églises ou leurs terres. Ces concessions se font alors presque toujours à charge de cens. Peut-être, en ce cas, le service militaire n'était-il pas dû par le bénéficier. Le cens varie suivant la nature du bénéfice et est toujours assez élevé[2]. Cette forme du bénéfice se rapproche beaucoup du précaire ou de l'usufruit, avec lequel les textes le confondent quelquefois.

3° Le bénéficier devait veiller à l'entretien de l'église. Cette obligation était double. D'une part, il lui était interdit de « diminuer » le patrimoine ecclésiastique, d'enlever les matériaux de l'édifice, de toucher aux ornements, de couper les forêts, d'épuiser les terres ou de les laisser en friche[3]. D'autre part, il lui était prescrit de réparer l'église, de renouveler les pierres, les bois

---

1. *Faux capitulaires*, I, 14 : « ut hi qui... ecclesias tenent, illos census vel illam ceram, quae longo tempore ad illud episcopium reddiderunt, modo sic ordinavimus, ut sic faciant ».

2. Cart. de Savigny, n°s 6, 7 et 8. Le cens payé pour les églises « bénéficiées » est de 10 solidi, 4 solidi et, dans la dernière, de 12 deniers seulement. — Le cens est parfois remplacé par une redevance. Cart. de Brioude, p. 239 : Don par l'abbé d'une chapelle *ad usum beneficii*. Le bénéficier s'engage à payer : « de vino optimo... in stipendia fratrum, IV sestarios » (903-908).

3. *Capit. Franconofurtense* (794), a. 26. — *Capit. Missorum* (802), a. 56. — *Concil. Arelatense* (813), c. 25.

et les tuiles et de les maintenir en bon état[1]. Toutefois, il n'était tenu à cet entretien qu'en raison des revenus de son bénéfice. En 828, un capitulaire lui permet ou de faire les réparations ou, avec l'assentiment de l'évêque, de se libérer en versant entre les mains du prêtre une certaine somme[2].

Bien que la loi ne le dise pas, on conçoit que le bénéficier qui recevait une église et toutes ses dépendances devait veiller aussi à l'entretien du prêtre, pourvoir aux frais du culte. Il semble étrange que le précariste ou l'usufruitier ait été grevé de cette charge, que le bénéficier en ait été exempt.

A ces devoirs, la loi avait ajouté une sanction. Tandis que le précaire et l'usufruit sont viagers, par sa nature, le bénéfice est conditionnel et révocable[3]. Il doit être renouvelé à la mort du concédant. Il peut être retiré, si le bénéficier refuse le service militaire, le payement des dîmes ou du cens, détériore les terres et les édifices, usurpe et transforme en propriété l'église qu'il tient à titre temporaire[4]. Pour assurer ces dispositions, la

1. *Capit. Franconofurtense* (794), c. 26.

2. *Capit. per se scribenda* (818-819), a. 5. — *Admonitio ad omnes regni ordines* (823), a. 24.

3. Les églises données en bénéfice furent-elles données à charge de recommandation? Nous n'en avons pas d'exemple. Mais il est probable que la recommandation dut être la condition du bénéfice, pour les églises comme pour les terres ecclésiastiques. Pour la concession des terres, en effet, dès 813, le concile de Tours (c. 51) marque bien qu'elle avait lieu en échange d'un engagement personnel.

4. Cart. de Savigny, n° 7 : « Et si vos negligentes apparueritis de ipso censu... aut ipse res pejoratae apparuerint, tantum et aliud tantum componatis quantam ipsae res... valuerint et insuper ipsas amittatis. »

royauté avait placé les terres et les églises données en
bénéfice sous le contrôle de la puissance publique. Les
missi devaient dresser un inventaire, *imbreviare*, rédiger la liste des biens qu'elles renfermaient, se livrer à
des enquêtes, en référer à l'évêque ou au roi sur toutes
les violations du pacte primitif. Au possesseur, la loi
avait accordé également une garantie. Elle avait établi
que tous les différends relatifs aux bénéfices ecclésiastiques ou royaux seraient jugés au tribunal du roi [1].
Mais si le propriétaire était assez puissant, le bénéficier
pouvait toujours craindre d'être dépossédé.

On sait que ces garanties diverses furent illusoires. La
législation, qui avait été assez sage pour maintenir le
droit du propriétaire et celui du bénéficier, fut impuissante à réprimer les conflits. Dans cette lutte du régime
bénéficiaire contre l'alleu, qui commence au IXe siècle, ce
fut en effet le bénéfice qui triompha. S'il ne s'affranchit
pas de ses obligations, il devint de plus en plus héréditaire et stable [2]. Il se rapprocha de la propriété, et cette
évolution fut accomplie le jour où, uni à la recommandation, il donna naissance au fief.

Cette transformation devait s'appliquer évidemment

---

1. Hincmar, *Adv. Hincmarum Laudunensem*, nous montre précisément la violation de cette règle. — Migne, t. CXXVI, p. 502.
Cf. également t. CXXV, p. 1036. Hincmar de Laon ayant enlevé
au fils du comte Liudulf, « irrationabiliter », son bénéfice, le roi
cite l'évêque devant lui et met le *bannus* sur l'évêché.

2. Cette transformation peut se voir dès la seconde moitié du
IXe siècle. Hincmar nous la signale. *Pro Ecclesiae libertatum
defensione* (Migne, t. CXXV, p. 1050). Au Xe siècle, le bénéficier a
le droit de donner, vendre, engager son église avec l'assentiment
de son seigneur. Cart. de Saint-Père, t. I, p. 72 (986); *id.*, p. 93
(1024).

aux églises données en bénéfice. Au xiᵉ siècle, ces églises sont à leur tour données en fief [1]. Parfois, le suzerain aliène l'église et ses dépendances, se réservant un cens ou des services et aussi quelques « coutumes ». Parfois, comme la propriété, le fief se divise. Évêchés, monastères, laïques, inféodèrent ou la paroisse ou une partie des biens de la paroisse, les dîmes, les offrandes, certains revenus, les autels, la justice [2]. Ce fut un autre genre du démembrement du patrimoine paroissial. Il avait été divisé, nous l'avons vu, entre le propriétaire et le prêtre, entre plusieurs propriétaires. Il le fut entre un seigneur et ses vassaux. Voilà une des formes les plus saisissantes de la prise de possession des églises par le régime féodal.

On voit donc ce que sont devenues la plupart des paroisses au xiᵉ siècle. Possédées par des laïques, démembrées entre le prêtre et le seigneur ou entre plusieurs seigneurs, elles ont souvent plusieurs maîtres et obéissent à plusieurs juridictions. Assurément, l'unité

1. *H. L.*, t. V, n° 243 : « Medietatem ecclesiae quam ego per manum... seniorum meorum jure fevi tenui. » Alart, Cart. roussillonnais, n° 62 : concession en fief d'une église rurale (1080). Ces exemples se rencontrent un peu partout.

2. Moreau, t. XXXIV, p. 239 : « Petrus de Niolio in manu Icterii, episcopi, seniori suo, a quo *fevaliter* preposituram Quadruvii possidebat, Deo et ecclesiae Lemovicensi et canonicis Sancti Stephani illam preposituram Quadruviensis ecclesiae propter octingentos LX solidos in vadimonium concessit. — Cart. de Saint-Jean-d'Angély, n° 5. Concession féodale de dîmes faites par l'abbaye (xiᵉ siècle) : « Arbertus effectus est *homo* abbati de manibus suis, promittens se fore fidelissimum defensorem... » — Concession d'un autel (Cart. de Saint-Père, p. 129) : « Altare ecclesiae (de Bruelorensi) quod ab episcopo carnotensi semper in fevo tenueram. »

de la paroisse se maintient là où celle-ci dépend d'un
évêché ou d'un monastère, d'un corps religieux,
immuable et permanent. Partout ailleurs, dans la seigneurie laïque, là où s'appliquent les règles du partage,
la paroisse se divise, s'émiette à l'infini. Tel possède un
autel; tel autre, la nef ou *l'atrium*. Celui-ci a dans sa
part des champs, des vignes, des dîmes, des offrandes ;
cet autre, les droits de sacrements, la sépulture. Lisez
quelques chartes du xiᵉ siècle, de vente, de donation.
Voici une partie d'église qui est donnée à Conques[1] :
elle se compose de la dîme, de la sépulture, des revenus
ecclésiastiques, du relief à chaque changement de prêtre.
Une autre donation faite à l'abbaye comprend l'église,
le fief presbytéral, le tiers des dîmes « du pain et du
« vin, la dîme complète de la laine, du lin et du bétail,
« toute la sépulture, les prémices, le *baptisterium*. »
Lisez encore cette donation faite à Saint-Cyprien d'une
église avec « la sépulture, le *baptisterium*, les confes-
« sions, les offrandes, la dîme du pain et du vin, les
« oblations des Rogations et tout ce qui est donné aux
« autels..., le *beneficium* du prêtre... et la dîme de ce
« bénéfice », ou bien, cette concession d'église, avec « la
« moitié de la sépulture, du luminaire, des deniers qui
« y seront offerts », ou, le don de deux parties, « de la
« sépulture et des cierges », ou enfin, cette réserve, dans
une église donnée à l'abbaye, de « la troisième partie de
« la sépulture, du produit des cierges de Noël et de la
« Toussaint[2] ». On voit, par ces exemples, que les divi-

1. Cart. de Conques, nº 33.
2. Cart. de Saint-Cyprien, nº 95 (xiᵉ siècle), nº 475 (1031-1060),
nº 582 (v. 1025).

sions du domaine, des revenus ecclésiastiques se font à l'infini [1].

Dans ces paroisses, si l'unité religieuse survit au démembrement, maintenue par la communauté des croyances et la permanence du culte, l'unité économique n'existe plus. Par elle-même, la paroisse n'est plus une force, dans cette société féodale fondée sur la force, celle des armes ou de l'argent. Ainsi dépouillée, sa servitude est complète. L'organisme religieux est absorbé par l'organisme politique, la paroisse par la seigneurie. Et de ce fait existe un signe extérieur, visible : l'église, étroite et basse, dominée presque partout par le château fort. Pour que la sujétion soit complète, il ne reste plus au prêtre qu'à devenir « l'homme » du seigneur.

Tel est le résultat de la sécularisation commencée au VIIe siècle. Dans une foule de localités, elle a mis d'abord le prêtre rural dans la dépendance d'un homme et la paroisse dans son domaine. Au XIe siècle, elle risque de détruire la paroisse même : tout au moins elle la mutile, elle en disloque les membres, elle en disjoint les organes nécessaires et primitifs, et la dissolution de la société religieuse est la conséquence de la dissolution même de la Société.

1. Cf. également Cart. de Saint-Maur. Marchegay, *Arch. d'Anjou*, t. I, p. 360, don à Saint-Maur : « ... Partem altaris Sancte Marie Danec... terciam partem quinque festarum Nativitatis et Sancte Marie Purificationis, Resurrectionis et Sancte Marie Assumpcionis, et omnium Sanctorum et terciam partem diei Veneris Adorandi et Rogacionis. »

CHAPITRE III

Les documents que nous avons analysés nous ont montré le seigneur devenu le maître du patrimoine ecclésiastique. Bien que distincte de son domaine, la dotation de l'église rurale est, en fait, réunie à son domaine. Si la propriété du saint existe toujours, antérieure, supérieure à la sienne, seule la sienne est efficace, utile, puisqu'elle lui confère des droits réels. Or, de même que l'église rurale devient la « chose » du seigneur, par une dernière transformation, le prêtre qui la dessert devient son « homme ». De plus en plus, entre le propriétaire et lui s'accusent des rapports féodaux. Voilà le fait que nous avons à étudier. Nous chercherons s'il est général et enfin si la sujétion des églises au pouvoir des seigneurs s'est partout accomplie.

1

Nous avons vu ce qu'il fallait entendre par la « commendation » des églises et sous quelle forme elle avait lieu. Le clerc qui recevait une église avait une double investiture : celle de l'évêque, celle du seigneur. Cette dernière ne suppose pas nécessairement une concession en bénéfice. La *traditio* se fait au contraire, fréquemment, sous le mode d'un usufruit ou d'un précaire. Mais peu à peu elle change de nature, le jour où des rapports personnels, des engagements de patronage, de fidélité, s'établissent entre celui qui confère l'église et celui qui la reçoit.

Il n'est pas aisé de marquer les origines de ces usages. Elles sont anciennes ; on sait qu'au viie siècle, le clergé rural avait déjà adopté les mœurs du patronage et entrait dans la clientèle. Le gouvernement carolingien, en réformant l'Église, ne changea pas les mœurs. Au contraire, en faisant du patronage une institution publique, il le favorisa. Il concevait l'État comme une hiérarchie de protecteurs et de recommandés. En vertu de ces principes, il fit entrer les hauts fonctionnaires, ducs, comtes, évêques, abbés, dans la clientèle royale. Il voulut que tout homme-libre eût son seigneur. Il fut donc naturel que le prêtre eût aussi le sien.

Il est vrai, aucun texte ne nous montre, à cette époque, un clerc se recommandant au maître d'une église pour avoir cette église. Mais une foule de textes nous montrent ces engagements qui unissaient le clergé rural au séniorat. Le roi d'abord avait des clercs dans sa clientèle [1], ceux qui se recommandaient à lui pour obtenir quelque faveur ou un bénéfice. On peut croire que la plupart des clercs, desservant les *capellae domi-*

---

1. *Libellus proclamationis adversus Wenilonem* (Capit., éd. Krause. t. II, p. 451 (859) : « Weniloni..., clerico meo in capella mihi servienti, qui more liberi clerici se mihi commendaverat et fidelitatem sacramento promiserat. »

nicae, étaient choisis parmi les serfs des domaines, mais aussi parmi les prêtres du Palais et ces recommandés [1]. A son exemple, les grands avaient-ils des ecclésiastiques dans leur vasselage?

Nous lisons dans une formule des premières années du IXe siècle, qu'un évêque envoie un clerc à un autre évêque : « Il lui a plu, dit-il, de se rendre dans un « autre diocèse, voulant se chercher un seigneur, qui lui « vienne en aide par des biens temporels, et à qui, « suivant son ministère et l'ordre qu'il a reçu, il rende « l'obéissance qui lui est due. » Voilà donc un clerc qui choisit un seigneur, et, sans doute, se recommande à lui. D'autres textes nous parlent également de ces clercs entrés dans le vasselage. Éginhard nous rapporte le fait [2]. Au IXe siècle, Agobard se plaint que les seigneurs confient leurs églises à leurs vassaux ou à leurs *pagenses*. Ce sont des témoignages formels. Ces engagements étaient si fréquents que, dans les donations d'églises à un évêché ou à un couvent, les donateurs stipulent parfois qu'il sera interdit aux ministres de cette église de rechercher le patronage. On voit dans quelle dépendance ce clergé rural était tombé.

Il est vraisemblable que la plupart des clercs de condition libre, attachés à une église privée, durent « se recommander ». Quelle que soit, en effet, leur origine,

----

1. Capitulaire *de Villis*, art. 6 (Boretius, t. I, p. 83) : « Et non alii clerici habeant ipsas ecclesias nisi nostri aut de familia aut de capella nostra. »

2. Migne, t. CIV, lett. 48 : « Presbyter nescit... qualiter seniori suo servire debeat. »

un seul mot définit les rapports juridiques qui les unissent au propriétaire. Le seigneur de l'église est seigneur du prêtre. Remarquons ces termes. Ils montrent bien qu'entre le desservant qui a reçu l'église et le laïque qui la donne, des liens personnels se sont établis. L'église n'est pas encore un bénéfice, mais le prêtre se met sous la puissance d'un homme pour l'obtenir.

Et de même que la recommandation ordinaire des fidèles, ces liens juridiques entraînent une sujétion et des services. « Que les prêtres des paroisses, dit le capi-« tulaire de Pitres (869), donnent à leurs seigneurs le « respect, l'honneur, l'obéissance qui leur sont dus ; et « si les prêtres manquent à ce devoir, que leurs seigneurs « avertissent les évêques, et que les évêques punissent « les prêtres, conformément à leur ministère et aux lois « ecclésiastiques [1]. » Hincmar ne parle pas autrement : il rappelle aux prêtres les liens de dépendance qui les unissent à leurs seigneurs [2]. En 909, le concile de Trosly confirme ces déclarations [3]. Ainsi la loi ecclésiastique, comme la loi civile, avait admis qu'en reconnaissance des libéralités du propriétaire qui le faisait vivre, le prêtre rural eût envers lui certains devoirs. Nous retrouvons ici les éléments du contrat de vasselage [4] :

1. Agobard, *De privilegio et jure sacerdotii* (Migne, t. CIV, p. 138).
2. *Capit. Pistense* (869), a. 8 : « Ut presbyteri parochiani suis senioribus debitam reverentiam et competentem honorem et obsequium... impendant. »
3. Hincmar, *de ecclesiis et capellis*, p. 118.
4. *Concil. Troslcianum* (909), c. 6 (Labbe, t. IX, p. 536) : « ut eis... congruum honorem et obsequium impendant debitum. Debent se gratiosos exhibere senioribus et parochianis suis, de quorum oblatione vivunt. »

d'une part, une protection matérielle, de l'autre, la promesse de certains services. Ces obligations, les textes les désignent sous le nom d'*honor, reverentia, obsequium*. Quelles sont-elles ?

L'Église n'avait entendu par ces mots que des marques de déférence et de respect, un devoir spirituel et ecclésiastique[1]. En vertu de son titre, le prêtre ne doit donc à son seigneur que le service de son église : la célébration du culte, l'administration des sacrements. C'est pour ces fonctions spéciales que, comme tout autre officier du domaine, il a reçu sa tenure. Mais si nous examinons les documents, nous voyons que les seigneurs réclament de leurs prêtres des services tout différents, analogues à ceux qu'ils imposent à leurs fidèles, que le roi impose aux *vassi dominici*. En réalité, ces prêtres deviennent les « hommes » des seigneurs, et doivent se soumettre à toutes sortes d'obligations.

Il leur est interdit de quitter leur église et leur maître; le clerc fugitif peut être incarcéré. Attachés à la personne du seigneur plus encore qu'à leur « titre », ils doivent le suivre dans la province nouvelle où il s'établit[2]. En retour, ils sont tenus à une foule de services qui n'ont aucun caractère spirituel. Ils assistent le seigneur dans ses *placita*, le suivent à la guerre, lui servent d'avocats, de fidéjusseurs. Ils sont employés à la direction du domaine[3], parfois à la vente des produits des

1. *Concil. Trosleianum* (909), c. 6 : « Obsequium debitum, id est spiritale atque ecclesiasticum. »

2. *Concil. Meldense* (845), c. 51 : « Qui cum senioribus suis de aliis provinciis ad nostras parochias veniunt. »

3. *Id.*, c. 49.

manses, au commerce, à des travaux manuels. Le seigneur leur impose des corvées, des prestations. Il ne leur laisse même pas la liberté de leur fortune. Il retient les terres qu'ils achètent ; à leur mort, il met la main sur leur patrimoine [1]. Tous les services en un mot qu'un grand pouvait exiger de son *vassus* ou de son recommandé sont imposés à ces desservants [2].

A plusieurs reprises, l'épiscopat proteste contre ces usages. Mais ces usages ne sont eux-mêmes que l'application des règles de la recommandation et du vasselage. Assurément, cette recommandation du prêtre n'engage encore que la personne. Elle ne s'unit pas, au IXe siècle, à une forme déterminée de concession. Le recommandé peut tenir en usufruit, en précaire ou sous toute autre forme l'église rurale. Mais voyons bien les conséquences de ce lien de sujétion. Par ce fait que le clerc se recommande, qu'il doit un serment de vasselage, il devient un fidèle. Or, de même que le roi tient à faire dépendre de la fidélité la concession des honneurs ou des terres, le seigneur subordonne à la recommandation le don de son église. Ainsi attachée à un engage-

---

1. Flodoard, III, 26. *Concil. Triburiense* (Capit., t. II, p. 248) : « Quod quidam laici inprobe agant contra [presbiteros suos, ita ut de morientium... substantia, partes sibi vendicent, sicuti de substantia rusticorum suorum. »

2. Cette analogie est si frappante, dès les débuts du IXe siècle, qu'elle n'a pas échappé à Jonas d'Orléans. *De institutione laïcali*; c. 20 (Migne, t. CVI, p. 209) : « Sunt etiam... sacerdotes... qui adeo contemptui a quibusdam laicis habentur, ut eos non solum administratores et procuratores rerum suarum faciant, sed etiam sibi *more laïcorum servire* compellant. »

ment, la possession devient conditionnelle, et, comme
toute autre terre donnée à un vassal, l'église et son
patrimoine deviennent un bénéfice.

Nous lisons dans une charte du x⁰ siècle : « Je te
« donne mon église pendant ta vie, mais si tu fais
« quelque acte injuste à mon égard, je la reprendrai[1]. »
Ou bien encore : « Je te donne cette église..., sauf mon
service. » Notons ces mots. Ils montrent bien que le
seigneur entend faire de la fidélité la condition de la
jouissance. Et, sans doute, ces clauses furent-elles intro-
duites dans un grand nombre de contrats. Très souvent
aussi, le seigneur se croit le droit de retirer l'église au
prêtre « infidèle ». Quand on lit les lois ou les textes de
ce temps, on est frappé de voir les évêques se plaindre
si souvent des expulsions faites par les seigneurs[2].
Elles s'expliquent pourtant si l'église est un bénéfice.
Les canons qui avaient établi une procédure régulière
pour juger les prêtres n'avaient pas prévu l'infidélité. Il
ne restait alors au seigneur d'autre ressource que de

1. *Chartae Cluniacenses*, t. II, p. 401 : « Ego... dono tibi presbi-
teratum ex racione Sancti Petri, decimas de ipsa villa et offerendas de ipsa parochia, salvo meo servicio, ut dum advixeris teneas
et possideas ; et si exinde injuste aliquid egeris adversum me,
pro te ego recipiam » (972). — Cf. Cart. de la Couture, p. 19 ; don
par un seigneur d'une église aux moines à charge d'acquitter le
« service » seigneurial : « Et si monachi forisfecerint, emendent et
non perdant (ecclesiam). »

2. Capit. de Toucy (865), a. 11. — Capit. de Worms (829),
a. 1. — Concil. d'Ingelheim (948), c. 4, 5. — Les *missi*, dans leurs
allocutions, recommandent aux *seniores* de ne pas expulser leurs
prêtres sans le consentement de l'évêque (*Allocutio missi cujus-
dam divionensis* (857), a. 1). — *Capit.*, t. II, p. 202.

chasser de sa terre le prêtre qui manquait à ses devoirs, refusait son service de vassal. Or, la fréquence de ces faits prouve combien ces notions nouvelles de fidélité, de possession conditionnelle, étaient entrées dans l'organisme religieux.

La transformation de l'église en bénéfice fut donc la conséquence de la transformation du prêtre en vassal. Ainsi se fait jour peu à peu cette idée que l'*honor ecclesiasticus*, comme les autres, devait être cédé à charge de recommandation et de fidélité. Rapprochez maintenant ces éléments. Vous avez déjà la concession féodale. Au xie siècle, le mot fait son apparition dans la langue religieuse[1]. Les noms de *beneficium*, *fevum presbiterale* marquent la nature du fief concédé, comme l'expression *donum ecclesiae* marque la forme de la concession.

Que donnait le seigneur par cette concession ? Évidemment, il ne peut conférer les pouvoirs spirituels inhérents au sacerdoce : mais il ne se borne pas non plus à donner les biens affectés à l'entretien du prêtre. Par ces mots *presbiteratus*, *fevum presbiterale*, il faut entendre deux choses qui devaient être plus tard distinctes, qui sont alors confondues, et la tenure attachée à la fonc-

---

1. *Concil. Bituricense* (1031), c. 31 : « Ut saeculares viri ecclesiastica beneficia, quod fevos presbyterales vocant, non habeant super presbyteros. » — *Cart. de Conques*, n° 49 : « Phevum presbyterale » (v. 1065). — *Ibid.*, n° 3 (1061-1065); n° 9 : «. Fevum quem... presbiter tenet de nos de ecclesia de Trebonos (1032-1060). » — Le terme se trouve également dans les cartulaires de Saint-Père, de Saint-Jean-d'Angély, de Saint-Cyprien de Poitiers, etc.

tion, et la fonction même, la masse de biens, de revenus,
dîmes, offrandes, taxes sacramentaires qui forment la
part du prêtre et le pouvoir d'exercer son ministère dans
l'église, sur les habitants. Ainsi, le mode de tradition
des églises est-il analogue à celui des autres dignités.
Les sacerdoces ruraux sont devenus des *offices*, comme
les mairies, les prévôtés conférées par le seigneur. —
Comme la terre, comme tout emploi domestique, le
titulus ecclésiastique est conféré sous la forme féodale :
il est remis entre les mains du clerc par une investiture.
Ici, l'investiture se fait par une motte de terre, par un
bâton, une épée ; là, par l'étole, les clefs de l'église, les
cloches [1]. Mais si la forme est autre, le principe est
identique, et les devoirs qu'elle impose ne sont pas
différents.

L'investiture oblige d'abord celui qui la reçoit à la
fidélité et à l'hommage. Le prêtre, comme tout autre
vassal, doit jurer en mettant les mains dans les mains
de son seigneur. Devenu son homme, il lui doit également
ment tous les services que l'hommage entraîne. Presque
toujours il est tenu à un cens, en raison même de la tradition, *introitus* [2], et à une redevance personnelle pour
la possession du fief [3]. Le cens remplace le service mili-

---

1. Sur les cens payés par le fief presbytéral, cf. Marchegay,
Archives d'Anjou, t. II, p. 74. Le prêtre de l'église de la Pommeraye paye : « ad Pentecosten ex fevo quem tenebat annuum
censum, hoc est solidos XXIV.

2. Cart. de Beaulieu, n° 173 (881). La tradition d'une église y
est faite *per cordam de signo*.

3. *Concil. Arelatense* (813), c. 5. — *Concil. Viennense* (892),
c. 4 : « Ut nulli census a presbyteris, loco muneris, ad *introïtum*,
ut dicunt, ecclesiarum, exquirantur. »

taire que l'Église défend, mais, souvent aussi, le service
militaire semble exigé par le seigneur. Les canons qui
l'interdisent si fréquemment aux prêtres ruraux nous
montrent bien qu'il leur était imposé [1]. Enfin, le clerc
doit suivre son seigneur quand il en est requis, faire ses
ambassades, l'assister dans ses conseils [2]. Il doit parfois
le gîte, en tout cas des services. — Et au service personnel du prêtre, comme vassal, s'ajoute celui de sa
tenure, comme fief [3]. Ce fief ecclésiastique peut être
vendu, cédé, démembré. Le seigneur peut en retenir
une partie, y lever des cens, des redevances en nature,
s'y réserver une foule de droits.

Par contre, de même que tout vassal, avec l'assentiment
du suzerain, peut disposer de son fief, le prêtre peut,
à son tour, sous les mêmes conditions, disposer de son
office. Il le vend, l'engage, le donne, l'inféode [4], sauf les

---

1. *Conventus in villâ Sparnaco* (846), c. 10 : « Ut clerici arma
militaria non contingant. » — Cf. *Concil. Meldense*, c. 37 (Capit.,
t. II, p. 407).

2. *Concil. Juliobonense* (1080), c. 14 : « Nec presbyter inde
servicium faciat nisi domini sui legationem portet... per Norman-
niam ». — Cart. de Saint-Jean-d'Angély, n° 295 : « Hunc feudum
ab antiquis temporibus... presbyteri sancti Laurentii per
manum antecessorum nostrorum et nostram habere solebant et
inde multa nobis servitia impendebant. » — Cart. de Conques,
n° 12 : « Fevum quae Rainaldus presbyter tenet et serviet ad nos. »

3. Cart. de la Couture, p. 19 (v. 1050). Donation d'une église
aux moines par un seigneur : « Eo tenore ut... ego Guido requi-
ram *servicium ecclesiae*, a monachis sicut prius requirebam a
presbytero... » — *Chartae Cluniacenses*, t. I, p. 356 : « Capella
que nec decimas habet nec aliud unde seculari seniori servien-
dum sit. »

4. Cart. de Conques, n° 59 (1083) : « donamus... totum phevum
presbyterale... sicut Gosbertus presbyter melius tenuit aut aliqua
persona de manu ejus. »

droits du seigneur primitif : seulement, comme dans sa
tenure sont comprises à la fois la terre et la fonction,
l'évêque intervient dans l'acte. Nous avons, dans les
chartes d'Anjou, un exemple très curieux de ce mode
de tradition [1]. Un clerc détient l'église de la Pommeraye,
moyennant un cens annuel de xxiv *solidi*. Avec l'assentiment de son seigneur et de son évêque, il vend au
prieur de Montjean et aux moines de Marmoutiers « son
« église avec tout ce qui, en elle ou provenant d'elle,
« forme le fief presbytéral, terres, prés, vignes et autres
« revenus ». La vente est faite pour le prix de trois
livres d'argent et trois quartiers de vigne payés au clerc,
douze *solidi* et sept deniers payés au seigneur. Elle
confère à l'abbaye la propriété du titre, le droit de donner, à son tour, l'église et la tenure à un prêtre choisi
par elle. Mais elle l'oblige aussi à répondre des cens dus
au seigneur principal. — On le voit : entre le fief séculier
et le fief ecclésiastique, l'analogie est complète. Ces marchés, qui, aux yeux du parti réformiste, constituent une
véritable simonie, ne sont que l'application normale des
usages introduits dans l'Église par la féodalité.

Ainsi, au xie siècle, la plupart des églises possédées
par des laïques font l'objet d'une concession féodale. Ce
mode de tradition des églises privées est-il alors univer-
sel? Toutes ces églises ont-elles été données à charge
d'hommage et de fidélité? Il semble difficile d'admettre
une aussi grande uniformité dans les institutions.

---

1. Marchegay, *Archives d'Anjou*, t. II, p. 74 : « notitia de ecclesia de Pomereia (1062). »

Remarquons que cette idée du fief se dégage à peine des
modes plus anciens de la possession conditionnelle.
Quelques-uns même de ces modes signalés précédem-
ment ont survécu. Nous voyons encore des seigneurs
donner leur église à charge de cens, soit à un colon, soit
à un collibert, même à un serf.

Il est probable pourtant que la concession en fief fut
la plus répandue à une époque où la plupart des traditions ont cette forme. L'insistance des conciles réformistes à interdire, dès le milieu du xie siècle, l'inféoda-
tion des églises, des dîmes, des revenus ecclésiastiques
prouve bien qu'elle était partout appliquée.

Dans les paroisses possédées par un corps religieux,
chapitre ou monastère, la tradition de l'église au desservant a-t-elle eu le même caractère ?

Comme dans les églises possédées par les laïques, les
modes de concession ont dû être très différents. Quelques
abbayes font desservir par les moines les églises qu'elles
possèdent [1]. Fréquemment aussi nous voyons à la tête
des églises conventuelles un prêtre séculier, étranger
au couvent. Parfois, celui-ci achète son titre : la tradition a la forme d'une vente. Parfois aussi, il tient son
bénéfice en usufruit. Nous lisons, par exemple, dans le
Cartulaire de Saint-Père, qu'un laïque donne une église
à l'abbaye, à condition que son fils sera promu à la

1. Nous trouvons dans une charte du temps la mention de cet
usage. Marchegay, *B. de l'École des Chartes*, t. XXXVI, p. 399,
don d'une église à Saint-Florent : « ita ut ipsi vel per sacerdotem,
secundum suum velle, vel per se ipsos, sicut decet, ecclesiae
provideant servitium ». — Sur le droit des moines de desservir
leurs églises, voyez encore le concile de Lillebonne.

prêtrise et recevra des moines une église d'un revenu suffisant. Ailleurs, deux prêtres qui desservent une église, vendent à Saint-Florent le titre presbytéral, mais s'en réservent l'usufruit [1].

Nous retrouvons donc, au milieu du xie siècle, les anciennes tenures du ixe ou du xe; cependant, voici quelques faits un peu différents qui se rapprochent déjà des concessions conditionnelles. Il peut se faire que l'abbaye donne une église à un membre de la *familia* du monastère, serf où collibert affranchi. Nous en avons des exemples à Marmoutiers [2]. Ces prêtres restent toujours dans une dépendance personnelle : il leur est interdit de desservir d'autres églises que celles de l'abbaye; s'ils quittent son service, s'ils sont « infidèles », ils sont rappelés à la servitude. Assurément, il n'est pas sûr que cette tradition soit un contrat de fief; mais retenons ce fait : le desservant est obligé à un serment de fidélité et d'obéissance (nous trouverions ailleurs d'autres exemples d'engagements analogues exigés de clercs libres); par là même, sa tenure est conditionnelle et révocable, il n'a ni la propriété ni l'usufruit de son titre, et la simple volonté du couvent peut le déposséder [3].

1. Cart. de Saint-Père, t. II, p. 552. — Marchegay, *id.*, *ibid.* (1070-1075) : « fœvum presbiterale... tenent sacerdotes tali tenore ut post mortem unius aut ex ecclesia discessum, pars illius monachorum sit propria. Post amborum vero aut obitum aut discessum, omne ecclesiae illius presbiterati monachi possideant bene-ficium. »

2. *Liber de Servis Majoris monasterii*, n°s 13, 49, 112. Cf. Chartes bourguignonnes, Garnier, p. 141 (928).

3. *Liber de Servis Majoris monasterii*, additions, n° 35 : « quod et in ecclesiis b. Martini libenter serviret et monachis

Allons plus loin. Les chartes de Bèze nous montrent un évêque donnant à l'abbaye le *presbiteratus* de deux églises. Les prêtres chargés de les desservir doivent tenir leur office des mains de l'abbé [1]. Ici, il semble bien que, par ces mots, nous devions entendre une concession féodale. Ailleurs, dans le Cartulaire de Redon, nous voyons un clerc donner son héritage à l'abbaye, à condition de le reprendre en fief et d'en assurer le service au gré du monastère. Or, dans ce fief, sont des églises. Ainsi, l'abbé d'un monastère pouvait investir un clerc, à charge d'hommage, d'une paroisse ou d'une chapelle. Les canons des synodes réformistes qui, à la fin du XIe siècle, interdisent ces engagements des clercs à un laïque, semblent bien permettre celui d'un clerc à un abbé, à un autre clerc, à une communauté ; et, en réalité, nous trouvons, au XIIe siècle, des exemples de ces contrats.

De ces faits, comme des usages du temps, on peut

fidelis semper existeret. Hoc factum est tali convenientia ut si aliquando se contra monachos Majoris monasterii erexerit, in pristinam servitutem redigatur. » Cf. *H. L.*, t. V, n° 369. Don d'une église à une abbaye à condition que... : « monachus qui de parentela mea... fuerit... teneat ipsam ecclesiam et honorem in *fidelitate* et *hobedientia* Sancti Petri et abbati et monachis, si ei abbas jusserit » (v. 1086). — Ce caractère conditionnel et révocable est bien marqué dans une charte de Saint-Père (Cart., p. 212), donation d'une église : « ea... lege ut presbiteri... ab ipsis monachis... mittantur in... ecclesia, dominentur et ejiciantur, si forte mereantur. »

1. Chronique de Bèze (Migne, t. CLXII, p. 943), don par l'évêque de Langres du *presbyteratus* de deux églises : « ita ut presbyteri parochiales qui in eis decantaverint medietatem omnium ad eosdem presbiteratus pertinentium, *per manus abbatis* obtineant. »

conclure que la tenure en fief des églises ne fut pas seulement en usage dans les paroisses des laïques, mais qu'elle a pu être admise également dans les paroisses d'un chapitre ou d'un couvent. Entre le clergé rural et les communautés religieuses, les rapports féodaux se sont établis [1].

II

Nous avons étudié la transformation des églises privées et montré les dernières conséquences du droit de propriété. Nous devons nous demander, en terminant, si cette transformation est générale. Les anciennes paroisses, celles des *vici*, des *oppida*, gouvernées, dès le vi[e] siècle, par un archiprêtre, composées d'une population libre, ont-elles réussi à se défendre? En d'autres termes, trouvons-nous alors des églises *libres* [2], ou, de même que la terre, toute église a-t-elle un seigneur? S'il en est ainsi, l'absorption est complète de la société religieuse par la société féodale. Cherchons si nos documents nous permettent de répondre à cette question.

1. Dans d'autres documents, les moines sont appelés « seigneurs » des églises qu'ils possèdent. — Cart. de Savigny, n° 582. Don d'une église au couvent : « Ita ut ab hodierno die habeant seniores ejusdem loci in suo dominicatu » (v. 1010). Cette expression ne prouve pas que les moines de Savigny aient donné leurs églises sous la forme féodale, mais elle montre bien que leur seigneurie était de même nature que celle des laïques. On ne distinguait pas.

2. Ces églises sont appelées, au ixe siècle, *ecclesiae proprio jure* (*Concil. Eugenii papae*, c. 24). Capit., t. I, p. 375.

Il importe de savoir si les anciens *tituli* des archiprêtres, tels que nous les avons rencontrés à l'époque
mérovingienne, se sont maintenus. Or, malgré le petit
nombre de nos documents, nous pouvons établir un
premier fait : c'est que la plupart des archipresbytérats
ruraux ont disparu à l'époque féodale.

Dans un certain nombre de diocèses du Nord et de
l'Ouest, à Chartres, à Paris, à Nantes, à Rennes, par
exemple, nous n'avons dans les diplômes du xe, du
xie siècle, aucune mention des archiprêtres [1]. Au
xiie siècle, la division régulière du diocèse n'est pas l'archiprêtré, mais la décanie. Voici un fait plus précis
encore. A Auxerre, le règlement de l'évêque Tétricus
nous a montré qu'il y avait, au viie siècle, trente-cinq
églises gouvernées par des archiprêtres. Au xie siècle,
ces dignitaires ont disparu : les paroisses n'ont plus
qu'un simple prêtre ; seul, l'archiprêtre de l'église épiscopale s'est maintenu [2]. — Ailleurs, il est vrai, l'institution a survécu. Hincmar nous parle encore des archiprêtres de Reims [3] : les chartes nous signalent ceux de
Sens, de Lyon, de Saintes, de Limoges, des diocèses de
la *Marca hispanica* [4]. Mais très irréguliers sont le nombre

---

1. Cart. de Saint-Père de Chartres, Introduction. Pouillé du
xiiie siècle, p. ccxcvii. — Cart. de l'église Notre-Dame de Paris,
p. 12. (Pouillé du xiie siècle). — Cart. de l'abbaye de Redon,
Prolégomènes, p. cxiv-cxxv.

2. Et peut-être celui de Varzy.

3. Flodoard, III, 28.

4. Quantin, Cart. gén. de l'Yonne, n°s 96, 101 (1063, 1081). —
Guigue, *B. de l'École des Chartes*, t. XVIII, p. 370. — Cholet,
Cart. de Saint-Étienne de Baigne. A Saintes, il y a plusieurs

et la circonscription de ces archiprêtres ruraux. Parfois,
ils sont les chefs d'un district très étendu, supérieur à plusieurs doyennés ou identique à un doyenné. Parfois, le nom même n'est qu'un titre d'honneur donné au
chef d'une église urbaine ou rurale, plus ancienne, plus
célèbre que les autres [1]. En tout cas, au xiie siècle, le
nombre de ces archiprêtres ruraux est très restreint; il
ne représente plus qu'un vestige de l'ancienne institution.

Quelles sont les causes de ce changement?

On pensera peut-être qu'il doit être attribué à la
réforme carolingienne qui découpa chaque diocèse en
decaniae. Ainsi l'archiprêtre eût été généralement remplacé par le doyen rural. Mais aucun document ne nous
permet de vérifier cette hypothèse. Il peut se faire
que dans la plupart des localités où ils se sont établis, les doyens aient pris la place d'un archiprêtre
mérovingien. Mais on ne peut prouver que, partout,
l'église de l'archiprêtre soit devenue le siège d'un
doyenné, qu'entre la *decania* et le *vicus* du vi[e] siècle,
l'identité soit complète. Il semble, au contraire, que le
nombre des doyennés ait été inférieur. Au xiie siècle,
Paris n'en compte que six, Chartres quatorze, Nantes
quatre [2]. Les trois circonscriptions rurales d'Auxerre ne

archiprêtrés au xie siècle; les chartes nous signalent ceux de
Cognac, Archiac, Chalais, Montendre..

1. P. ex., le titre d'archiprêtre donné au curé de Saint-Séverin
de Paris (Cart. de l'église Notre-Dame de Paris, t. I, p. 101.)

2. Guérard, Cart. de l'église Notre-Dame de Paris, t. I, p. 12.
— Cart. de Saint-Père de Chartres, t. I, p. cccvi. — De Courson,
Cart. de l'abbaye de Redon. Prolégomènes, ch. IV.

semblent pas antérieures à cette époque [1]. Il est difficile
d'admettre que ce nombre réponde aux *vici* de l'époque
franque. Dire que les doyennés représentent les paroisses
primitives des archiprêtres est une assertion gratuite
que démentent les documents [2].

On ne saurait donc méconnaître que la plupart des
archipresbytérats ruraux aient disparu. Or, si la
réforme carolingienne, l'institution des décanies ne
peuvent nous rendre compte de ce fait, peut-être en
faut-il chercher la cause dans la transformation même
des paroisses. Essayons de suivre quelques-uns de ces
vici dans leur histoire et de voir ce qu'ils sont devenus.
Et d'abord, dans quelques-uns, le petit nombre, il
semble bien que, dès le ixe siècle, l'église et la paroisse
soient passées sous le gouvernement d'une communauté.
Ce changement s'explique par l'organisation même du
clergé rural groupé dans le *vicus*, autour de l'archiprêtre.
On sait que ce clergé formait déjà un petit corps ecclésiastique, composé de prêtres, de diacres, de simples
clercs. La réforme de 818, qui établit deux règles, celle
des chanoines, celle des moines, ne semble pas seulement s'être appliquée aux monastères ou au clergé de
l'église épiscopale. Peut-être, dans certains *vici* où l'organisation primitive s'est maintenue ou fut rétablie, le
clergé rural fut-il assez nombreux pour être organisé en
communauté et recevoir une règle. Ainsi certaines

---

1. Quantin, Cartulaire gén. de l'Yonne, t. II. Intr., p. xv.
2. Remarquons en outre que dans certains diocèses, à Reims,
par exemple, au ixe siècle, les archiprêtres ruraux sont encore
mentionnés à côté des doyens (Flodoard, III, 28).

paroisses ont pu, dès cette époque, être administrées par un chapitre, sous la direction d'un doyen ou d'un prévôt. Le fait se présente pour Brioude. Une charte-notice du Cartulaire rapporte que Louis le Pieux, à la demande du comte de la cité, réédifia l'église ruinée et y établit des chanoines[1]. Cette mesure se rattache avec vraisemblance à la grande réforme de 818. Mais cet exemple n'est pas le seul. Au XIe siècle, nous trouvons des paroisses rurales importantes administrées également par une communauté. Dreux, Poissi, Blois dans le diocèse de Chartres, qui sont des *castra* ou des paroisses de l'époque mérovingienne, sont, à cette époque, desservis par un chapitre[2].

Dans ces diverses localités, où l'archipresbytérat a disparu, on peut dire que les chapitres ruraux l'ont remplacé[3].

Mais cette explication n'est pas la seule. En réalité, dès le VIIe siècle, un grand nombre d'archiprêtres ruraux ont dû disparaître, supprimés par la conquête du séniorat. Nous avons montré cette usurpation des *vici publici* par les seigneurs. Nous avons vu qu'alors le titre primitif fut sécularisé. En se l'attribuant, les seigneurs se bornèrent à faire exercer les fonctions du sacer-

---

1. Cartulaire de Brioude, n° 339. La charte paraît être une copie altérée d'un document plus ancien.

2. Cart. de Saint-Père, Prolégomènes, p. cccvii et suiv., Pouillé du XIIIe siècle.

3. Il faut noter également qu'un certain nombre de ces *vici* ont pu être donnés à une abbaye. Au XIIe siècle, par exemple, Archiac, en Saintonge, a été donné à Saint-Étienne de Baigne (Cart. n° 18).

doce par un prêtre qu'ils désignaient. Ainsi s'explique que, dès cette époque, un grand nombre de paroisses publiques aient perdu leur organisation première ; elles deviennent propriété d'un grand. La réforme carolingienne ne leur rendit ni leur ancienne liberté, ni leur premier titre. Or, remarquons-le, si nous nous plaçons deux siècles plus tard, nous voyons des faits analogues. Si les grands n'usurpent plus le titre ou les fonctions ecclésiastiques, ils étendent leur pouvoir sur les églises publiques. Par la violence, par les habitudes du patronage, cette prise de possession des grandes paroisses se continue.

Dans l'anarchie sociale, c'est d'abord la mainmise brutale, arbitraire sur les paroisses. Ce brigandage est perpétuel. Il faut lire les conciles ou les diplômes du temps pour se rendre compte de ces attentats. Aucun respect des donations faites par les autres ou par eux-mêmes, des droits antérieurs et solennels. Ici, ce sont les églises des couvents ou des chapitres qui sont enlevées à leur propriétaire par un comte ou un seigneur local [1]. Souvent, ce sont les églises publiques, celles qui relèvent seulement de la puissance épiscopale, qui passent dans un patrimoine privé. Dès le IXᵉ siècle, l'auteur des faux capitulaires signale ces désordres et

---

1. *Capit.*, t. I, p. 374. — *Cart.* de Saint-Père, t. I, p. 40. — Cart. de Saint-Hilaire, nᵒˢ 65, 79. — *Chartae Cluniacenses*, t. I, p. 690, etc. — Le nombre de déguerpissements en faveur d'un monastère ou d'un chapitre est considérable surtout au XIᵉ siècle. — Cf. Cart. de Brioude, p. 315. — Cart. de Saint-Hilaire, nᵒ 79, etc. Les abbayes demandent aux seigneurs des *securitates* pour leurs églises (Cart. de Brioude, p. 42).

demande à l'empereur une protection efficace [1]. En 909,
le concile de Trosly, ceux de Charlieu, en 926, de
Sainte-Macre, en 935, renouvellent les anathèmes, mais
en vain. La sécularisation violente des paroisses continue. Encore à la fin du x° siècle, un évêque se plaint
à Grégoire V que toutes les *villae* de son évêché, toutes
les églises de son diocèse soient usurpées par les
seigneurs.

Et, de plus, ce brigandage est général. Presque
toujours, pendant la vacance du siège épiscopal, le
comte propriétaire de l'évêché, les bénéficiers, les puis-
sants mettent la main ou sur les terres ou sur les
paroisses. A la mort de l'évêque Geilon, de Langres, les
biens et les églises de l'évêché, ceux du monastère de
Bèze sont pillés. Au x° siècle, quand Héribert de
Vermandois s'empare de l'archevêché de Reims, il
partage entre ses fidèles les terres et les paroisses. A
l'époque de l'évêque Ragenfried, la plupart des églises
du diocèse de Chartres sont usurpées par des laïques;
de même celles de Rouen ou de Nantes [2]. Les évêques

---

1. *Faux capitulaires*, II, a. 426 et suiv. — Cf. également
Hincmar, *De officiis episcoporum*, t. CXXV, p. 1089. — Chr. de Bèze.
(Migne, t. CLXII, p. 890) : « Quo... de hac vita sublato sicut reli-
quae res, ecclesiae nostrae irrationabiliter ad votum diripien-
tium distractae sunt. »

2. Cart. de l'église Notre-Dame de Chartres, p. 78. Charte de
Ragenfried (v. 949). — Moreau, t. XXXIV, p. 150 : « Notum quod
Rodbertus quondam illustris Normanniae consul ea quae ab antiquis et predecessoribus suis... Rothomagensi ecclesiae... concessa
fuerunt atque a quibusdam male distracta in jus ejusdem ecclesiae... revocavit » (xi° siècle). — *Gallia christiana*, t. XIV, p. 172

essayent de faire rendre gorge. Ils obtiennent de temps
à autre, par la menace, par des dons d'argent, par des
sentences judiciaires, quelques déguerpissements, mais
ces restitutions sont rares, incertaines, et ne mettent
pas les paroisses rurales à l'abri de nouvelles convoitises et de nouvelles rapines.

La force n'est pas le seul titre qui fasse entrer les
paroisses ou les églises dans le domaine privé. A l'origine du *dominium* seigneurial, nous voyons souvent une
concession en bénéfice. Dès le IXᵉ siècle, les rois ont
ainsi donné sous cette forme, indépendamment des
églises du fisc, les églises publiques [1]. De même les
évêques. Au Xᵉ et au XIᵉ siècle, ces concessions d'églises
en fief sont fréquentes. Or, souvent, le bénéficier ou le
feudataire a converti en propriété sa possession conditionnelle. Les capitulaires signalent déjà cet abus qu'ils
répriment. Ces usurpations continuèrent et aucune
loi ne put les arrêter. Nous lisons, par exemple, qu'un
archevêque de Narbonne, Guifred, distribue à des
laïques les terres, les biens, les *villae*, châteaux et

(Preuves). Charte de Quiriacus de Nantes (1064) : « Vix aliquam
totius episcopatus... ecclesiam laïcorum subjectione vel potestate... esse liberam. »

1. Cf. *Capit. Lamberti* a. 10 (898) : « Ut plebes ecclesiae nullatenus aut comitibus aut episcoporum vassallis aut ullis laïcis in
beneficia tribuantur. » Il est aisé de penser que les mêmes usages
existaient en Gaule. Nous lisons, par exemple, dans une charte de
Louis le Piéux (*H. F.*, t. VI, p. 570), que le *Vicus Epaonensis* est
restitué à Saint-Maurice de Vienne (831). Voilà une des plus
anciennes paroisses qui avait été donnée en bénéfice.

bourgs qui dépendent de l'évêché [1]. Ces biens sont cédés en fief; mais ils sont convertis en alleux par leurs détenteurs. Ici, une tenure temporaire s'est transformée en véritable propriété.

Ce sont enfin les habitudes du patronage, aussi puissantes, aussi répandues, aussi funestes au xe siècle qu'au viie. Dans le désordre des temps, l'Église ne peut se passer de défenseurs, et, comme le roi est incapable de la défendre, elle s'adresse à tous ceux, comtes, vicaires, seigneurs, qui ont la force en main et peuvent la garantir. Or, ces défenseurs se multiplient avec les périls. Chaque abbaye, chaque corps religieux a le sien. Nous avons conservé quelques exemples de ces contrats de commande ou de sauvement par lesquels un monastère plaçait ses biens, ses églises, sous la protection d'un grand [2]. Nous pensons bien que des accords de même nature engagèrent les églises des bourgs ou des *vici*. Le prêtre mettait son église, le patrimoine sacré, sa personne même sous la mainbour d'un puissant, apte à défendre sa vie, sa paroisse contre les attentats des hommes de guerre ou les revendications d'un voisin [3].

1. *H. L.*, t. V, n° 251 (v. 1059) : « Alia omnia ad laïcalem vertit censuram, ut etiam omnes qui ea possident quasi per alodia habeant paterna. »

2. Les monastères furent peu favorables à ces contrats, qui permettaient presque toujours au protecteur de garder l'église dans sa propriété. Ils rachetèrent fréquemment ces droits de commande au xie siècle. Cart. de Savigny, n° 491 (v. 1000), n° 653 (v. 1020).

3. La royauté, en faisant à tout homme libre une obligation de se choisir un seigneur, n'a pas exempté les *presbyteri parochiani*

Mais la mainbour entraîne une sujétion. Presque toujours, le défenseur exige un cens. Presque toujours aussi, il a dû exiger des clercs qu'il protège un serment de fidélité et la recommandation. Ce sont surtout les biens de l'église défendue qu'il fait entrer dans son domaine et qu'il fait siens. Dès le IXe siècle, un capitulaire de Charles le Chauve nous montre bien ces usurpations[1]. Au Xe siècle, un des écrivains du parti réformiste, Abbon, nous fait encore mieux connaître les conséquences du patronage : « Ceux qu'on appelle « aujourd'hui les défenseurs des églises, dit-il, « défendent pour eux-mêmes ce qui n'était que la pro- « priété de ces églises, et ainsi, faisant violence aux « clercs et aux moines, ils dérobent les biens des églises « ou des couvents, en gardent l'usage, ruinent les « colons, loin d'augmenter le patrimoine, le diminuent « et dépouillent ceux qu'ils devaient défendre. Ils se con- « sidèrent non comme des avoués, mais comme des « maîtres... Un grand nombre se présentent sous le « titre de protecteurs pour mettre la main sur la plus « grande partie des terres, des revenus, des offrandes. »

de cette loi. Un passage du capitulaire de Pitres (869) nous les montre entrant dans le vasselage. Ces engagements continuèrent au Xe siècle. Ils devinrent si fréquents, si naturels, que les fondateurs d'une église durent spécifier, qnand ils la voulaient libre, *sui juris*, qu'aucune seigneurie étrangère ne lui serait imposée. — *Chartae Cluniacenses*, t. I, p. 28.

1. *Capit. Carisiense* (857), a. 1 (t. II, p. 286) : « Qualiter rapinae et depopulationes... partim mobilitate quorundam fidelium nostrorum... per eos etiam qui ecclesiam Dei defendere et tueri... debuerant... grassantur. »

Il est difficile de marquer plus nettement la transformation du patronage en propriété [1].

On peut croire qu'un grand nombre de paroisses, dans les campagnes ou dans les villes, passèrent ainsi entre les mains des seigneurs. Ce furent les comtes surtout, qui étendirent leur seigneurie sur les églises des *castra* ou des bourgs [2]. Maîtres du bourg, quand ils eurent substitué leur autorité à celle du roi, ils devinrent également maîtres de l'église. Ils soumirent son clergé à leur justice, ses terres à des redevances ou à des taxes. Peut-être aussi les petits seigneurs locaux, anciens fonctionnaires carolingiens, vicaires ou châtelains, ont-ils réussi à s'emparer de l'église du chef-lieu de leur seigneurie. Ces églises paroissiales, de même que l'*episcopatus*, que l'abbaye, entrèrent dans leur domaine, firent partie de leur patrimoine. Ils en disposèrent comme des églises privées qu'eux-mêmes avaient fondées ou entretenues dans leur *villa* [3].

---

1. Abbon, *Collectio canonum* (Migne, t. CXXXIX, p. 476).

2. A Carcassonne, par exemple, les paroisses de la ville appartiennent au comte. *H. L.*, n° 280 (1067). — Cf. *H. L.*, n° 286. Vente du comté de Carcassonne avec ses dépendances (1069) : « Vendimus... partes vel portiones quae nobis advenerunt... in ipso episcopatu Sancti Nazarii, vel in ipsis abbatiis, ecclesiis parochialibus. » Nous voyons, dans les chartes de Beaulieu, l'église du *vicus Carendenacus* possédée par le vicomte de Cahors, Frotaire (Cart., p. 88).

3. Les seigneurs démembrent aussi les paroisses au profit de l'église construite dans leur château fort ou le siège de leur seigneurie. Cf. une charte curieuse pour l'Anjou (*B. de l'École des Chartes*, t. XXXVI, p. 395) : « Esse consuetudinem in Andecavensi regione ut si comes Andecavensis faceret castellum in

Il serait facile de signaler un grand nombre de ces agglomérations rurales, bourgs ou châteaux, dont l'église passe ainsi dans la propriété d'un grand. Dans le diocèse de Chartres, Châteaudun, Brezolles, Brou, sièges de doyennés au XIIᵉ siècle, appartiennent d'abord à des seigneurs. De même Archiac, en Saintonge, chef-lieu d'une *vicaria* et d'un archiprêtre [1]. A Auxerre, Varzy, ancien *vicus* d'un archiprêtre, est entre les mains d'un laïque au XIᵉ siècle [2]. Le comte de Tonnerre possède l'église de sa ville, une des plus vieilles des Gaules; le duc de Bourgogne, celle d'Avallon [3]. En Bretagne, la plupart des *plou* sont, avec leur église, sous la dépendance du duc, des comtes ou des seigneurs locaux. Dans le Gévaudan, les laïques s'emparent même des collégiales et y usurpent les fonctions et les titres de doyen ou de prévôt [4]. On trouverait dans la plupart des États féodaux des exemples analogues. Ajoutez à ces faits, que le comte est presque toujours propriétaire de l'évêché, qu'il réclame, comme tel, la seigneurie des monastères,

medio quarumlibet parrochiarum terrae suae, ecclesia ipsius castelli tantum de circumjacentibus parroechiis optineat quantum palus vel fossatum aut alia firmitas illius castelli in circuitu occupaverit (v. 1055). » On comprend que, par ces mesures, l'ancienne organisation de l'archiprêtré ait dû être profondément modifiée.

1. Cart. de Saint-Père, t. I, p. 127, 129, 148, 213 (Chartes du xiᵉ siècle). — Cart. de Saint-Étienne de Baigne, nᵒ 18 (1073-1083).

2. *Histor. Episcoporum Autissiodorensium* (Migne, t. CXXXV, p. 289).

3. Quantin, Cart. gén. de l'Yonne, nᵒ 108 (1101); nᵒ 100 (1077)

4. Cartulaire de Saint-Victor de Marseille, t. II, p. 57.

des paroisses qui en dépendent, qu'à son tour, le seigneur maître de l'église principale d'une paroisse prétend posséder les églises secondaires qui lui sont unies, on comprend aisément comment les féodaux ont réussi à s'approprier la plupart des paroisses publiques. Ces paroisses ont dû subir leur conquête ou s'asservir à leur protection.

Un grand nombre cependant ont encore échappé à la sécularisation. Mais sur elles la puissance épiscopale se transforme. A son tour, la juridiction ecclésiastique prend les caractères d'un véritable séniorat.

Il faut chercher la genèse de ce changement dans la législation canonique elle-même et dans l'autorité reconnue à l'évêque sur le patrimoine. Nous avons vu qu'à l'origine celui-ci assignait à chaque église et à chaque clerc une dotation ou un bénéfice. Il disposait ainsi des biens et des revenus ecclésiastiques. Avec le temps, ce pouvoir avait été limité. La paroisse était devenue un être juridique, capable de recevoir, de posséder ; un partage s'était fait entre son patrimoine et le patrimoine de l'église mère, et elle garda l'administration de ses biens. Mais, en théorie, le pouvoir épiscopal était resté le même. La surveillance du domaine ecclésiastique était toujours un de ses attributs.

En affermissant le patronage, les Carolingiens voulurent également affermir la juridiction épiscopale. En ce sens, leur politique religieuse marque une réaction complète contre le système de décentralisation du ve et du vi^e siècle. A plusieurs reprises, capitulaires, conciles, écrivains ecclésiastiques rappellent que le *vicus publicus*, comme l'église privée, est placé sous le « pou-

voir » de l'évêque [1]. A l'évêque seul appartient le droit
d'aliéner les biens, de les échanger, de les donner en
bénéfice. Il en a la « disposition » ; il règle l'emploi des
revenus, offrandes ou dîmes. Il en est à la fois l'admi-
nistrateur et le gardien naturel ; l'église et sa dotation
sont placées sous sa surveillance et confiées à son
« patronage [2]. » Pour les défendre, il a même un *bannus* spécial [3]. Ainsi, à mesure que l'indépendance des
paroisses était plus menacée, s'affirmait sur elles la juridiction de l'épiscopat.

Évidemment, les termes qui la désignent, *ordinatio*,
potestas, n'indiquent pas, dans la langue canonique, un
droit de propriété. Ce droit, l'Église ne l'eût jamais
reconnu. L'évêque administre, il ne possède pas. Mais
à sa juridiction s'ajoute, remarquons-le, le patronage. De
même que le patronage des laïques s'est transformé peu
à peu en domaine éminent, de même aussi les évêques
sont-ils tentés de tirer de la *potestas* toutes les conséquences qu'elle implique alors, de franchir les limites
mal définies qui séparent le pouvoir de la propriété. En
dépendant du siège épiscopal (*sedes* [4]), les églises seront

---

1. *Capit.* (813), a. 4 : « Ut episcopi habeant *potestatem*
faciendi... in vicis publicis. » — a. 6 : « Ut episcopi res ecclesiarum *potestatem* habeant » (Bor., p. 182). — Cf. *Concil. Moguntinum*, c. 8 (813) : « Ut episcopi *potestatem* habeant res ecclesiasti-
cas praevidere, regere et gubernare atque dispensare. » — *Capit.
Missorum* (853), a. 4 (*Capit.*, t. II, p. 208).

2. *Capit.* (802) : « Et omnis ecclesiae adque basilicae in ecclesiastica *defensione* et *potestatem* permaneat » (Bor., p. 94).

3. *Concil. Triburiense* (895), c. 8 : « De his qui contemnunt
bannum ab episcopis impositum. »

4. Cf. Zeumer, *Form. Imperiales*, p. 318. Un diplôme de Louis

agrégées à son domaine, elles entreront dans cette masse de biens, terres, droits, seigneuries, qui, dès le xie siècle, forme l'évêché, *episcopatus*. L'unité de juridiction proclamée à nouveau ramènera ainsi l'unité de patrimoine. Et déjà ces tendances se marquent dans un certain nombre de documents.

Cette transformation commence, dès le viie siècle, par les paroisses fondées sur la terre d'un évêché. Assurément, aux termes des canons, comme toute église bâtie sur un domaine, ces églises ont leur dot : comme toutes les paroisses publiques, ces paroisses ont leur baptistère, leur clergé, leurs dîmes, leur patrimoine et doivent former un organisme économique et religieux, indépendant et autonome, nettement distinct de l'église de la cité. Mais cette conception de la loi reculait chaque jour devant les faits. L'épiscopat, qui n'avait pu enrayer la transformation du patronage, l'appropriation des églises, bénéficiait lui-même de l'état de choses qu'il voyait grandir autour de lui. Entre les paroisses, nées sur la terre de l'église cathédrale, celles que les grands, les abbayes fondaient sur leurs domaines, l'analogie était complète. Elles avaient une même origine : elles ne pouvaient avoir qu'une même condition. Le droit de propriété qui s'appliquait aux unes devait donc s'étendre aux autres. Toutes resteront sous le puissance d'un maître, leur fondateur ou ceux qui le continuent et, ici, le fondateur se continue lui-

le Pieux parle déjà des églises, *ad episcopium pertinentes*. Ces églises ne sont pas précisément des églises fondées sur la terre d'un évêché.

même, permanent, toujours vivant, toujours présent, car il n'est autre que le saint, propriétaire primitif, qui a doté l'église. La constitution de dot prend donc le véritable caractère d'une assignation de biens. En la faisant, il se dépouille de l'usage, non du titre. Il cède sa terre mais en garde toujours l'éminente propriété.

Dès le VIIe siècle, comme les églises des seigneurs, des abbayes, l'église fondée sur la terre épiscopale est *res privata*. Elle appartient au saint et à l'évêché qui le représente. Elle entre dans le commerce, peut être vendue, donnée, changée : au IX[o] siècle, elle sera cédée en bénéfice. Or, à l'époque carolingienne, le nombre de ces églises s'accroît, et par les fondations nouvelles, et par les largesses des rois, des évêques, des grands, qui donnent ou lèguent leurs propres églises à l'évêché. Ainsi, par ces acquisitions successives, l'évêché est devenu à son tour une seigneurie ecclésiastique. L'évêque a reconstitué autour de son siège tout un groupement économique et religieux. Une foule de paroisses sont directement entre ses mains. Il en nomme les titulaires : il soumet l'église à des redevances ou des services. Tous les droits utiles que les seigneurs ont imposés à leurs églises, l'évêque les exerce également, au nom de son titre, sur les paroisses ou chapelles qui appartiennent à l'évêché [1].

Ce n'est pas tout. Il y a un autre fait que nous devons signaler : l'effort marqué de l'épiscopat pour enlever aux hommes libres les églises qu'ils possèdent. Si les

---

1. Voir sur cette extension de l'*episcopatus* par la réunion des églises, Stutz, *ouv. cil.*, § 24 : *die bischöflichen Kirchen*.

conciles se plaignent des attentats des seigneurs sur la
propriété ecclésiastique, à leur tour, les seigneurs
dénoncent les usurpations des évêques sur leurs
domaines. Ceux-ci confisquent leurs églises, chassent
les prêtres qu'ils ont nommés. Nous avons noté déjà ces
conflits qui se prolongent pendant tout le ixe siècle. Un
passage d'Hincmar nous prouve combien ils étaient fréquents [1]. Mais, pour l'église privée, passer entre les
mains de l'évêque n'est pas changer de condition, c'est
changer de maître. L'évêque ne la réclame point pour
l'affranchir, mais pour la posséder. Il l'enlève au domaine
du seigneur pour la réunir au sien. Et à ces prétentions,
les faux capitulaires vont donner une apparence de
légalité [2]. Nous y lisons que, si un laïque refuse de
doter son église ou met la main sur la dot, l'église doit
être confisquée par l'évêque et réunie au domaine épiscopal. Remarquons ces mots. Ils ne disent pas que l'église
sera libre, mais qu'elle sera incorporée au patrimoine
de l'évêché.

Il n'est pas douteux que, par ces procédés, les évêques
n'aient réussi à mettre la main sur un certain nombre de
paroisses. Et cette lutte contre le séniorat se prolonge
pendant toute l'époque féodale. Les évêques continuent,
quand ils le peuvent, à enlever aux laïques ou aux cou-

---

1. *Letterae canonicae Hedenulfo datae* (Migne, t. CXXVI,
p. 274) : « Ecclesias quoque in proprietatibus liberorum hominum
ac cohaeredum consistentes, ut suae tradantur ecclesiae, non
debet cogere sed... satagat quatenus dotis immunitates... habeant
et ipsae ab eisdem liberis hominibus potiantur. »

2. *Faux capitulaires*, II, a. 69.

vents leurs églises, à les rattacher au domaine épiscopal[1]. Parfois encore, ils se font céder par le roi des
églises fiscales ou confirmer leur autorité sur toutes les
églises d'un pays[2]. Surtout, ils interviennent dans la fondation des églises construites par les seigneurs : ils ne les
consacrent qu'à la condition d'affranchir l'église du pouvoir seigneurial et de la soumettre au leur. Ici, l'évêque
rattache directement l'église à l'évêché, ne laisse au
fondateur et à ses héritiers que la *mainbour* et exige
un cens comme signe de sujétion[3]. Là, il oblige le
seigneur à renoncer à toute coutume et à tout droit. Au
xie siècle, il prétend retenir l'autel qu'il donne ensuite
sous la forme de fief[4]. Par toutes ces mesures, les
évêques ont cherché à établir sur la plupart des églises
privées le domaine éminent de leur église. S'ils n'y ont
pas réussi, ils ont au moins constitué « l'évêché » avec
son caractère économique et religieux, le groupe de ses
biens, de ses revenus, de ses paroisses. Dans cette
organisation nouvelle d'une Église, fondée sur le sénio-

1. Cart. de Saint-Père, t. I, p. 63 (977), église enlevée à Saint-
Père, par l'évêque de Chartres. — Chron. de Saint-Bénigne de
Dijon (Migne, t. CLXII, p. 819). Au xe siècle, les évêques de
Langres dilapident les biens de Saint-Bénigne : « … cuncta ab
antiquis huic loco collata, posteaque a malignis direpta vel a pra-
vis rectoribus dispertita. »
2. *H. F.*, t. IX, p. 482, diplôme de Charles le Simple pour Elne (899).
3. Cart. de l'église d'Autun, p. 73, fondation de l'église de Montbeugny (850).
4. Cart. de Saint-Père, t. I, p. 127 (1061). — *Hist. des comtes de
Champagne*, t. I, p. 488, fondation d'une église par les comtes
Thibaut et Eudes (1063). — *Marca hispanica*, p. 947, fondation
de l'église de Riuferrer (993).

rat et le patronage, ils ont fait servir au maintien de
leur puissance les forces sociales qui l'avaient d'abord
combattue.

La concentration des églises entre les mains de
l'évêque devait-elle s'arrêter aux églises privées ! Les
paroisses publiques qu'avait épargnées la sécularisation pouvaient-elles rester libres, à une époque où personne ne l'était plus !

Mais par les mêmes faits, par les mêmes causes qui
avaient englobé une foule de *vici* dans le domaine du roi,
du monastère, du comte, du seigneur local, ces dernières devaient être rattachées à « l'évêché ». Elles
aussi, avaient besoin d'un protecteur, et pour échapper
au patronage des grands, elles s'étaient placées sous la
défense de leur évêque. Elles aussi, enclavées dans un
bourg, ou un château, sont passées avec le château ou le
bourg sous la seigneurie épiscopale, le jour où l'évêque
a usurpé ou reçu du roi la souveraineté. Et leur sujétion
économique a au moins une apparence légale. Qu'avaient-
elles été d'abord ? une annexe, un prolongement de la
communauté épiscopale. La décentralisation qui les en
avait peu à peu détachées, rendues libres et autonomes,
avait été plutôt le fait d'une tolérance, d'usages particuliers et locaux, qu'une création formelle du droit. La
sujétion à l'église mère, la confusion de leur patrimoine
avec le sien avaient été leur premier lot : aucune mesure
formelle n'avait supprimé ce principe. En les faisant
rentrer dans le domaine de son église, l'évêque semblait donc revenir à l'ancien droit.

Ainsi, les grandes paroisses qui ont échappé au

dominium d'un monastère ou d'un laïque, sont-elles entrées dans « l'episcopatus [1] ». Cette prise de possession s'accuse d'abord par la nature des redevances, des services que l'évêque leur impose [2]. La fiscalité épiscopale se constitue en partie à leur détriment.

A l'origine, ces redevances diverses, *synodalia*, *eulogiae*, *paratae*, ont été des dons ou des prestations volontaires. Le prêtre, en se rendant à la cité pour le synode, pour la réception du chrême, portait quelques présents à son évêque, ou bien il était naturel qu'il offrît l'hospitalité à son chef quand ce dernier visitait la paroisse. Cette origine des dons en argent ou en nature est encore rappelée au IXe siècle. Mais déjà ces redevances se transforment. Elles prennent un caractère fixe et permanent. Les *synodalia* ou les *eulogiae* deviennent un cens véritable dû à l'évêque et acquitté par le recteur de la paroisse. Quant aux *paratae*, elles donnent naissance à de véritables réquisitions en bétail, en blé, en vin, en fourrage faites par l'évêque sur le domaine paroissial [3].

Si on ajoute à ces prestations anciennes celles que les évêques ont d'eux-mêmes établies, les *conjectus*,

1. Il y en a plusieurs exemples : Varzy à Auxerre, Niort à Poitiers (*Hist. episcoporum Autissiodorensium* (Migne, t. CXXXVIII, p. 267, 278, 284). — Cart. de Savigny, t. I, p. 816.

2. Déjà un passage d'un document du IXe siècle nous montre que les évêques considèrent les biens des églises comme leurs biens propres. *Concil. Eugenii papae*, c. 16 (*Capit.*, t. I, p. 374) : « Nulli episcoporum liceat res immobiles de subjectis plebibus... in proprio usu habere, ne majores enormiter locupletentur et minores... pauperes inveniantur. »

3. *Capit.*, t. I, p. 304. — *Episcoporum relatio* (829), t. II, p. 40, a. 7.

frais de déplacement, les *paraveredi*, obligation de
fournir des chevaux, les taxes arbitraires, les *legationes*
qu'ils imposent aux clercs, enfin les *exactiones* qu'ils
font peser sur les manses paroissiaux, on comprend les
plaintes du clergé rural contre le nombre croissant de ces
charges. Les conciles durent intervenir [1]. En 844, le
concile de Toulouse fixa à deux le nombre des synodes
diocésains et interdit à l'évêque d'y exiger des *munera*.
Il essaya également de réglementer les *paratae* et les
conjectus. Il taxa les premières, pour chaque paroisse,
à 1 boisseau de froment, 1 boisseau d'orge, 1 *modius* de
vin, 1 porc gras de 6 deniers, et il permit au prêtre de
racheter ces redevances par un cens annuel de 2 solidi.
Les *conjectus* furent également réduits. Quand l'évêque
fut en tournée, les prêtres durent se grouper par cinq
pour le recevoir : quatre offrirent chacun 10 pains, 1/2
modius de vin, 1 porc gras de 2 deniers, 2 poules,
10 œufs, 1 boisseau de blé pour les chevaux ; le cin-
quième, qui donnait sa maison, fut dispensé de toute
autre charge. L'évêque dut se borner à une visite pas-
torale par année.

Ces mesures nous montrent bien la nature de ces
redevances ecclésiastiques. Elles ressemblent singu-
lièrement à des redevances féodales ; un peu plus tard,
un mot expressif, *servitium episcopale*, les désignera.

---

1. *Admonitio ad omnes ordines* (823, 825), a. 5. — *Concil.
Eugenii papae* : c. 26. « Nulli liceat episcoporum a subjecto... clerico dationes ultra statuta Patrum exigere. » *Concil. Tholosa-
num* (844), c. 4, 5, 6 (*Capit.*, t. II, p. 257). — *Capit. Ticinense*
(845-850), a. 15.

Cens, droits de past, d'hébergement, corvées, l'évêque
a soumis la paroisse à tout un ensemble de taxes et de
services. Parfois même il prélève un *tributum* sur les
manses du domaine paroissial. Comme le seigneur, il a
ainsi distrait à son usage une partie du patrimoine des
paroisses. Comme le seigneur aussi, il élève les
taxes ou les redevances, convertit en dons pécuniaires
les prestations ou les services, et s'il donne une église à
un monastère ou à un laïque, il oblige presque toujours
le nouveau propriétaire à acquitter les « coutumes »
épiscopales. Rien n'indique mieux une prise de possession. Pour lutter contre le pouvoir économique du
séniorat et des communautés, l'évêque a mis la main
sur les ressources des églises qui n'ont aucun maître et
sont directement soumises à sa juridiction [1].

Enfin, il semble bien que l'épiscopat ait cherché

1. Donation à Flavigny, par l'évêque de Langres, de Saint-Martin de Chichée. Les moines doivent les *parata* et les *eulogiae* à
l'évêché (Quantin, Cart. gén. de l'Yonne, p. 143 (966). — Cf. *Chartae Cluniacenses*, t. I, p. 350 (929). Reconnaissance d'églises à Cluny
par l'évêque de Mâcon : « Synodale... servitium, vel parate, vel
a monachis vel ab his quos ibi prefecerint ipsi reddantur. » —
Ailleurs (t. II, p. 229), donation faite, *salvo servitio synodali et
eulogiarum*. — Dans un certain nombre de donations, au contraire, nous voyons les évêques faire remise de ces droits. —
Moreau, t. XVII, p. 190. Don à Saint-Julien de Tours de deux
églises : « Volumus... quatinus sinodales census et que vulgo
circada vel parata dicuntur... possideant. » Mais, au xie siècle, ces
concessions sont rares ; l'évêque retient presque toujours ces
coutumes comme signe de haute propriété. Cf. Cart. de l'église
Notre-Dame de Paris, t. I, p. 319. Concession d'un autel aux
chanoines de Chartres : «... Solvere tamen inde sinodum ac cir-
cadam non negligant, ne res ecclesiastica omnino a manu episcopi remota videatur. » Cf. *id.*, p. 321 (1011), p. 337 (1030).

également à s'attacher ce clergé paroissial par les liens
plus étroits de la recommandation et du vasselage,
qu'au serment religieux des clercs il ait ajouté parfois
un serment féodal.

Déjà un certain nombre de clercs entrent dans le
vasselage épiscopal. Nous lisons dans quelques chartes
que les clercs donnent à leur évêque le nom de seigneur,
qu'ils prennent rang parmi ses fidèles, qu'ils figurent à
ce titre dans ses *placita* avec les *vassi* laïques de
l'évêché[1]. Ces clercs sont surtout ceux de l'église épiscopale, prébendiers ou bénéficiers ecclésiastiques. Mais
parmi ces recommandés, nous voyons aussi des dignitaires du diocèse, des archidiacres, des archiprêtres
ruraux[2]. Le titre nouveau qu'ils donnent à leur évêque
marque bien des rapports plus étroits de sujétion. Ils ne
lui prêtent pas seulement le serment d'obéissance de l'inférieur à son chef, mais lui jurent la fidélité du vassal au
suzerain. Leurs obligations mêmes, assistance au synode,
au plaid épiscopal, ressemblent au service de cour dû par
le fidèle. Ils restent sous la « justice » de l'évêque, et ce
mot ne désigne plus seulement la juridiction du chef du

1. Dès le ixᵉ siècle, nous voyons ce terme *senior* appliqué à
l'évêque par ses clercs. — Cf. Migne, t. CXXVI, p. 494. Lettre
d'Hincmar de Reims à Hincmar de Laon. — Cart. de Mâcon,
p. 227. Acte fait par l'évêque. — Garnier, *Chartes bourguignonnes du Xᵉ siècle*, p. 131. — Cart. de Nimes, p. 35 (924). Un
grand nombre de donations faites par les évêques portent la formule : « cum consensu fidelium nostrorum tam clericorum quam
laïcorum. » Cf. *Gall. christ.*, t. II, p. 170 (*Instr.*); *id.*, t. X, p. 203
(*Instr.*).

2. Moreau, t. IX, p. 18. Donation à Elne par un archiprêtre :
« propter remedium animae de *seniori meo* Wadaldi episcopi. »

diocèse sur ses clercs, mais la justice d'un seigneur sur ses sujets ou ses vassaux [1].

Ainsi, à mesure que l'évêque est entré dans la féodalité, mille liens personnels l'ont uni à ses clercs. Ces engagements sont-ils gratuits ? Entraînent-ils une concession en bénéfice ou en fief. Mais il semble bien que dès le xe siècle, et surtout au xie, l'évêque ait donné en fief à ces vassaux ecclésiastiques les biens, les abbayes, les églises, patrimoine de l'évêché. Nous voyons un archidiacre recevoir en bénéfice de l'évêque de Langres un monastère [2]. Ailleurs, des évêques inféodent des autels ou des églises. Au xiie siècle, tous les archidiacres de l'église de Paris sont « hommes liges » de l'évêque; de même les doyens de Saint-Marcel, de Saint-Germain-l'Auxerrois, de Saint-Cloud, en raison de leur doyenné [3]. Il est probable que ces contrats remontent à un usage plus ancien, et, au xie siècle, plus général.

Il serait facile de trouver dans d'autres diocèses des exemples analogues. Ce n'est pas que les évêques aient donné toutes leurs églises en fief. Dans l'évêché, comme dans le monastère, comme dans la seigneurie laïque, il y eut sans doute plus d'un mode de concession. Mais un grand nombre de *tituli*, d'offices presbytéraux, ont dû être ainsi inféodés. Et déjà même l'évêque perçoit une taxe pour l'investiture des paroisses, à chaque mutation de titulaire (*relevationes*), véritable relief que nous signalent

1. La *justitia presbiteri* appartient à l'évêque ou à l'archidiacre dans les églises épiscopales. Cf. Cart. de Saint-Père, t. I, p. 244, 247.
2. Chr. de Saint-Bénigne. Migne, t. CLXII, p. 836.
3. Cart. de l'église Notre-Dame de Paris, t. I, p. 10.

certains textes et qui nous fait bien entrevoir le caractère de la concession [1]. Celle-ci n'est déjà plus l'investiture spirituelle, elle est la *traditio* d'une église à charge
d'hommage et de fidélité [2].

On peut donc conclure de ces faits, qu'au xie siècle,
la plupart, sinon la totalité des églises libres, non soumises à un seigneur, sont passées dans le *dominium*
de l'église épiscopale. Elles deviennent à leur tour
églises privées; et, par une extension dernière des
notions nouvelles de la propriété, le droit abstrait de
l'église, du saint lui-même, s'efface devant les prétentions
de son représentant. Déjà, dès le ixe siècle, les évêques
se considèrent comme propriétaires des églises que leur
église possède. Ils aliènent leurs biens, ils les cèdent
en toute propriété, ils disposent des donations faites
à l'évêché [3]. Lisez quelques actes de donation, d'échange
et de vente. Les règles anciennes relatives à la mutation du domaine ecclésiastique ont disparu. Seul
l'évêque, avec le consentement de ses fidèles, cède une

1. Cart. de la Couture, p. 9. Abandon par l'évêque du Mans,
Avesgaud, dans les églises données à l'abbaye des *relevationes et
recompensationes altarium*. — Cart. de Conques, n° 33.

2. Pas plus pour les églises épiscopales que pour celles des
monastères ou des laïques, nous ne pouvons dire que l'investiture
spirituelle précède toujours une investiture féodale. Nous notons
simplement que le double caractère de la concession se rencontre dans un grand nombre de paroisses, aussi bien celles qui
dépendent d'un ecclésiastique que celles qui appartiennent à un
laïque. Elles sont toutefois plus fréquentes dans ces dernières, au
xie siècle.

3. Cf. dans les diplômes d'immunité les mesures prises pour
empêcher l'évêque de transformer son droit ecclésiastique en droit
de propriété. Cart. de l'église Notre-Dame de Paris, p. 251, 262.

église, un autel, des coutumes épiscopales. Tel un
suzerain dispose de sa terre avec l'assentiment de ses
vassaux. Entre le domaine ecclésiastique et le sien, les
textes ne distinguent même plus : « Nous vous donnons, »
dit un évêque, « cette *villa* avec l'église et ses dépen-
« dances, que nous et notre église possédons justement
« et canoniquement. » « Nous échangeons, dit un autre,
« ces églises avec leur cens, et les transférons de notre
« propriété, de celle de notre église, de nos clercs, en
« vôtre pleine propriété [1]. » Ces formules se lisent partout. Entre le droit de propriété du saint et celui de
l'évêque, la confusion est complète. Dans l'évêché,
comme dans la paroisse du laïque, le domaine théorique, supérieur, du saint a à peu près disparu sous le
pouvoir concret, visible, matériel de celui qui détient le
sol.

III

On peut dire qu'alors l'évolution du patronage est
terminée. Dans cette servitude générale des terres et des
droits, comme l'évêché, comme l'abbaye, la paroisse est
devenue la « chose » d'une communauté ou d'un homme.
Nulle part, on ne trouve de paroisse indépendante,
autonome, dégagée des liens de la servitude seigneuriale. En revanche, en 1056, le concile de Tours ne
connaît que trois catégories d'églises : celles qui appar-

1. *H. L.*, t. V, p. 54 (931), p. 33 (908). — Cart. de l'église
Notre-Dame de Paris, p. 643 : « ... septem altaria Parisiacae sedi
attinentia, praedictus praesul Elysiardus ex proprio dominio suo...
stipendiis perpetualiter attribuit ipsorum fratrum » (980).

tiennent à l'évêché, celles qui appartiennent à un couvent ou un chapitre, celles qui appartiennent à un seigneur. Il faut retenir cette division. Elle prouve bien
que, comme le bourg libre, la paroisse libre a disparu.

Sans doute, elle a conservé son organisation primitive, ses biens, son clergé, ses institutions, de même
que l'église privée a conservé sa dot. Mais, comme
l'église fondée sur un domaine, le *vicus publicus* est
entré dans le *dominium* d'un seigneur ou d'un corps
religieux. Quelle est la nature exacte de ce *dominium*?
Est-il propriété, au sens moderne du mot, ou seigneurie? La paroisse est-elle devenue un alleu, comme
l'église privée, ou simplement un organisme soumis à
la fiscalité, à la justice d'un saint ou d'un seigneur?

Il est impossible, faute de documents, de répondre
absolument à cette question. Et il est non moins difficile de définir exactement ces termes, *dominium*,
potestas, car les hommes de ce temps ne les ont
pas eux-mêmes définis. Sous ce nom, ils ont compris
à la fois souveraineté territoriale et propriété, sans
bien distinguer l'une et l'autre, car l'une implique
l'autre. C'est un des traits essentiels de ce régime que la
puissance publique ait un caractère privé et qu'elle se
traduise par un domaine éminent, une « haute » propriété sur les terres qui dépendent d'elle. C'est ainsi
que, comme les bourgs libres et les cités, l'*episcopatus*,
l'*abbatia*, sont devenus l'objet d'une appropriation individuelle. Il serait étrange que l'ancienne paroisse libre
eût échappé à cette loi.

On peut dire, qu'en principe, le *dominium* est de

même nature et sur le *vicus publicus* et sur l'église
privée. Seulement il semble différer par son exercice et
ses résultats.

Il est probable, en effet, que la sécularisation des
paroisses publiques, leur absorption dans la seigneurie
furent moins complètes.

Fondée sur un domaine, dotée des terres de ce
domaine, l'église privée est restée, plus ou moins, portion du domaine. Le propriétaire qui l'a dotée a sur elle
un titre originel ; de plus, le clerc qui la dessert et
qu'il nomme, est son clerc. Mais la paroisse publique
avait une autre origine : son patrimoine était l'œuvre
d'une foule de donations distinctes ; son clergé, encore
hiérarchisé sous le gouvernement d'un doyen ou, plus
rarement, d'un archiprêtre, formait une petite communauté. Enfin, comme la plupart des bourgs, elle était
passée sous la seigneurie du comte, du vicomte royal, ou
de l'évêque. Or, ces maîtres sont éloignés, partant moins
exigeants et parfois moins obéis. On comprend ainsi
qu'elle garde beaucoup mieux, dans sa sujétion même,
et l'indépendance relative de ses clercs et l'intégrité de ses biens. Peut-être le *dominium* n'a-t-il été
sur elle que la simple reconnaissance de cette sujétion,
reconnaissance qui se traduit par le payement d'un
cens. Peut-être a-t-il entraîné aussi quelques-uns des
droits utiles qui pèsent sur les églises privées, le partage
des revenus, le démembrement du patrimoine. Nous ne
le savons pas. Mais, au moins, sur elle comme sur la
plupart des autres, le propriétaire a hérité de la puissance publique. Il a la *vicaria* sur le prêtre, l'église, le

bourg ou les terres qui en dépendent [1]. Or, cette *vicaria* n'est pas seulement la justice des délits commis dans la paroisse, dans l'église ou son *atrium*, elle est aussi la « justice » du prêtre, même des causes religieuses où il se trouve mêlé. On ne peut imaginer de conquête plus complète de la paroisse par le séniorat [2].

Au XI⁰ siècle, quelle que soit leur origine ou leur condition, les paroisses ont un seigneur. Précisément, ces seigneurs sont, pour la plupart, des laïques. Par la sécularisation, par la transformation du bénéfice ou du patronage, par leurs fondations mêmes, les grands détiennent la majeure partie des églises rurales. Ils sont maîtres d'une foule de sanctuaires locaux, comme des évêchés ou des monastères [3]. Qu'on mesure les con-

---

1. Sur la *vicaria* exercée sur les églises, cf. Cart. de Conques, n⁰ 50. Don d'une terre au couvent pour la construction d'une église : « similiter... dono eis omnem justiciam de ipsa ecclesia et de hominibus quos ibi aggregare potuerint. » *Id.*, n⁰ 26 (v. 1031-1060). — *Concil. Narbonense*, c. 17 : « Ecclesias... nullius persona hominum ausus sit habere vel retinere, neque per vicariam... » (1056).

2. *Concil. Juliobonense* (1080), c. 6 : « Si presbiter domini sui judicium contradixerit de ecclesiastica causa et cum in curiam episcopi eundo injuste fecerit fatigare, x solidos emendabit domino suo. » — *Concil. Rothomagense* (1096), c. 7 : « Nullus laïcus habeat consuetudines episcopales, vel justitiam quae pertinet ad curam animarum. »

3. Nous nous bornons ici à indiquer la question, ne pouvant faire une étude approfondie sur la formation des justices seigneuriales appliquées à une église. Dans les églises abbatiales, celles-ci se sont surtout constituées par l'immunité ; dans les églises possédées par des laïques, elles sont un démembrement de la *vicaria*. Il y aurait lieu, également, d'étudier à part la formation des bourgs autour des églises, dès le x⁰ siècle.

séquences de ce fait : l'église devenue la dépendance du château fort, bâtie dans son enceinte, souvent fortifiée comme lui, servant de dépôt d'armes ou de place de guerre, le patrimoine ecclésiastique démembré, le prêtre surtout soumis à son seigneur, devenu son vassal ou resté son colon; on comprend les plaintes de la hiérarchie contre un pareil changement et les désirs de réforme qui grondent dans les cœurs.

Engagé dans les liens de la féodalité, ce clergé rural, en effet, ne saurait être libre. Et, à son tour, attaché à son église comme à une ferme ou comme à un fief, il se sécularise. Il ne se contente plus de porter les armes, de remplacer le service dû à l'autel par le service dû à son seigneur; comme tout possesseur de fief ou de tenure, il tend à l'hérédité. Le prêtre rural se marie, laisse son église à son fils. Il se forme ainsi dans les campagnes toute une petite féodalité ecclésiastique qui, comme celle des officiers ruraux, des *ministeriales*, tend à prendre sa place dans le corps social et à s'y maintenir en se perpétuant.

Par suite, dans cette Église féodale, les idées anciennes d'égalité, de vie commune, de rapports fraternels, se sont bien affaiblies. L'unité du diocèse n'existe plus. Comme le comté, comme le royaume, la communauté religieuse primitive a subi la loi générale qui résout la société en petits groupes, en atomes qui s'isolent, s'ignorent et se combattent. Examinons toutes ces églises du XIe siècle : les unes appartiennent à l'évêché, d'autres à un monastère ; celles-ci ont à leur tête un archidiacre, un clerc; celles-là, un laïque : l'édifice lui-même n'appartient plus à un seul maître. Dans cette confusion des droits, ce désordre des juridictions, une seule chose survit, leur universelle servitude et la permanence d'une fiscalité oppressive qui exploite la religion, fait monnaie du culte, et livre le patrimoine de Dieu et des pauvres à l'avidité des seigneurs. Le principe électif s'efface peu à peu pour faire place à la présentation, à la nomination directe du recteur de la paroisse par le propriétaire. De ce *consensus* des habitants au choix de leur prêtre, il reste pourtant encore quelques vestiges, tant les formes mêmes des institutions survivent à l'esprit qui les a créées [1]. Mais la vie intérieure, l'esprit de liberté, manquent à ces petits corps religieux enlacés dans les mailles du filet féodal. Ce n'est pas que les croyances des hommes soient affaiblies, mais elles s'abaissent. La pratique du christianisme, le sens de ses mystères, l'idée de son universalité sont ailleurs, dans les couvents acquis déjà aux idées de réforme. Comme l'évêché, la paroisse a un horizon trop étroit pour que la pensée, l'activité religieuse puissent s'y faire jour.

Toute la vie de l'Église s'est concentrée alors dans

1. Le *consensus* des habitants est exigé encore au ixe siècle. — Cf. *Concilium Eugenii papae* (826), a. 8. — Au xie siècle, une charte intéressante de Conques nous montre que le seigneur le demande quelquefois. — Cart. de Conques, n° 75 : « Ad istam ecclesiam decantandam, si monachus Sanctae Fidis ibi non manserit, debent monachi Sanctae Fidis presbyterum unde voluerint adducere et donatoribus suprascriptis et aliis parochianis denuntiare, et illi debent eum recipere et non... refutare. Et si eum pro malo ingenio refutaverint monachi... non debent pro illis dimittere. »

quelques grandes abbayes, puissances morales et économiques, parce qu'elles sont libres. Déjà donc paraît nécessaire un changement. Plus que celle des évêchés ou des abbayes, l'histoire des paroisses nous montre les faits qui le rendent inévitable : l'obligation de réformer les mœurs, d'affranchir l'autel, de briser les liens qui unissent la masse du clergé au corps féodal. Commencée par Cluny, poursuivie par la papauté, la réforme s'étendra bientôt, dès la fin du xie siècle, à toutes les églises. Elle s'attaquera surtout au laïcisme, et on voit ce qu'elle lui enlèvera. Interdire l'hommage des clercs et leur sujétion personnelle, rendre à la paroisse l'usage de ses revenus et de ses dîmes, et, par là, reconstituer son patrimoine, refuser à son seigneur tout droit de propriété et revenir aux règles anciennes du patronage, en un mot, affranchir cet organisme religieux, comme l'évêché, comme le couvent, comme la papauté même, tels seront le but, le résultat des décrets réformateurs. En ce sens, l'œuvre immense de Grégoire VII ne sera pas seulement une réforme ecclésiastique, mais une réforme sociale. Ainsi reconstituée, la paroisse verra renaître la vie religieuse et publique, et, comme les intérêts sont d'accord avec la doctrine pour réveiller en elle l'esprit d'indépendance, la réaction politique contre le séniorat suivra de près la réaction religieuse. Au xiie siècle, c'est dans les cadres de la paroisse que les communautés populaires, origine de nos villages et de nos communes modernes, se sont établies.

CONCLUSION

Nous arrêtons cette étude dans la seconde moitié du xie siècle, au moment même où commence une période nouvelle dans l'histoire de l'Église chrétienne. Si nous cherchons maintenant à embrasser d'un regard les faits que nous avons vus se dérouler, nous pouvons les résumer ainsi.

Établie au début du ive siècle, dans quelques centres ruraux de la Narbonnaise, comme un démembrement de l'église mère, la communauté rurale lui est d'abord étroitement unie. Elle reçoit d'elle le prêtre ou le diacre qui l'administre ; elle n'a ni district ni dotation. L'unité de juridiction et de patrimoine reste la règle fondamentale du droit.

Peu à peu la paroisse se constitue. Elle reçoit une circonscription (*dioecesis*) ; elle a un *presbyterium*, un clergé tiré de son sein et dont les attributions grandissent chaque jour ; elle a enfin son patrimoine, don de l'évêque et des fidèles. Fondées au ive et au ve siècle dans toute la Gaule, ces *dioeceses* sont organisées au vi[e]. Autour de l'église de la cité, dans les *castra* ou les *vici*, se groupent ainsi des églises baptismales, centres du culte, de la prédication, de la vie religieuse.

Ces églises, dont le territoire est considérable, sont bientôt administrées par un archiprêtre, chef de leur clergé et élu par la communauté.

Vers la même époque, ce régime paroissial commence à s'étendre. Des églises ont été bâties dans les *villae*. Soumises d'abord à l'église de l'archiprêtre, elles donnent peu à peu naissance à des paroisses ; or, le nombre de ces paroisses nouvelles s'accroît beaucoup, du viie au ixe siècle. Établies sur les terres du roi, d'un évêché, d'un monastère, d'un grand, ou dans une *villa* composée de petits propriétaires libres, elles deviennent à leur tour un centre de culte ; elles ont leur desservant, leur baptistère et leur patrimoine. Par ces créations, la *dioecesis* de l'archiprêtre se démembre. Le cadre de la paroisse se modifie. Celle-ci est établie, à l'époque carolingienne, dans une *villa*, ou un groupe de *villae*, ou une portion de *villa*, et ce district ecclésiastique sera l'origine de notre village moderne.

Mais déjà ces paroisses ont une condition différente. Fondées par un propriétaire sur son domaine, elles ne sont plus des communautés libres. L'Église, il est vrai, a exigé la constitution d'une « dot ». Elle a placé ce patrimoine, comme elle a maintenu le desservant, sous la juridiction de l'évêque. Elle n'en reconnaît pas moins au fondateur et à ses héritiers certains privilèges. Elle leur permet de présenter le titulaire ecclésiastique ; elle place l'église et ses biens sous leur protection. Elle crée ainsi une forme nouvelle du patronage.

Par une marche parallèle, les habitudes du patronage privé s'introduisent dans la société religieuse. Les clercs du *vicus* se recommandent à un grand ; ils placent sous sa mainbour leurs biens ou leur paroisse.

Dès le VIIe siècle, patronage des églises et patronage privé se transforment en propriété. Par l'un, l'église de la *villa*, par l'autre, l'église du *vicus* ont au-dessus d'elles un maître, un « seigneur ». Et, à l'époque carolingienne, ce *séniorat* des églises est reconnu par la législation.

Au IXe et au Xe siècle, il s'étend toujours. D'une part, la fondation d'églises nouvelles dans les fiscs royaux, les *villae* des évêchés, des monastères ou des grands, fait entrer ainsi dans la propriété privée un grand nombre de paroisses. D'autre part, les habitudes du patronage et les liens de la recommandation qui s'établissent entre le clergé rural et les grands, la concession en bénéfice faite par le roi ou l'évêque, enfin l'usurpation et la violence, continuent sans cesse la transformation des *vici publici* en églises privées. Les paroisses même qui ont échappé à la sécularisation sont rattachées étroitement à l'église épiscopale. La *potestas* de l'évêque sur leurs clercs ou sur leurs biens prend le caractère d'un pouvoir seigneurial ; leur soumission est une sujétion.

On peut donc dire, au XIe siècle : *nulle église sans seigneur*. Comme l'*episcopatus*, comme l'*abbatia*, la paroisse, ancienne communauté des fidèles, est devenue propriété privée. Comme la terre, elle peut être vendue, donnée, échangée, constituée en gage ou en dot, cédée en précaire, en usufruit, en bénéfice, en fief, partagée entre plusieurs héritiers, et comme, presque toujours, au domaine éminent s'unissent les droits utiles, le seigneur, évêché, abbaye, individu, a mis la main sur le patrimoine et les revenus de la terre et de l'autel, dons, offrandes, prémices, droits de sacrements ou de sépultures, etc. Il donne parfois son église moyennant un cens, le plus souvent il ne laisse qu'une tenure, un bénéfice ecclésiastique au desservant, incorporant le patrimoine à son domaine. Et c'est surtout dans les paroisses possédées par les laïques que s'accuse cette prise de possession.

L'entrée du clergé dans la féodalité suit enfin l'entrée de la paroisse dans la seigneurie. Le prêtre reçoit l'église ou son office presbytéral comme un bénéfice ou comme un fief. Ainsi, dans une foule de localités, à l'investiture ecclésiastique donnée par l'évêque s'ajoute l'investiture féodale donnée par le seigneur. La *commendatio ecclesiae* se fait à charge d'hommage et de fidélité, et le prêtre est tenu de tous les devoirs du vassal.

On voit par ces transformations ce que la paroisse est devenue et quels changements elle a subis dans son histoire.

Ces changements sont ceux de la société religieuse, qui s'adapte, plus ou moins, de tout temps, aux mœurs, aux idées, aux institutions de la société civile. Nous avions essayé déjà de montrer, par l'étude des élections épiscopales, comment l'évêché était devenu la propriété d'un homme, roi ou comte [1]. La même sujétion s'est étendue aux monastères et aux paroisses.

1. Cf. *Les élections épiscopales dans l'Église de France*, livre II, ch. 5, 6, etc.

L'Église tout entière s'est adaptée aux cadres du régime seigneurial, à ses principes, aux rapports qu'il a créés entre les hommes. Et, par une conséquence inévitable, elle s'est, dans ses organes divers, assujettie au laïcisme. Or, cette évolution, un même fait nous, aide à l'expliquer : le patronage.

M. Fustel de Coulanges avait démontré, qu'après la chute de l'Empire et la disparition de l'idée de l'État, le patronage des terres et des personnes avait fait naître une forme nouvelle de la société politique. Nous avons voulu suivre l'action de cette loi dans la société religieuse.

C'est par le patronage des églises que la société religieuse a perdu son caractère des premiers siècles et est entrée peu à peu dans la féodalité.

TABLE DES MATIÈRES

23

TROISIÈME PARTIE

LES ÉGLISES PRIVÉES

CHAPITRE I

CHAPITRE II

CHAPITRE III

MÂCON, PROTAT FRÈRES, IMPRIMEURS.